JN418522

"나도 무역창업을 해서 성공하고 싶다."

성공 창업과 수출입 실무 guide

가이드

김희수/유창권
김기평/김만길
공 저

도서출판 두남

머리말

오늘날 정보통신이 발달하고 인터넷과 스마트폰의 활용이 증가하는 시대가 되었다. 과거 특정지역을 기반으로 사업 활동을 영위할 시기에는 수요자가 많고 유동인구가 많은 입지조건이 사업성공의 결정적인 요인이었다. 하지만 전 세계의 모든 이가 실시간으로 정보를 검색하고 서로 교신하는 시대에는 거리의 장벽이 더 이상 문제가 되지 않게 되었다. 특히 소비자들은 편리한 기기들을 이용하여 제품에 대한 모든 정보를 시공을 초월하여 검색하는 글로벌 시대를 향유하고 있다. 좋은 아이템으로 사업을 하게 되면 앞으로는 지역의 한정된 수요자를 대상으로 하기보다는 글로벌 고객을 상대로 마케팅을 펼쳐 나아가야 할 것이다. 만일 소규모 영세사업자가 특정 지역 위주의 사업에서 사업영역을 확대하거나 글로벌 영업을 하고 싶다면 어떤 것들이 필요할까?

자국 내에서 고객을 대면하면서 자국화폐로 거래한다면 문제는 간단하고 사업위험을 최소화할 수 있는 대책들을 마련하여 관리할 수 있다. 하지만 글로벌 거래에서는 수없이 많은 고객을 확보할 수 있다는 장점이 있는 반면에 상이한 언어, 문화, 관습, 기후, 화폐 등에서 야기될 수 있는 복잡함과 그의 관리에 따른 위험이 발생한다는 단점도 상존한다. 지금까지는 부문별로 전문가에게 상담을 하거나 아웃소싱을 통하여 위탁하여 업무를 수행하였다. 사업의 규모가 크다면 아웃소싱이나 위탁을 통한 해결이 유리하다. 그러나 소규모 사업자라면 그에 따른 비용지출이 불가피하다. 스스로 사업상의 고려요인을 알고 위험을 관리할 수 있다면 큰 비용을 지불하지 않고 자신의 사업을 지속적으로 성장시킬 수 있다고 생각한다.

글로벌 영업을 제대로 수행하기 위해서는 대학에서 수 년 간의 학업을 통하여 전문적인 지식을 쌓아야 하지만, 이 책에서는 소규모 영세업자나 신규 창업자들이 향후 글로벌 고객을 대상으로 사업상 고려해야 될 요인들을 가능하면 이해할 수 있도록 쉽게 서술하였다. 창업아이템이 선정되어 창업에서부터 국제간 거래를 수행할 수 있는 무역계약, 대금결제, 해상보험, 무역보험, 통관 및 관세업무, 원산지관리 등과 같은 수출입 전반에 걸친 전반적인 내용을 전공을 하지 않아도 이해할 수 있도록 기술해 보았다.

구체적으로 제1부 창업실무가이드에서는 성공적인 창업을 위한 창업의 첫걸음과 창업절차, 성공창업전략과 사업계획서 작성 요령, 창업아이템 선정 요인들을 설명하였다. 제2부 수출입실무가이드에서는 창업에 성공한 기업들이 글로벌 시장으로 진출하기 위한 수출입관련 내용들을 무역계약서의 작성, 대금결제방법, 해상보험 및 무역보험, 화물운송계약, 관세 및 통관업무, 원산지관리규정, 무역클레임 해결 방안 등으로 세분화하여 기술하였다. 그리하여 이 책을 대하는 독자들에게 작으나마 도움이 되며, 글로벌 상거래를 이해하고 그에 따른 업무를 수월히 할 수 있다면 더할 나위 없이 기쁘게 생각한다. 부디 이 책을 통해 습득한 지식을 기반으로 사업을 성장시켜 나아가기를 기대한다.

2015년 1월

공동저자 씀

차례

Part 1 창업실무가이드

Part 2 수출입 실무가이드

Part 1

창업실무가이드

Chapter 01 창업의 첫걸음과 창업절차

사실 창업을 한다는 것은 별로 어려운 일은 아니다. 그러나 창업을 한다는 것과 성공한다는 것은 별개의 문제이다.

창업을 하여 성공하고자 할 때는 확실한 창업계획이 필요하다.

업종은 무엇으로 하고 마케팅은 어떻게 할 것인지, 창업에 필요한 자금은 어떻게 조달할 것이며 사업장은 어디로 할 것인지 또는 같이 일할 사람은 어떻게 구성하며, 창업의 주체는 개인으로 할 것인지 법인으로 할 것인지 등에 대하여 창업단계에서 구체적으로 검토하게 된다.

이렇게 창업을 준비할 때는 다음과 같은 순서에 따라 각 단계 마다 필요한 사항을 점검하면서 창업절차를 진행하는 것이 좋다. 그래야만 창업에 따른 시행착오를 줄이고 시간과 비용을 절약할 수 있으며, 창업자 본인에게 최적화할 수 있는 창업 포트폴리오를 구성할 수 있기 때문이다.

제1절

창업 준비의 첫걸음

1. 창업 준비

창업가는 사업주체로서 모든 창업과정에서 핵심적인 역할을 한다. 창업을 결심했다면 첫 번째로 해야 할 일은 경영이념을 설정하는 것과 무엇 때문에 사업을 시작하려고 하는지, 어떻게 사회에 기여할 것인지를 검토함으로써 보다 의미 있는 출발점으로 삼아야한다.

사업아이템 선정과 사업타당성 분석 및 추정손익계산서 작성 등 창업환경에 대한 이해도 필요하다.

2. 업종선정

창업환경과 자신에 대한 객관적인 검토를 거쳐 시대의 흐름과 자신에게 맞는 업종을 찾아내는 것이다. 성공적인 업종선정을 위해서는 수익성, 안정성, 성장성 등을 갖추고 있어야 하고 자금조달 범위 안에 있는 업종이어야 하는 등 여러 가지 조건을 충족해야 한다. 업종선정 기준을 충족하는 후보업종이 선정되면 그 업종이 과연 얼마나 사업적으로 타당한가를 구체적으로 검토해볼 필요가 있다.

이를 위해서는 우선 시장조사를 통해 시장규모, 예상 시장점유율 및 매출액 등 유용한 데이터를 수집할 필요가 있다. 이들 자료를 기초해서 사업타당성이 가장 높게 나타난 업종을 최종적으로 확보하면 된다.

3. 사업 인·허가사항 점검

우리는 누구나 자유롭게 경제활동을 할 수 있으며 창업을 할 때도 대부분의 업종에 대해서는 특별한 규제나 제한 없이 사업을 시작할 수 있다.

그러나 특정한 업종의 경우에는, 관계법령에 따라 사업개시 전에 행정관청으로부터 사업에 관한 허가를 받아야 하거나 행정관청에 등록 또는 신고를 필해야만 하는 경우가 있다.

예를 들어 건설업을 하려면 「건설산업기본법」에 따라 시·도 또는 시·군·구에 건설업등록을 하여야 하며, 여행업을 하고자 하는 경우에는 「관광진흥법」에 따라 문화관광부에 여행업등록을 하여야 하고, 인터넷쇼핑몰을 운영하기 위해서는 「전자상거래 등에서의 소비자보호에 관한 법률에 따라 시·군·구에 신고하여야 한다.

창업하는 업종에 대한 사업허가·등록·신고사항의 점검은 업종선정 과정과 함께 창업절차에 있어서 우선적으로 검토해야 할 사항이다.

왜냐하면 인·허가 업종으로써 사업허가나 등록·신고 등을 하지 않고 사업을 하게 되면 불법이 되어 행정관청으로부터 사업장 폐쇄, 과태료, 벌금 등의 불이익 처분을 받게 될 뿐만 아니라, 세무서에 사업자등록을 신청할 때도 사업허가증이나 사업등록증 또는 신고필증을 첨부하지 않으면 사업자등록증을 받을 수 없기 때문이다.

인·허가 업종으로써 행정관청으로부터 허가를 받거나 등록증·신고필증을 받기 위해서는 그 사업에 관한 인적 요건(자격기준 등)과 물적 요건(사업장면적, 시설기준 등) 또는 순자산 요건(최소자본금 기준 등)을 갖추어야 하는 경우가 있는데, 이런 경우에는 그 기준에 맞게 창업절차를 진행하여야 한다.

인·허가 업무는 관계법령에 따라 중앙행정부처에서 주관하지만, 대부분의 경우에는 시(도)·군·구에 위임되어 있는 경우가 많다.

그러므로 창업하는 업종이 인·허가 대상사업인지 여부에 대해서 잘 모르면 일단 도청·시청 또는 구청에 알아보거나 [대한민국전자정부] 홈페이지에 들어가서 「기업/경제」 분야의 민원업무를 검색하면 해당 사업에 대한 관계법령, 인·허가 요건, 민원처리기관, 제출서류, 민원처리 소요일수 등을 쉽게 확인할 수 있다.

4. 사업계획 수립

사업성 분석을 통해 최종적으로 업종을 선정하고 나면 구체적으로 사업계획서를 작성해야 한다. 계획사업의 개념과 세부 실행계획을 담고 있는 사업계획서는 사업의 추진방향과 성공여부를 결정하는 매우 중요한 문서이다.

여기에는 업종과 제품, 시장현황에 대한 조사 및 분석 결과를 토대로 마케팅 계획, 운영계획, 자금 및 수지계획 등이 포함된다. 이중에서도 가장 중요한 부분은 시장에서 성공을 거두기 위해서는 효과적인 마케팅 전략을 수립하는 것이다.

5. 사업장 확보

한정된 자금으로 소규모기업을 창업할 때는 누구나 원하는 평수의 사업장을 원하는 지역에서 어떻게 싸게 구할 수 있을까 하는 것이 최대의 관심사 중 하나이다.

특히 요즘은 모든 사업이 직접 또는 간접적으로 인터넷에 기반을 두고 있으므로 인터넷과 관련된 인프라가 잘 구축되어 있는 지역이나 사무실이 사업의 경쟁력을 좌우하기도 한다.

그래서 사업장를 구할 때는 싸면서도 이러한 인프라를 저렴하게 활용할 수 있는 곳을 찾게 되는데, 이럴 경우에는 대학부설 창업보육센터나 정보통신부에서 운영하는 창업지원센터 또는 행정관청에 등록된 벤처빌딩(벤처기업집적시설) 등을 알아보는 것이 좋다.

이러한 사무실에 입주하면 사무실 임대료가 상대적으로 저렴할 뿐만 아니라, 보증금 없이 월세로만 사용할 수 있는 경우도 있고, 전용선과 컴퓨터·집기 등을 실비로 이용할 수 있으며, 센터의 보증으로 임대보증금을 은행에

서 융자받을 수도 있다.

또 이러한 창업지원보육센터나 벤처빌딩에 입주하면 센터에서 제공하는 금융·경영·세무 등에 관한 여러 가지 컨설팅을 받을 수 있고, 정부에서 지원하는 정책자금에 관한 정보도 쉽게 얻을 수 있으며, 입주사들과의 정보교환으로 업무제휴 등을 통한 시너지효과도 기대할 수 있다.

6. 사업자금 마련

창업을 하고자 할 때는 우선 자금계획을 세우게 되는데 창업을 준비하면서 가장 고민하는 분야 중의 하나가 창업에 필요한 사업자금을 어떻게 구할 것인가 하는 것이다.

그 동안 모아두었던 여유자금이 있는 사람이나 어느 정도 목돈이 되는 퇴직금을 받은 사람들은 그래도 덜 하겠지만, 다니던 직장에 용기 있게 사표를 던지고 그야말로 몸뚱이 하나를 밑천으로 창업을 하는 사람 또는 학교에서 또는 직장에서 전공하고 습득한 기술하나 믿고 창업하는 사람들에게는 창업자금을 조달하는 것이 가장 큰 애로사항이다. 이렇게 창업을 준비하면서 자금조달에 어려움이 있는 사람들은 정부의 창업자금지원제도를 활용하면 큰 도움을 받을 수 있다.

중앙행정기관이나 지방자치단체에서는 각 분야별로 여러 가지 형태로 창업자금을 지원해 주고 있는데, 예를 들어 제조업, I/T사업, 지식산업 등의 창업자는 「중소기업청」, 도·소매업, 음식점업, 서비스업 등 생계형 창업의 경우에는 「소상공인시장진흥공단」, 정보화사업의 경우에는 「정보통신부」에서 장기저리 또는 무상으로 자금을 지원받을 수 있다

이러한 자금지원제도는 대부분 창업 후 3년 이내의 기업을 대상으로 하고 있으므로 창업한 이후에도 지속적으로 관심을 가지고 자금지원규모, 자금소진계획, 자금신청스케쥴 등을 수시로 점검해 볼 필요가 있다.

7. 개업 준비

사업 인·허가 신청 사업자 등록

창업 준비를 잘해 여러 가지 과정을 원만히 처리했다고 하더라도 창업의 마무리 단계인 영업 준비를 철저히 하지 않으면 헛수고를 한 결과가 된다. 이 단계에서는 판매할 상품을 준비하고 종업원을 채용하고 훈련하는 일이 가장 중요하다. 영업허가나 신고 등 행정절차도 밟아야 한다.

1) 사업 인·허가 신청

행정관청으로부터 허가를 받거나 등록 또는 신고를 해야 하는 사업으로 창업할 때는 인·허가 조건에 맞는 창업의 주체를 결정하고 인·허가 요건상 법인으로 해야 하는 경우에는 법인을 설립한 후에 소관 행정관청에 사업에 관한 인·허가를 신청하여야 한다.

인·허가 신청서류로는 사업허가(등록, 신고)신청서, 사업계획서, 법인등기부등본 (법인의 경우)등과 인·허가 요건을 확인할 수 있는 서류 등이 있는데, 이러한 서류들은 사업의 종류에 따라 각각 다르므로 창업자 본인이 개별적으로 챙겨야 한다.

사업에 관한 인·허가 신청은 사업자등록을 하기 전에 먼저 하여야 한다. 왜냐하면 세무서에 사업자등록을 신청할 때는 인·허가 업종의 경우 행정관청으로부터 받은 사업허가증, 사업등록증 또는 신고필증을 첨부하여야 하기 때문이다.

2) 사업자등록

창업을 위한 사전준비가 완료되고 창업주체가 결정되어 사업장이 확보되면 관할세무서에 사업자등록을 신청한다.

사업자등록은 사업장을 관할하는 세무서에 하는 것이며, 사업자등록을 신청할 때는 세법이 요구하는 서류를 제출하여야 한다.

8. 4대 사회보험 가입

관할세무서에 사업자등록을 하고 종업원을 고용하면 사업자는 사업장 단위로 관계법령에 따라 고용보험, 산재보험, 국민건강보험 및 국민연금보험 등 4대 사회보험에 가입해야 한다. 다만 종업원이 5인 미만이 되는 개인 사업장으로서 전문직 직종이 아닌 일반직종의 사업장이면 국민연금에는 가입하지 않아도 된다.

사업장 단위로 사회보험에 가입하면 사업주는 보험료를 납부해야 하는데, 보험료는 사업주와 근로자가 나누어서 부담(산재보험료의 경우 사업주만 부담함)하는 것이며, 근로자가 부담하는 보험료는 사업주가 근로자에게 급여를 지급할 때 원천공제하여야 한다.

제2절 창업절차

누구나 창업을 하려고 할 때는 나름대로 창업계획을 세운다.

업종은 무엇으로 하고 마케팅은 어떻게 할 것인지, 창업에 필요한 자금은 어떻게 조달할 것이며 사업장은 어디로 할 것인지 또는 같이 일할 사람은 어떻게 구성하며, 창업의 주체는 개인으로 할 것인지 법인으로 할 것인지 등에 대하여 창업단계에서 구체적으로 검토하게 된다.

이렇게 창업을 준비할 때는 다음과 같은 순서에 따라 각 단계 마다 필요한 사항을 점검하면서 창업절차를 진행하는 것이 좋다. 그래야만 창업에 따른 시행착오를 줄이고 시간과 비용을 절약할 수 있으며, 창업자 본인에게 최적화할 수 있는 창업 포트폴리오를 구성할 수 있기 때문이다.

1. 업종 선정

창업할 업종을 선정할 때는 본인의 전공, 경력, 취미, 적성 등을 고려해야 하고, 시장조사와 마케팅네트웍의 구축 등 창업하는 업종에 대한 사업성 분석과 마케팅 전략도 병행되어야 할 것이다.

2. 사업 인·허가사항 점검

우리는 누구나 자유롭게 경제활동을 할 수 있으며, 창업을 할 때도 대부분의 업종에 대해서는 특별한 규제나 제한 없이 사업을 시작할 수 있다.

그러나 특정한 업종의 경우에는 관계법령에 따라 사업개시 전에 행정관청으로부터 사업에 관한 허가를 받아야 하거나 행정관청에 등록 또는 신고를 필해야만 하는 경우가 있다.

예를 들어 건설업을 하려면 「건설산업기본법」에 따라 시·도 또는 시·군·구에 건설업등록을 하여야 하며, 여행업을 하고자 하는 경우에는 「관광진흥법」에 따라 문화관광부에 여행업등록을 하여야 하고, 인터넷쇼핑몰을 운영하기 위해서는 「전자상거래 등에서의 소비자 보호에 관한 법률에 따라 시·군·구에 신고하여야 한다.

창업하는 업종에 대한 사업허가·등록·신고사항의 점검은 업종선정 과정과 함께 창업절차에 있어서 우선적으로 검토해야 할 사항이다.

왜냐하면 인·허가 업종으로서 사업허가나 등록·신고 등을 하지 않고 사업을 하게 되면 불법이 되어 행정관청으로부터 사업장 폐쇄, 과태료, 벌금 등의 불이익 처분을 받게 될 뿐만 아니라, 세무서에 사업자등록을 신청할 때도 사업허가증이나 사업등록증 또는 신고필증을 첨부하지 않으면 사업자등록증을 받을 수 없기 때문이다.

인·허가 업종으로서 행정관청으로부터 허가를 받거나 등록증·신고필증을 받기 위해서는 그 사업에 관한 인적 요건(자격기준 등)과 물적 요건(사업장면적, 시설기준 등) 또는 순자산 요건(최소자본금 기준 등)을 갖추어야

하는 경우가 있는데, 이런 경우에는 그 기준에 맞게 창업절차를 진행하여야 한다.

인·허가 업무는 관계법령에 따라 중앙행정부처에서 주관하지만, 대부분의 경우에는 시(도)·군·구에 위임되어 있는 경우가 많다.

그러므로 창업하는 업종이 인·허가 대상사업인지 여부에 대해서 잘 모르면 일단 도청·시청 또는 구청에 알아보거나 [대한민국전자정부] 홈페이지에 들어가서 「기업/경제」 분야의 민원업무를 검색하면 해당 사업에 대한 관계법령, 인·허가 요건, 민원처리기관, 제출서류, 민원처리 소요일수 등을 쉽게 확인할 수 있다.

3. 창업주체의 결정

창업의 주체는 개인으로 할 수도 있고 법인으로 할 수도 있다.

개인 기업은 개인이 출자자인 동시에 경영자로서 그 사업에 관한 모든 경제적, 법률적인 효과가 전적으로 출자자 개인에게 귀속되는 기업형태이며 법인기업은 사업에 관한 모든 경제적, 법률적인 효과가 출자자와는 무관하게 법인이라는 별개의 인격체에게 귀속되는 기업형태이다.

개인 기업으로 창업할 때는 별도의 법적절차가 요구되지 않는다.

그러나 법인은 상법 및 기타 관계법령에 따라 상업등기(회사설립등기) 절차를 마쳐서 법인격을 취득해야만 유효한 법률행위를 할 수 있다.

창업의 주체를 법인으로 할 것인가 개인으로 할 것인가 하는 것은 창업을 준비하는 모든 사람들의 관심사이면서도 특별한 검토 없이 "나는 개인사업자로 할 거야" 또는 "나는 법인으로 해야지"라고 그냥 결론을 내리는 경우도 있다.

그러나 창업을 준비할 때는 창업의 주체를 여러 가지 측면에서 검토하여 창업의 주체를 결정하는 것이 좋다. 왜냐하면 창업절차, 경제적·법률적 효과, 자금조달방법, 세금부담, 경제·사회적 신인도 등 여러 가지 면에서 개인기업과 법인기업은 다르다. 그리고 업종의 성격이나 사업의 성장전략적인 측면에서 볼 때도 법인으로 하는 것이 좋을 수도 있고 법인이 불리한 경우도 있다.

그래서 이러한 여러 가지 사항들을 고려하지 않고 창업의 주체를 결정하게 되면 나중에 사업의 주체를 변경해야 하는 문제가 생길 수도 있고, 기업형태의 특성을 파악하지 않고 사업을 하다가 잘못하면 재산상의 큰 손실을 입을 수도 있기 때문에, 창업을 할 때는 법인기업과 개인기업의 차이점과 특성을 파악한 후에 사업의 주체를 결정하는 것이 좋다.

4. 자금조달계획의 수립

창업을 하고자 할 때는 우선 자금계획을 세우게 되는데 창업을 준비하면서 가장 고민하는 분야 중의 하나가 창업에 필요한 사업자금을 어떻게 구할 것인가 하는 것이다.

그 동안 모아두었던 여유자금이 있는 사람이나 어느 정도 목돈이 되는 퇴직금을 받은 사람들은 그래도 덜하겠지만, 다니던 직장에 용기 있게 사표를 던지고 그야말로 몸뚱이 하나를 밑천으로 창업을 하는 사람 또는 학교에서 또는 직장에서 전공하고 습득한 기술하나 믿고 창업하는 사람들에게는 창업자금을 조달하는 것이 가장 큰 애로사항이다.

이렇게 창업을 준비하면서 자금조달에 어려움이 있는 사람들은 정부의 창업자금지원제도를 활용하면 큰 도움을 받을 수 있다.

중앙행정기관이나 지방자치단체에서는 각 분야별로 여러 가지 형태로 창업자금을 지원해 주고 있는데, 예를 들어 제조업, I/T사업, 지식산업 등의 창업자는 「중소기업청, 도·소매업, 음식점업, 서비스업 등 생계형 창업의 경우에는 「소상공인지원센터, 정보화사업의 경우에는 「정보통신부」에서 장기저리 또는 무상으로 자금을 지원받을 수 있다.

이러한 자금지원제도는 대부분 창업 후 3년 이내의 기업을 대상으로 하고 있으므로 창업한 이후에도 지속적으로 관심을 가지고 자금지원규모, 자금소진계획, 자금신청스케쥴 등을 수시로 점검해 볼 필요가 있다.

5. 사업장 확보

한정된 자금으로 소규모기업을 창업할 때는 누구나 원하는 평수의 사업장을 원하는 지역에서 어떻게 싸게 구할 수 있을까 하는 것이 최대의 관심사 중의 하나이다.

특히 요즘은 모든 사업이 직접 또는 간접적으로 인터넷에 기반을 두고 있으므로 인터넷과 관련된 인프라가 잘 구축되어 있는 지역이나 사무실이 사업의 경쟁력을 좌우하기도 한다.

그래서 사업장를 구할 때는 싸면서도 이러한 인프라를 저렴하게 활용할 수 있는 곳을 찾게 되는데, 이럴 경우에는 대학부설 창업보육센터나 정보통신부에서 운영하는 창업지원센터 또는 행정관청에 등록된 벤처빌딩(벤처기업집적시설) 등을 알아보는 것이 좋다. 이러한 사무실에 입주하면 사무실 임대료가 상대적으로 저렴할 뿐만 아니라, 보증금 없이 월세로만 사용할 수 있는 경우도 있고, 전용선과 컴퓨터·집기 등을 실비로 이용할 수 있으며, 센터의 보증으로 임대보증금을 은행에서 융자받을 수도 있다.

또 이러한 창업지원보육센터나 벤처빌딩에 입주하면 센터에서 제공하는 금융·경영·세무 등에 관한 여러 가지 컨설팅을 받을 수 있고, 정부에서 지원하는 정책자금에 관한 정보도 쉽게 얻을 수 있으며, 입주사들과의 정보교환으로 업무제휴 등을 통한 시너지효과도 기대할 수 있다.

창업지원센터에 입주하고 싶어도 공실이 없어서 입주하지 못하는 경우도 있다. 이 경우에는 일단 다른 사무실에 입주하여 대기하고 있다가 공실이 생겨서 센터 측에서 입주신청을 받을 때 이전하는 것도 방법이 될 것이다.

요즘에는 인터넷 인프라가 완비되어 있으면서 임차료도 저렴한 형태의 사설 비즈니스센터도 많이 있으므로 이를 활용해도 좋을 것이다.

6. 법인설립

사업에 관한 인·허가사항이 점검되고 자금조달계획이 수립되어 창업주체를 법인으로 하는 것으로 결정되면 사업장을 확정해서 지금까지 검토한 모든 사항을 반영하여 법인설립절차를 밟아야 한다.

법인을 설립하려면 상법 및 기타 관계법령에 따라 법인설립절차를 이행하고 이에 관련된 제반 서류와 증빙을 첨부하여 본점 소재지 관할법원 또는 상업등기소에 법인설립등기를 하여야 하는데, 대부분의 소규모 법인의 경우에는 설립등기업무를 법무사 사무실에 의뢰하게 된다.

그러나 이 경우에도 창업자는 창업을 준비하면서 지금까지 검토한 여러 사항을 고려하여 법인설립에 필요한 기본사항점검표를 만든 다음 이를 토대로 법무사에게 법인설립을 의뢰하는 것이 좋다.

법인설립에 대한 기본사항 점검이란 법인설립업무를 법무사 사무실에 의뢰하기에 앞서 법인설립에 필요한 상호, 회사의 사업목적, 자본금 규모, 주주 및 임원구성 등에 대하여 창업자가 사전에 검토하여 결정하고 점검하는 것을 말한다.

예를 들어 인·허가사업의 경우 인·허가 요건 상 사업장 면적이 일정규모 이상을 요구하는 경우 본점으로 사용할 사업장이 이 요건에 맞는지 확인해야 하고 자본금을 일정액 이상으로 해야 하는 경우에는 자본금 규모도 인·허가 조건에 맞게 정하여야 한다.

또 사업자등록을 할 때 세무서로부터 등록을 거부당하지 않도록 하기 위하여 회사의 임원이나 주주는 세금체납 등과 같은 흠결사유가 없는 자로 하여야 하며, 자본금 규모나 주주를 결정함에 있어서도 자금조달능력이 고려되어야 향후에 발생할지도 모르는 세무문제를 피할 수 있다.

법인설립을 법무사 사무실에 의뢰하면서 법인설립에 필요한 기본사항들을 점검하지 않으면 인·허가요건에 맞지 않는 법인이 설립될 수도 있고, 인·허가 사업이 아니라 할지라도 임원이나 주주구성을 잘못함으로써 관할세무서로부터 사업자등록을 거부당할 수도 있으며, 자본금을 무리하게 높게 하게 되면 나중에 두고두고 세무 상의 문제를 야기하는 경우도 생긴다. 그러므로 법인을 설립할 때는 먼저 세무사 사무실이나 창업상담회사 등으로부터 창업컨설팅을 받은 후 법인설립절차를 진행하는 것이 좋다.

7. 사업 인·허가 신청

행정관청으로부터 허가를 받거나 등록 또는 신고를 해야 하는 사업으로 창업할 때는 인·허가 조건에 맞는 창업의 주체를 결정하고, 인·허가 요건상 법인으로 해야 하는 경우에는 법인을 설립한 후에 소관 행정관청에 사업에 관한 인·허가를 신청하여야 한다.

인·허가 신청서류로는 사업허가(등록, 신고)신청서, 사업계획서, 법인등기부등본 (법인의 경우)등과 인·허가 요건을 확인할 수 있는 서류 등이 있는데, 이러한 서류들은 사업의 종류에 따라 각각 다르므로 창업자 본인이 개별적으로 챙겨야 한다.

사업에 관한 인·허가 신청은 사업자등록을 하기 전에 먼저 하여야 한다. 왜냐하면 세무서에 사업자등록을 신청할 때는 인·허가 업종의 경우 행정관청으로부터 받은 사업허가증, 사업등록증 또는 신고필증을 첨부하여야 하기 때문이다.

8. 사업자등록

창업을 위한 사전준비가 완료되고 창업주체가 결정되어 사업장이 확보되면 관할세무서에 사업자등록을 신청한다.

사업자등록은 사업장을 관할하는 세무서에 하는 것이며, 사업자등록을 신청할 때는 세법이 요구하는 서류를 제출하여야 한다.

9. 4대 사회보험 가입

관할세무서에 사업자등록을 하고 종업원을 고용하면 사업자는 사업장 단위로 관계법령에 따라 고용보험, 산재보험, 국민건강보험 및 국민연금보험 등 4대 사회보험에 가입해야 한다. 다만 종업원이 5인 미만이 되는 개인 사업장으로서 전문직 직종이 아닌 일반직종의 사업장이면 국민연금에는 가입하지 않아도 된다.

사업장 단위로 사회보험에 가입하면 사업주는 보험료를 납부해야 하는데, 보험료는 사업주와 근로자가 나누어서 부담(산재보험료의 경우 사업주만 부담함)하는 것이며, 근로자가 부담하는 보험료는 사업주가 근로자에게 급여를 지급할 때 원천 공제하여야 한다. 4대 사회보험 제도를 요약하면 다음과 같다.

- 고용보험
- 산재보험
- 국민건강보험
- 국민연금

10. 통장개설 및 신용카드 발급

법인사업자가 법인설립등기를 마치고 관할세무서로부터 사업자등록증을 교부받으면 거래할 은행을 정하여 법인명의 계좌를 개설한 다음 불입된 자본금을 인출하여 법인통장에 이체하여 놓아야 한다.

법인계좌를 개설할 때는 앞으로 은행거래에 사용할 사용인감도장과 법인인감도장 및 법인인감증명서를 사업자등록증 사본과 함께 은행 측에 제출하면 된다. 이어서 법인신용카드를 발급받아야 한다.

법인이 5만원을 초과하여 접대성 경비를 지출할 때는 세법상 법인 명의로 된 신용카드를 사용해야만 경비로 인정되기 때문이다.

개인사업자의 경우에는 기존의 개인통장이나 개인 신용카드를 사용해도 된다. 그러나 관리편의상 사업과 관련된 거래는 별도의 통장과 카드를 사용하는 것이 좋다.

11. 사업자 세무 상식 알아두기

신규사업자가 창업을 위한 기본절차를 완료하고 난생 처음 자기 명의로

사업자등록증을 받고 나서 맨 처음 부딪치는 문제가 세무업무이다.

사업을 처음 시작하는 신규사업자에게는 세법과 세무는 어렵고 생소하게만 느껴진다. 그래서 어느 정도 규모가 있는 사람들은 경리전문가를 채용하여 세무업무를 처리하는 경우도 있지만, 대부분의 소규모 사업자들은 장부기장과 세금에 관한 신고·납부 업무를 세무사 사무실에 위임하여 처리하는 경우가 많다.

그러나 세무업무를 세무사에 맡겨서 처리하는 경우에도 사업자는 기본적인 세무처리일정과 사업자가 알아두어야 할 기초 세무 상식은 어느 정도 숙지하고 있어야 한다.

세무업무를 세무사에게 위임하였다고 해서 세무사가 알아서 적당하게 세금을 계산하여 주는 것은 아니다. 세무사 사무실에서는 사업자로부터 넘겨받은 자료와 증빙에 의하여 세무처리를 하는 것이며, 세금계산에 필요한 자료와 증빙은 사업자 본인이 생산하고 수집하는 것이다.

그러므로 사업자가 얼마나 세무에 대한 기초상식을 갖추고 자료와 증빙을 생산하고 수취하느냐에 따라 세금부담은 크게 달라질 수 있다.

“아는 것이 힘이다”, “알아야 면장을 한다”라는 말이 있듯이 세무에 있어서도 아는 것이 돈이고 알아야 돈 버는 사장을 하는 것이다. 세무를 소홀히 처리하면 내지 않아도 되는 세금을 내게 되어 그야말로 앞으로 남고 뒤로 밑지는 경우가 생길 수도 때문이다.

세무에 관한 사업자의 최대 관심사는 절세에 있다.

절세 여부는 사업자가 알아두어야 할 기초 세무 상식을 얼마나 알고 대치하느냐에 달려 있고, 절세의 기본은 지출증빙을 챙기는 일부터 시작되는 것이다.

12. 법인설립절차

상법상 영리법인 형태의 회사 종류로는 주식회사, 유한회사, 합명회사, 합자회사 등 네 가지로 나누어지는데, 여기에서는 영리법인의 가장 보편적인 형태인 주식회사의 설립절차에 대해 알아보도록 한다.

주식회사 형태의 법인설립방법에는 설립과정에서 주식을 누가 인수하느냐에 따라 발기설립과 모집설립 등 두 가지 방법이 있다.

이 두 가지 방법 중에서 실무에서 많이 이용되는 모집설립 방식으로 주식회사를 설립하려면 상법 및 관계법령이 정하는 바에 따라

1) 회사설립에 뜻을 같이 하는 사람이 모여서(발기인 구성)
2) 설립하려고 하는 회사의 사업목적, 상호, 발행주식수, 1주의 금액, 본점소재지, 발기인의 인적사항 등
3) 회사의 조직과 활동에 관한 기본규칙을 정한 다음(정관 작성)
4) 발기인이 주식을 인수하고 (발기인의 주식인수)
5) 주주를 모집하여 주식을 배정해서 (주주의 모집·청약·배정)
6) 발기인이 인수한 주식과 청약인에게 배정한 주식에 대하여 금융기관에 주금을 납입시킨 후
7) (출자의 이행)
8) 주식 인수인으로 구성되는 창립총회를 열어서 정관을 승인하고 이사, 감사를 선임한 다음
9) (창립총회 개최)
10) 이사회에서 대표이사를 선임하는 절차를 거친 후(이사회 개최)
11) 본점소재지 관할법원 또는 상업등기소에 법인설립등기(설립등기)

를 신청하면 법인설립을 위한 일련의 절차가 종결된다.

이 글에서는 주식회사를 설립할 때 실무에서 가장 많이 이용되는 모집설립절차를 중심으로, 발기인으로부터의 재산인수나 현물출자 등 변태설립사항이 없는 경우를 상정하여, [법인설립절차] 편에서는 상법상 주식회사 설립절차와 과정을 개괄적으로 살펴보고, [법인설립실무] 편에서는 주식회사 설립업무를 법무사 사무실에 의뢰하는 경우 창업자 본인이 사전에 결정하고 점검해야 할 법인설립기본사항과 유의할 점을 검토한 다음, 최종적으로 법무사 사무실에 알려줄 사항과 넘겨줄 서류 및 예상 소요비용에 대하여 알아보기로 한다.

1) 법인설립절차

(1) 발기인 구성

발기인이란 회사 설립에 뜻을 같이 하는 사람으로서 발기인은 1인이어도 무방하다. 발기인의 자격에는 특별한 제한이 없으므로 내국인은 물론 외국인이나 법인도 가능하며, 미성년자의 경우에도 법정대리인의 동의가 있으면 발기인이 될 수 있다.

(2) 정관 작성

정관은 회사의 조직과 활동에 관한 기본규칙을 정해 놓은 서면이다.

정관은 설립 시에 발기인이 작성하여 전원 기명·날인(서명)하여야 하며, 작성된 정관은 공증인의 인증을 받아야 효력이 발생한다.

정관에는

① 사업목적

② 상호

③ 회사가 발생할 주식의 총수

④ 1주의 금액

⑤ 회사가 설립 시 발행하는 주식의 총수

⑥ 본점소재지

⑦ 회사의 공고방법

⑧ 발기인의 성명과 주소, 주민등록번호

를 반드시 기재하여야 한다.

(3) 주식발행사항의 결정

회사가 설립 시 발행하는 주식의 총수 및 1주의 금액은 정관에서 정하여지지만, 그 외에 주식발행사항과 관련하여 정관에 특별히 규정되어 있지 않는 경우에는 발기인 전원의 동의에 따라 주식의 종류와 수 그리고 액면 이상으로 발행하는 경우에는 그 수와 금액을 정하여야 한다.

(4) 발기인의 주식인수

발기인은 회사 설립 시에 발행하는 주식 중 최소 1주 이상의 주식을 서면으로 인수해야 한다.

(5) 주주의 모집·청약·배정

회사 설립 시에 발행하는 주식 중 발기인이 인수하고 남은 주식에 대하여는 발기인이 주주를 모집해야 한다. 모집주주인 주식청약인은 1인 이상이면 족하고 모집주주가 인수하는 주식수도 1주 이상이면 된다.

주식청약은 「주식청약서」에 의하여 서면으로 하여야 하고, 발기인은 청약인에게 주식인수 여부와 인수할 주식수를 결정하여 통지하여야 한다.

(6) 주금 납입

발행하는 주식의 총수가 인수되면 발기인은 주식청약서에 기재된 은행 등 금융기관에 주금을 납입시켜야 한다.

주금납입이 끝나면 은행에서는 설립등기가 완료될 때까지 주금을 보관하게 되고 「주금납입보관증명서」를 발기인에게 교부하여 준다.

주금납입이 완료되면 회사에서는 주주의 성명, 주소, 주민등록번호, 인수주식수, 취득연월일 등이 기재된 「주주명부」를 작성해 놓아야 한다.

(7) 창립총회 개최

발행주식총수에 대한 주금납입이 완료되면 발기인은 지체 없이 주식인수인으로 구성되는 창립총회를 소집하여야 한다.

창립총회 소집은 상법상 창립총회일 2주 전에 주주에게 서면으로 통지하여야 한다.

그러나 실무에서는 법인설립에 소요되는 기간을 줄이기 위하여 각 주주가 서명·날인한 「창립총회소집기간 단축동의서」에 따라 주금납입과 동시에 즉시 창립총회를 개최하게 된다.

창립총회에서는 발기인이 회사 창립에 대한 사항을 보고하고 정관을 승인

하며, 이사와 감사를 선임한다.

창립총회가 끝나면 창립총회의사록을 작성하여 이사 전원이 날인한 후 공증인의 인증을 받는다.

(8) 이사회 개최

이어서 이사회를 개최하여 대표이사를 선임하고 이사회의사록을 작성하여 이사 및 감사가 날인한 다음 공증인의 인증을 받는다.

(9) 등록세·지방교육세 납부 및 채권 매입

법인설립절차가 완료되면 본점소재지 관할 시·군·구에 등록세(자본금의 0.4% 단, 수도권 지역의 경우 3배중과) 및 지방교육세(등록세의 20%)를 납부하고, 자본금의 0.1%에 해당하는 지하철공채(또는 국민주택채권)을 매입하여야 한다.

(10) 설립등기

주식회사는 최종적으로 설립등기에 의하여 성립하고 법인격을 취득하게 되는데, 창립총회 종료일로부터 2주 이내에 본점소재지 관할 법원(또는 상업등기소)에 설립등기를 신청하여야 한다.

설립등기신청서에는 이사 전원이 기명·날인하여야 하며, 법인설립절차가 관계 법령에 따라 적법하게 이루어졌음을 증명하는 다음의 서류들을 첨부하여야 한다.

① 정관
② 주식인수증
③ 주식청약서
④ 주금납입보관증명서
⑤ 중소기업확인서(자본금이 5천만원 미만인 경우)
⑥ 창립사항보고서
⑦ 기간단축동의서

⑧ 창립총회의사록
⑨ 이사회의사록
⑩ 이사, 감사, 대표이사의 취임승낙서
⑪ 주민등록등본
⑫ 인감증명서
⑬ 인감신고서
⑭ 위임장 (대표이사 이외의 자가 신청하는 경우)
⑮ 등록세·지방교육세 영수증, 채권매입증명서

Chapter 02

성공창업전략

제1절 창업 시 유의 사항 및 사업전략 포인트

정육점을 운영하여 돈을 번 사람이 있는가 하면 반대로 손해를 보는 사람의 경우가 있다. 이와 같은 상반된 경우가 발생되는 원인은 여러 가지가 있을 것이나 그 중 우리나라 육류 판매제도부터 먼저 이해하는 것이 중요하다.

지난 1990년까지는 고기값은 품종이나 등급 혹은 부위에 관계없이 단일 가격으로 판매하였었으나 1991년 이후 고기값은 품종별·등급별·부위별로 각각 차등가격제(업소자율판매)가 실시되고 있다.

현재 도매시장 혹은 산지 가축시장에서 거래되는 가격을 조사 비교해보면, 쇠고기의 경우 한우가격을 100으로 볼 때 육우(비육우)가격은 70~80 수준이며 젖소가격은 50~60에 지나지 않아 품종별로 큰 차이를 보이고 있다.

또한 같은 품종에서도 등급별로 차이가 심해서 1등급을 100으로 볼 때 2

등급은 80~90수준이면 3등급은 50~70수준으로 가격차이가 크게 생기고 있다.

같은 품종, 같은 등급의 고기라 할지라도 부위에 따라 가격차이가 심할 뿐 아니라 지역에 따라서도 가격차이가 있다.

통상적으로 소득수준이 높은 지역은 가격보다는 육질을 선호하게 되어 고급육 부위와 저급육 부위와의 차이가 크게 되며, 반면에 소득수준이 낮은 지역은 육질보다는 가격을 비교하게 되어 고급육 부위와 저급육 부위의 가격차가 비교적 적게 나타난다. 돼지고기의 경우 역시 암·수 등 성별차이에 의한 가격차가 크며 등급별·체중별로 가격차이가 크다.

따라서 정육점의 성공적인 운영을 위해서는 그 업소가 처해있는 주변 환경들의 여건 및 고객들의 소득수준 등 전반적인 특성을 정확히 파악해야 한다. 다시 말해 '구매고객들의 요구에 부응하는 원료육 육질은 품종별·등급별로 어떤 것일까?'와 아울러 '부위별 가격차는 어느 정도로 할 것인가?' 등을 정확히 분석·결정하는 것은 사업성공여부와 직결되는 문제라고 볼 수 있다.

또한 정육점 창업 시 유의할 사항 중 하나는 정부에서 추진하는 육류유통 정책방향 및 국내외 유통시장의 변화를 올바로 알아 이에 대처하는 기술이 필요하다. 이를 위해서는 유관단체에서 발행하는 간행물을 활용하거나 혹은 식육에 관한 전문지 또는 전문서적 등을 이용하여 자료를 수집하는 것도 바람직하다.

정부의 육류유통시책이 종전 '지육거래' 중심에서 '냉장부분육 유통거래' 중심으로 바뀌는가 하면 소비패턴도 '냉동육'에서 '냉장육' 위주로 변화되고 있는 추세이다.

특히 2000년부터는 고기도매업이 부분적으로 개방(50%미만)되고, 더구나 2001년 1월 1일부터는 외국에서 생우가 자유롭게 수입되는가 하면 지난 97년 돼지고기의 완전수입자유화에 이어 수입쇠고기도 완전개방 됨으로써 수입육의 국내 시장점유율은 70%이상 차지할 것이라는 것이 식육업계의 전반적인 시각이다.

이에 대해 정부에서는 국내 양축농가를 보호하고 한우산업을 보호하기 위해 「브랜드육전문판매점」을 육성하는가 하면 2000년 완공으로 「축산물종합

처리장(LPC)」을 전국에 10개를 건설하여 1개의 LPC당 50~100개의 가맹점(식육판매점)을 모집, 한우판매업소로 육성하고 있다. 이의 일환으로 정부에서는 지난 96년부터 '식육처리기능사' 자격증제도를 도입하여 전문식육판매인을 양성하고 있으며, 자격증을 획득한 자가 정육점을 개설하고자 하는 경우 금융지원을 하는 등 각종 혜택이 주어지고 있다.

따라서 정육점의 성공적인 운영을 위해서는 기본적으로 고객의 요구에 부응하는 원료육 육질의 선택부터 서비스개선을 통한 고객관리에 이르기까지 식육관련 각종 전문지 혹은 간행물 등을 통해 자료를 지속적으로 수집하여 향후 업계전망까지 예측하면서 미리 대처해나가야 할 것이다.

제2절 소자본창업의 성공전략

1. 성공적인 창업을 위한 소자본 창업자의 마음자세

"나도 창업을 해서 성공하고 싶다." 이렇게 말하는 사람들이 점점 더 늘어나고 있다. 남들이 부러워 할 정도로 큰돈을 벌어보고 싶다거나 자신만의 독립적인 공간을 확보해야 한다는 등 창업동기도 다양하다.

이처럼 자기사업에 나서는 창업자들이 바라는 것은 한결같다. 창업을 준비하는 과정과 창업초기의 어려운 과정을 극복하고 성공적으로 사업을 운영하고 성장해 나가는 것이다. 이 같은 바람에도 불구하고 어떤 사람은 성공하고 어떤 사람은 실패의 쓴잔을 들어야 하는가?

소자본 창업시장에서 가장 중요한 성공전략은 경쟁업체에 대해서 반드시 이길 수 있는 경쟁력을 갖추는 것이다. 이에 따라 소자본 창업에서 핵심적인 사업전략은 경쟁전략이라는 데에는 어느 정도 합의가 이루어져 있다.

소자본 창업 시장은 진입장벽이 거의 없는 완전경쟁 시장의 특성을 가지고 있다. 경험이나 기술에 크게 구애받지 않고 일정한 자금만 준비되면 누구나 쉽게 진입해서 한번 도전해볼 수 있는 곳이 소자본 창업 시장의 속성이다.

따라서 소자본 창업 분야야말로 무작정 시작하면 어떻게 되겠지 하는 안이한 생각으로는 조그마한 성과조차도 기대할 수 없다. 따라서 성공적인 창업과 운영을 위해서 다음과 같은 몇 가지를 명심할 필요가 있다.

1) 나도 성공할 수 있다는 자신감을 가져야 한다.

창업에 나선다는 것은 스스로 전쟁터로 나서는 것과 같다. 전쟁을 시작했다면 반드시 승리해야 한다. 만일 총력을 기울여 싸운 보람도 없이 패배하게 된다면 오랫동안 물질적 정신적 피해를 복구하기 위해 견디기 힘든 고난의 세월을 보내지 않으면 안 되기 때문이다.

2) 창업환경과 시대 흐름을 정확하게 읽어야 한다.

시대 변화의 속도가 점점 빨라지고 있기 때문에 변화에 대한 적응력을 키우는 것이 무엇보다 중요하다. 창업환경이란 사업을 착수하는 시점에서 창업가가 활용할 수 있는 수많은 기회와 위협, 창업가가 보유하고 있는 다양한 능력 등을 말한다. 창업가는 외부적으로 어떤 기회요소와 위협요소가 있는지를 살펴보는 외부 환경 분석과 창업자 자신의 장점과 약점을 검토해보는 내부 환경 분석을 통해서 시대의 흐름과 자신에게 맞는 업종을 창출해내야 한다.

3) 창업 목적을 분명히 해야 한다.

무엇 때문에 사업을 시작하려고 하는지와 어떻게 사회에 기여할 것인지 검토하는 것을 사업 성공을 위한 의미 있는 출발점으로 삼아야 한다.

4) 철저한 준비만이 성공을 보장한다는 것을 확실히 인식해야 한다.

성공적인 창업을 위해서도 왕도는 없다. 따라서 창업환경을 폭넓게 이해하고 관련 지식과 정보를 축적하며 성실하게 실행하는 것만이 성공의 지름길이다. 이를 위해서는 필요한 인적, 물적 자원을 충분하게 조달하여 배치하고, 준비가 끝났다면 뒤돌아보지 않고 강하게 밀고 들어가야 한다. 주먹구구식 사업방식으로는 강한 경쟁자를 이겨내기에는 역부족일 수밖에 없다.

5) 압도적인 경쟁력을 갖추어야 한다.

소자본 창업 분야에서 사업전략의 핵심은 경쟁전략이다. 자기만 잘 하면 되는 것이 아니라 제품, 서비스, 홍보 등 모든 면에서 경쟁점포를 압도할 수 있는 경쟁력을 갖추는 것이 성공창업의 지름길이다. 나만의 차별화 전략(온지원)을 발표하여 고객들에게 적극적으로 어필해야 한다.

이를 위해서는 시장 지향적 사고로 무장해야 한다. 가만히 앉아서 손님이 찾아오기만 기다려서는 곤란하다. 자신이 운영하는 점포와 상품을 고객에게 적극적으로 알리고 판매하는 데 주력해야 한다.

2. 소자본 창업가가 거쳐야할 7단계 창업과정

창업이란 창업가가 사업기회를 포착하고 경영자원을 투입해서 고객이 원하는 상품이나 서비스를 제공하는 기업을 설립하는 것이다. 이처럼 창업이 성립되기 위해서는 창업의 3대 구성요소라고 부르는 창업가, 사업 아이템, 창업자금이 있어야 한다. 이중 어느 하나라도 부실하면 아무리 훌륭한 사업 구상도 공염불이 되고 만다.

보통 창업절차는 창업 준비, 사업아이템 설정, 사업계획 수립, 입지선정, 창업자금 확보, 영업 준비, 개업 등 크게 7단계로 나눠볼 수 있다.

1) 창업 준비

창업가는 사업주체로서 모든 창업과정에서 핵심적인 역할을 한다. 그는 사업 착수와 운영에 대한 책임과 리스크를 지고, 그에 상응하는 보상을 기대하며 가치 있는 새로운 것을 창조하는 사람이다.

창업을 결심했다면 첫 번째로 해야 할 일은 경영이념을 설정하는 것이다. 무엇 때문에 사업을 시작하려고 하는지와 어떻게 사회에 기여할 것인지를 검토함으로써 보다 의미 있는 출발점으로 삼는 것이다.

그런 다음에는 창업환경에 대한 이해가 필요하다. 이를 위해서는 외부적으로 어떤 기회요소와 위협요소가 있는지를 살펴보는 외부 환경 분석과 창업자 자신의 장점과 약점을 검토해보는 내부 환경 분석을 해야 한다.

2) 업종선정

창업환경과 자신에 대한 객관적인 검토를 거쳐 시대의 흐름과 자신에게 맞는 업종을 찾아내는 것이다. 성공적인 업종선정을 위해서는 수익성, 안정성, 성장성 등을 갖추고 있어야 하고, 자금조달 범위 안에 있는 업종이어야 하는 등 여러 가지 조건을 충족해야 한다.

업종선정기준을 충족하는 후보업종이 선정되었다면 그 업종이 과연 얼마나 사업적으로 타당한가를 구체적으로 검토해볼 필요가 있다.

이를 위해서는 우선 시장조사를 통해 시장규모, 예상 시장점유율 및 매출액 등 유용한 데이터를 수집할 필요가 있다. 이들 자료를 기초해서 사업타당성이 가장 높게 나타난 업종을 최종적으로 확보하면 된다.

3) 사업계획 수립

사업성분석을 통해 최종적으로 업종선정이 끝난 후에는 구체적으로 사업계획서를 작성해야 한다. 계획사업의 개념과 구체적인 실행계획을 담고 있는 사업계획서는 사업의 추진방향과 성공여부를 결정하는 매우 중요한 문서이다. 이는 건물증축서의 설계도와 같은 것이다.

여기에는 업종과 제품, 시장현황에 대한 조사 및 분석 결과를 토대로 마케팅 계획, 운영 계획, 자금 및 수지계획 등이 포함된다.

이중에서도 가장 중요한 부분은 시장에서 성공을 거두기 위해서는 효과적인 마케팅 전략을 수립하는 것이다. 우선 마케팅 목표를 설정하고 제품, 가격, 유통, 홍보 등 다양한 마케팅 수단을 활용해서 경쟁우위를 확보하지 않으면 안 된다.

4) 입지선정

업종선정을 먼저 할 것인가 아니면 입지선정을 먼저 할 것인가에 대한 논쟁은 의미가 없다. 창업가의 사정에 따라 적절하게 대응하면 된다. 업종을 먼저 선정했다면 선정한 업종의 주 고객층이 많이 모여드는 곳에 입지를 정한 다음 상권분석 과정을 거치면 된다. 점포사업을 할 경우 상권분석은 사업의 성패가 걸릴 만큼 중대한 문제다.

상권분석의 핵심은 유동인구를 파악하는 것이다. 연령대별 성별 시간대별로 유동인구를 조사하고 해당 상권의 현재 상황 뿐 만 아니라 앞으로의 전망도 분석하는 것이 좋다.

5) 자금마련

창업자금의 50% 이상은 자기자금으로 하는 것이 원칙이다. 외부에서 자금조달을 과다하게 하게 되면 창업초기부터 무리수를 두게 되는 경우가 많고 예측하지 못한 사태가 발생했을 때 대응능력이 저하된다. 사업을 벌이다 보면 뜻하지 않은 곳에 자금수요가 발생하는 경우가 많기 때문에 사업을 시작하기 전부터 은행 등 금융기관의 자금, 정부지원 자금에 대한 정보를 수집해 자금마련과 수지계획을 세워둬야 한다.

6) 개업 준비

창업 준비를 잘해 여러 가지 과정을 원만히 처리했다고 하더라도 창업의 마무리 단계인 영업 준비를 철저히 하지 않으면 헛수고를 한 결과가 된다. 이 단계에서는 판매할 상품을 준비하고 종업원을 채용하고 훈련하는 일이 가장 중요하다. 그리고 영업허가나 신고 등 행정절차를 밟아야 한다.

7) 오픈

창업과정의 마지막 단계는 실제로 사업을 착수함으로써 시장으로 나아가는 것이다. 이제부터는 도상연습이 아니라 실전에 투입되는 것이다. 그러므로 특정 시장을 놓고 다투는 경쟁자를 이겨내지 못하면 자신이 희생되는 냉엄한 현실을 직시해야 한다.

3. 소자본 창업가에게 필요한 7가지 능력

지난 1980년대 초반 미국에서는 "창업가"(Entrepreneur)라는 말이 크게 유행하면서 "당신은 창업가가 될 자질이 있는가?"라는 제목으로 창업가의 적성을 진단하는 테스트가 신문이나 잡지에 범람했다고 한다.

이 같은 자기진단테스트는 창업가가 다른 사람들과 다른 특성을 가지고 있다는 전제를 두고 있었다. 하지만 조사를 거듭한 결과 창업가에게 일반인과 다른 행동과학적인 차별점이 존재하지 않는다는 결론에 도달하게 되었다는 것이다.

이에 따라 어떤 사람은 창업가가 될 수 있는 특성을 가지고 있고 어떤 사람은 그렇지 않다고 주장하는 것은 무의미한 일로 판명된 셈이다. 다시 말해서 누구든지 목표를 정하고 최선을 다해 노력하게 되면 성공적인 창업가가 될 수 있다는 것이다.

그 후 창업가와 관련한 논의의 초점은 성공적인 창업가가 되기 위해서는 어떤 능력이 필요한 것인가에 모아졌다. 물론 여기서는 말하는 능력은 타고나는 것이 아니라 후천적인 노력을 통해서 최고 수준까지 향상시킬 수 있다는 것이 전제되어 있다. 다음은 지금까지 밝혀진 성공적인 창업가들에게서

발견된 능력들이다.

1) 결단력

창업가는 자기에게 사업기회가 왔을 때 주저하지 않고 결단을 내리는 경향이 있다. 또 한 번 결심을 하면 신속하게 행동에 옮긴다. 그러나 시작한 사업이 자신이 감당할 수 없다거나 가망이 없다고 생각될 때에는 다른 사람들보다 빠르게 포기한다.

2) 인내력

성공적인 창업가는 원칙에 충실하고 끈기 있게 문제를 해결해나가는 강한 인내력을 가지고 있다. 사업의 세계에서도 80대 20의 원칙이 적용된다. 80%의 사람들이 포기한 경우에도 20%의 사람들은 끝까지 살아남아 성공을 쟁취하는 것이다.

대부분의 창업가들은 자신이 하고 있는 일에 강한 애정을 가지고 있다. 좋아서 하는 일을 하기 때문에 어려운 상황이 닥쳐오더라고 기꺼이 역경을 넘어서는 인내력을 보이는 것이다.

3) 지도력

창업가는 다른 사람들을 흥분 속으로 몰아넣는 사람이다. 자신의 사업에 돈을 투자하게 하거나 자신이 만든 물건을 구매하도록 설득할 줄 한다. 다른 사람들이 하는 것을 가만히 지켜보고 있지 않고 앞장서서 새로운 기회를 창출해내는 것이다.

4) 기회포착력

창업가는 사업의 기회를 포착하고 그것을 실현해내는 사람이다. 기회는 모든 사람에게 공평하게 오지만 그것을 활용할 수 있는 사람은 기회가 왔다는 것을 인식하는 사람이다. 이를 위해서는 사업과 시장에 대해 많은 경험과 지식이 전제가 된다는 것을 잊지 말아야 한다.

5) 집중력

창업가는 자신이 하고 있는 사업에 깊이 몰입하는 경향이 있다. 다른 사람을 지배하거나 관리하려는 욕구보다는 성취감과 경쟁에서의 우위를 추구한다. 사업에서의 성공을 위해 많은 것을 포기할 줄 안다. 어떤 것도 일을 하려는 의지를 이겨낼 수는 없다.

6) 적응력

성공적인 창업가는 학습능력이 매우 높다. 자기사업에 관한한 최고의 전문가라고 할 수 있는 사람들이다. 사업의 아주 세밀한 부분에 이르기 까지 깊이 이해하고 있다. 이 같은 지식력을 바탕으로 새로운 변화에 신속하게 대처해 나가는 것이다.

7) 추진력

성공적인 창업가는 강한 추진력을 가지고 있다. 다른 사람에게 일을 맡기기 보다는 직접 뛰어들어 성과를 올리기를 좋아한다. 창업가는 자신의 사업이 앞으로 어떤 방향으로 갈 것에 대한 예측을 하고 있다. 그 목표에 빠르게 도달하기 위해서 자신이 동원할 수 있는 모든 역량을 한 곳으로 모아 밀고 나가는 것이다.

4. 소자본 창업가를 위한 창업 7계명

창업이라는 일생일대의 결단을 내리는 순간 모든 창업가들의 바람은 한결같다. 창업 초기단계의 어려운 고비를 넘긴 후 급성장의 가도로 들어섬으로

써 주목받는 기업을 일구어내는 것이다. 이런 꿈을 현실에서 이루어내는 것은 결코 쉬운 일을 아니지만, 사업의 세계에서 자신의 꿈을 이루고야 말겠다는 야심가들의 도전은 끊임없이 이어지고 있다.

자본이나 경험이 반드시 문제가 되는 것은 아니다. 오히려 미지의 세계에 도전해 나가는 프론티어 정신과 남들 보다 한발 앞선 참신한 아이디어, 그리고 어떤 고난도 극복해 나가겠다는 백전불굴의 의지가 더 중요하다.

여기에 제시하는 "창업 7계명"은 원대한 꿈을 향해 돌진해나가고 있는 모든 도전자를 위한 것이다.

1) 높고 대담한 목표를 세우라.

모든 사업은 무엇인가를 이루고자 하는 원대한 꿈으로부터 비롯된다. 자신의 꿈이 구체적으로 어떤 것이며, 사회에 대해서 어떤 가치가 있는가에 대해 정리해야한다.

창업가는 꿈을 현실로 바꾸는 사람이다. 가치 있는 목표를 향해 매진해 나간다면 많은 것을 성취할 수 있을 것이다.

2) 트렌드를 읽으면 돈이 보인다.

미래로부터 밀려오는 트렌드를 주시하면, 그 속에서 돈에 벌 수 있는 기회를 잡을 수 있다. 주시해야할 트렌드로는 가격할인, 사업지원(아웃소싱), 생활지원, 스트레스 해소, 지식정보화 등을 들 수 있다. 이들 트렌드는 구조적 불황기에도 유망사업을 낳는 진원지가 되고 있다.

3) 상식을 깨는 이단자가 되라.

상식을 깨는 이단자가 되어야 한다. 관습과 기존 질서는 너무 강력해서 때로는 정신 나간 사람이라는 소리를 들을 수도 있을 것이다. 그러나 현상을 타파하는 과정에서 새로운 사업기회가 생겨난다. 이것이 성공한 창업가들이 지금까지 해온 일이다.

4) 좋아서 하는 일을 하라.

자기가 좋아서 하는 일을 하게 되면 밤낮없이 일하더라도 쉽게 지치지 않는다. 일하는 과정이 재미있을 뿐만 아니라 결과에 대한 만족도 크기 때문이다. 이렇게 되면 아무리 어려운 상황이라도 헤쳐 나갈 수 있는 강한 힘이 자신 속에서 나오는 것이다.

5) 틈새시장으로 들어가라.

지식정보사회는 경쟁이 치열한 사회이다. 정보의 유통이 빠르기 때문에 약간의 초과이윤만 발생해도 많은 경쟁자들이 몰려들기 때문이다. 그러므로 진입장벽을 어떻게 구축하느냐 하는 것이 관건이 된다.

초경쟁상황에서는 살아남아 있다는 사실 자체가 경쟁력을 가지고 있다는 것이며 경쟁력을 상실하는 순간 사라진다는 것을 의미한다. 따라서 무작정 사업을 시작할 것이 아니라 어떻게 살아남을 것인지를 생각하고 경쟁력이 강한 체질을 갖추도록 노력해야 한다.

6) 실패를 두려워하지 마라.

실패에 대한 공포야말로 사업성공을 가로막는 가장 큰 장애물이다. 그러나 대부분의 성공한 창업가들은 실패를 통해 성장하고 있다는 점을 상기할 필요가 있다.

두려움을 극복하는 유일한 방법은 성공에 대한 강한 열정을 갖는 것이다. 성공한 창업가들은 어제의 실패를 성공을 위한 밑거름으로 활용한 사람들이다.

7) 신속하게 실행하라.

신속하게 결단을 내리고 결정을 내렸다면 빠르게 행동에 옮겨라. 변화를 두려워하거나 중단해서는 안 된다. 끊임없이 변화를 만들지 않으면 다른 사람들이 만든 변화의 물결에 휩쓸리게 된다.

창업 적성 체크리스트

◆ **질문**(A:그렇다-2점, B:보통이다-1점, C:아니다-0점으로 답 할 것)

1. 창업에 대해 신중히 고려하고 있다
2. 창업박람회, 사업설명회, 창업 강좌에 참석해 본 적이 있다.
3. 기본적인 창업 절차에 대한 지식을 가지고 있다.
4. 대인관계가 원만하다는 소리를 주변에서 듣는다.
5. 물건을 살 때 꼼꼼하게 따지고 구입하는 성격?
6. 새로운 사람을 만나는 일은 즐겁다.
7. 식당에서 음식이 늦게 나와도 짜증내지 않는다.
8. 처음 본 사람이라도 인상이나 이름을 잘 기억하는 편이다.
9. 환경이 변하면 나 자신을 바꿀 준비가 돼 있다.
10. 인터넷 이용 시간 중 게임 등 놀이시간보다 정보습득에 더 많은 시간을 할애한다.
11. 주위에서 어떤 부탁을 받더라도 상대방의 기분을 상하지 않게 거절할 수 있다.
12. 가족과 상의하고 판단해서 일을 처리한다.
13. 이해득실에 대한 판단이 빠르다.
14. 건강, 여가 선용을 위해 한 가지 이상 운동을 한다.
15. 어떤 사안의 결정에 대해서 추진하든 포기하든 선택이 빠르다.
16. 창업을 하겠다면 말리는 사람보다 돕겠다는 사람이 더 많다.

17. 한번 창업에 실패하면 나는 끝장이다.

18. 실패의 경험이 있다.(진학, 취업, 사업, 자격시험 등)

19. 살아오면서 여러 가지 직업을 경험해 봤다.

20. 나는 반드시 창업을 할 것이다.

◆ **평가**(그렇다 2점, 보통이다 1점, 아니다 0점으로 20문항, 40점 만점)

♣ 32점 이상

창업을 하는데 상당히 훌륭한 내적 조건을 갖췄다. 창업 적성은 창업을 하기 까지 문제뿐 아니라 창업을 한 이후도 파악하는 것으로 마인드 성격 특성 환경 의지 경험 등 전 부문에서 좋은 조건을 지닌 것으로 판단된다. 창업 아이템 선정 을 비롯한 창업 실무에 돌입해도 무방하다.

♣ △24~32점

비교적 양호하지만 부족한 부분도 있다. 창업 이후 건강, 체력, 습관과 성격 등 여러 요인으로 적성에 맞지 않아 그만두는 경우가 많다는 것을 염두에 두고 보충할 부분을 충분히 검토해야 한다. 부족 부분을 점검하고 변화를 위해 노력 한다 면 창업 이후 안정적인 궤도에 오를 수 있다.

♣ 24점 미만

창업을 하기에 상당히 부족한 조건이다. 누구나 창업은 할 수 있다. 그러나 안정적인 수익을 내고 유지하는 것은 창업자의 20% 안팎에 불과하다. 새 일 자리를 찾거나 현 직장에 머무는 것이 낫겠지만 창업을 고집하고 싶다면 자기 자신을 고쳐나갈 의지를 갖고 각고의 노력을 기울여야 한다.

〈자료=CTC KOREA〉

Chapter 03

사업계획서 작성 실무

제1절 사업계획의 의의와 유의사항

1. 사업계획(서)의 의의

사업계획서란 사업을 개시하기 전에 영위 하고자 하는 사업의 내용, 사업에 필요한 소요 자금, 경영방식, 수익성, 사업추진 일정 등을 일목요연하게 표현하는 것을 말한다. 이러한 계획을 기록한 서류를 사업계획서 라고 한다.

2. 사업계획의 용도

1) 대내적 용도

(1) 창업자 자신

사업계획은 마치 항해 시 "나침반"과 같이 창업자가 사업추진의 단계에서 달성해야 할 업무를 미리 파악하여 불확실하고 위험한 요소에 대한 준비를 할 수 있다.

(2) 가족동의

사업을 새로이 시작함에 있어 가족의 동의는 필연적이라 하겠다. 아무리 가족이라 하더라도 서로의 생각이 차이가 있는 만큼 하고자 하는 사업에 대하여 상세히 설명하고, 동의를 구하여야 할 것이다.

2) 대외적 용도

(1) 자금조달

창업에 있어 3대 요소라면 창업멤버, 아이템, 자금이라고 할 수 있다. 아무리 아이템이 우수하다 하더라도 자금이 부족하다면 창업을 할 수 없을 것이다. 정부기관, 금융회사, 개인으로부터 부족자금을 조달 시에는 자신이 하고자하는 사업의 타당성과 준비성을 효과적으로 보임으로서 우호적인 결과를 얻을 수 있다.

(2) 신용확보

사업을 하려면 동업자나 상품의 공급자들로부터 협력을 받아야 하는 경우가 많다. 이럴 때 신용이 없다면 이들의 협조를 받기란 불가능하다.

3. 사업계획 수립의 절차

1) 사업계획의 목적

(1) 무엇을 성취하려는가
(2) 달성하려는 목적(목표)
(3) 얻을 것과 잃을 것은

(4) 무엇이 문제인가

2) 현황의 파악

(1) 창업멤버는
(2) 설비, 원재료, 상품은
(3) 언제, 얼마간, 언제까지
(4) 자금, 원가, 사용한도는
(5) 실시의 방법, 종류는
(6) 자신의 입장, 능력은

3) 사실분석

(1) 사실을 정리, 평가
(2) 사실을 해석, 추리하고 새로운 사실 발견
(3) 정보입수의 코스트, 타이밍

4) 대안탐색 및 계획 작성

(1) 몇 가지 안을 세우고 선택
(2) 변화를 고려
(3) 창조력을 가지고

5) 사업계획의 결정

(1) 목적, 방침과 부합되는가
(2) 정확성, 경제성, 신속성, 용이성, 안전성에 대해서는
(3) 강압적이거나 소극적이 아닌가
(4) 결단과 실행의 시기는 적절한가

6) 사업계획의 주요체크 포인트

(1) 무리인줄 알면서 계획을 세우지 않았나
(2) 욕심만 내세워 현실을 무시하지 않았는가
(3) 기초자료는 부족하지 않은가
(4) 지나치게 낙관적이거나 비관적이지는 않는가
(5) 경쟁상대에 대한 평가에 소홀함이 없는가
(6) 휴먼에러는 없는가(잘못 봄, 들음, 말함, 생각, 기억, 실사)

4. 사업계획서 작성요령 및 유의사항

1) 작성요령

(1) 사업계획서만 읽으면 누구나 창업하고자 하는 사업의 내용을 알 수 있도록 구체적으로 작성
(2) 실현 가능한 계획을 담아야 한다.
(3) 전문적인 용어를 피하고 단순하고도 보편적인 설명
(4) 근거가 불충분한 자료 혹은 비논리적인 추정은 피한다.
(5) 사업의 잠재된 문제점, 발생 가능한 위험요소를 기술하고 그에 대한 대안을 제시함으로서 변화에 대한 대처능력을 표시
(6) 창업의 목적이 개인적인 이익만을 추구하는 것이 아니라 공공의 이익을 위한 것임을 입증해야 한다.

2) 유의사항

(1) 계수의 정확성과 타당성은 있는가
(2) 기대 이상의 수익률 설정
(3) 시장 지향적인가
(4) 자금 회수는 어떻게

3) 작성순서

(1) 용도에 따른 기본방향 설정(자체, 금융기관, 행정기관)
(2) 소정양식은 있는가
(3) 계획체계 및 목차설정
(4) 필요정보 및 자료수집(수요, 견적서등)
(5) 용도에 맞는 서식구상 및 확정

제2절 사업계획서의 내용과 형식

1. 사업계획의 내용

사업계획서의 내용과 자세한 정도는 사업의 규모나 사업계획서의 용도에 따라 다르다. 하지만 대체로 "표지"와 "요약문" 다음에 아래의 내용이 포함되도록 작성한다.

1) 일반사항과 대표자 소개

창업자(대표자)프로필 및 현황/회사현황

2) 사업개요

사업(상품, 서비스)의 내용, 목적, 동기, 파급효과

3) 판매계획

시장현황, 수요예측, 판매전략(가격, 경로, 대금회수방법),마케팅 전략, 연도별 판매계획 등 기술

4) 생산(서비스)계획

원부자재 사용 및 조달계획, 생산(서비스)에 필요한 시설 및 설비의 투자계획 기술

5) 투자계획

입지(점포, 공장, 사무실) 및 시설마련계획 기술(임차, 매입, 신축 등)

6) 조직 및 인원계획

부문별, 직위별, 인원계획과 인건비계획 등 기술

7) 자금계획

총 소요자금, 소요자금 조달규모와 조달방법, 보증 및 담보계획, 차입금 상환계획 등 기술

8) 이익계획

손익분기점 추정, 수익성 요인분석들을 기술

9) 사업추진 일정계획

인허가절차, 자금조달절차 등을 감안하여 사업추진일정을 수립(단계별로 기술)

10) 추정 재무제표

추정 대차대조표, 손익계산서, 일반관리비 및 판매비명세 등

11) 준비서류

대표자 및 경영진 이력서, 사업장 및 거주주택 등기부 등본, 임대차계약서, 토지이용계획확인원, 가맹점계약서, 견적서, 사업자 등록증, 카탈로그, 기술관련서류 등

2. 사업계획서 작성

1) 사업계획서의 정의

사업계획서는 창업자가 기업을 설립, 사신의 사업을 지속적으로 성장시키기 위한 구체화된 의지를 체계적으로 정리한 설계서로서 창업과 관련된 모든 외적 요소(법규, 경쟁, 사회적 변화, 소비자 욕구의 변화, 새로운 기술 등)와 내적인 요소(제조, 마케팅, 인적자원 등)를 문서로서 작성한 것이다. 따라서 사업계획서에는 현재 상황의 파악과 기업의 목표 제시, 목표를 달성하기 위한 전략 등이 포함되어 있어야 한다.

2) 사업계획서를 작성하는 목적

창업은 매우 복잡하고 때론 예기치 못한 사정으로 차질을 빚는 경우가 많이 있다. 따라서 사업계획서를 작성하면서 위험요소를 사전에 체크하여 대책을 수립한 후 사업에 착수하면 그만큼 실패위험을 줄일 수 있을 것이다.

또한 훌륭한 사업계획서가 있어야 모험자본을 필요한 만큼 끌어들일 수 있다. 사업계획서에는 회사소개와 기술개요, 시장전망, 자본조달계획, 주식배분 등 회사의 모든 정보가 포함되어야 한다. 그리고 모험자본가가 투자한 돈을 회수해갈 수 있는 방법도 가능한 소상히 설명해줘야 모험자본가가 투자를 망설이지 않을 것이다.

사업계획서를 작성하면서 자신의 사업을 객관적으로 점검해 보는 기회가 되기도 한다. 이때 미래를 지나치게 낙관적으로 예측하지 말아야하며 부정적인 요소에 대해 심사숙고하는 과정이 반드시 필요하다.

3) 사업계획서에 포함되어야 하는 내용

(1) 우수한 경영진

경영진은 사업의 핵심요소다. 주요 기술자를 포함한 기업의 경영진은 기업의 현실을 나타낼 뿐만 아니라 미래를 예측하게 하는 거울이다. 경영진의 자질이나 도덕성에 우선순위를 두고 투자를 결정하는 경우가 많이 있다. 경쟁력 있는 제품이나 시장에서의 대응능력은 경영진의 몫이다. 따라서 사업계획서에 주요 경영진의 자세한 경력사항과 사업과 관련된 장점을 기술해야 한다. 또한 기본적인 성실성과 정직성을 소유하고 있음을 보여주어야 한다.

(2) 경쟁력 있는 제품 및 서비스

창업하고자 하는 아이템이 단순한 아이디어나 용기만 있으면 누구나 만들 수 있는 것 이라면 굳이 벤처캐피탈을 찾을 필요가 없다. 벤처캐피탈은 남들보다 열심히 일해야 성공할 수 있는 사업에는 투자하지 않는다. 자사의 제품이 경쟁제품이나 대체제품에 비해 어떠한 우위를 가지고 있으며 경쟁력을 지속적으로 유지시킬 수 있는 방법은 무엇인지를 설명해야 한다. 벤처캐피탈은 단일 제품에 대해 관심을 가지는 것이 아니라 제품에 내재한 핵심적인 요소기술에 관심을 가진다. 요소기술의 확보는 향후 관련성이 있는 제품군의 형성을 이룩하는데 필수적이다.

(3) 매력적인 시장

가장 이상적인 시장은 급격하게 성장할 뿐만 아니라 충분한 잠재력이 내포되어 있어야 한다. 직접적인 경쟁이 존재하고 있다면 시장의 규모는 최소

한 두 세 개의 주요기업이 성공적으로 운영될 수 있을 정도로 커야한다.

시장진입과 장악을 위한 유통채널의 확보와 시장 환경 변화에 영향을 줄 수 있는 정부정책의 변화 등 외부환경에 대한 충분한 설명이 있어야 하고 또한 시장에 대한 주관적이고 애매한 수치가 아닌 외부기관의 객관적인 자료를 제공해야 한다. 기술 중심의 벤처기업의 경우 시장이 형성되어 있다는 것을 보일 수 없다면 투자를 유치하기가 힘들다.

현재 시장이 형성되어 있지 않다는 것은 투자자가 시장에 대한 제품의 위험 정도를 추정할 수밖에 없도록 만든다. 따라서 이런 경우에는 투자자에게 제품이 시장을 형성할 수 있는 충분한 이유를 설명하는데 많은 노력을 기울여야 한다. 시장규모, 시장세분화 및 시장 내의 경쟁력 분석 등은 투자자가 사업계획서를 분석할 때 반드시 포함되는 요소이므로 관련 자료를 제공할 수 있어야 한다.

(4) 합리적인 재무계획

시장규모가 아무리 크고 시장점유율이 높더라도 그에 상응하는 수익성을 확보하지 못하면 아무런 의미가 없다. 특히 벤처기업은 높은 재무위험을 지니고 있으므로 수익성과 함께 건전한 현금흐름을 창출할 수 있어야 한다. 목표시장에 접근하기 위해서 필요한 자금의 소요와 조달방법에 대한 철저한 계획이 없을 경우 매출의 신장이 오히려 회사를 위험에 빠트릴 수 있다. 향후 현금흐름에 대한 합리적인 계획을 세울 내부능력이 없다면 외부전문가의 도움을 받는 것이 좋다. 눈앞의 자금소요만을 보고 투자하려고 하는 회사에는 투자하지 않는다.

3. 사업계획서의 작성요령 및 유의사항

1) 정직하게 사실을 기술해야 한다.

벤처캐피탈은 제출된 사업계획서를 검증하기 위해 다양한 방법을 사용한다. 사업계획서에서 의도된 거짓이 발견되면 투자 검토는 즉시 중단된다.

2) 쓸데없이 전문용어를 많이 사용하지 말 것.

어쩔 수 없이 기술적인 용어나 약어를 사용할 경우에는 반드시 별도로 설명을 해야 한다. 벤처캐피털이 용어집을 뒤적이면서까지 투자하는 경우는 없다.

3) 제품보다 시장에 초점을 두어야 한다.

흔히 하는 실수는 제품의 우수성을 강조하다가 시장을 무시하는 우를 범하는 것이다. 제품자체보다 그 제품이 시장에서 어떻게 받아들여 질것인지에 대해 설명하여야 한다. 고객의 반응이나 진행되고 있는 계약 등을 동원하여 시장침투능력을 제시해야 한다.

4) 투자유치를 위한 사업계약서를 작성해야 한다.

벤처캐피탈의 투자를 유치하기 위해서 사업계획서를 작성할 때는 기업을 경영하는 내부자의 입장에서가 아니라 기업에 투자결정을 내리는 투자자의 입장에서 사업계획서를 작성해야 한다. 아무리 두터운 사업계획서도 투자자의 궁금증을 풀어주지 못한다면 의미가 없다.

5) 계획서는 살아있어야 한다.

사업계획서는 한번 만들면 그만인 것이 아니라 상황에 따라서 새로운 요소가 발견되면 그 때 그 때 고쳐서 써야 한다. 그리고 계획사업에 잠재되어 있는 문제점에 대해 항상 열린 마음을 가지고 점검, 작성되어야 한다.

6) 사업계획서는 자신감을 바탕으로 작성되어야 한다.

창업자 자신이 가지고 있는 목표 아이템을 제3자에게 설득력 있게 납득시키는 것이 사업계획서의 제1의 목표이다.

7) 객관성이 결여되어서는 안 된다.

자신감이 너무 지나쳐 자만심이 되거나 자신의 의견에 몰입되어 갇혀버린다면 사업계획서의 신뢰성에 큰 타격을 미칠 수 있다. 사업계획서는 정확한 자료에 의거한 객관적인 것이어야 한다.

8) 핵심내용을 강조, 부각시켜야 하며 전문용어의 사용을 피하고 보편적으로 설득력 있게 작성되어야 한다.

남들과는 다른 자신의 아이템의 핵심을 중점 부각시키고 그것이 기술적 내용일 경우라도 투자자 및 관련 당사자가 알기 쉽게 작성되어야 한다.

9) 자금조달 운용계획은 정확하고 실현가능성이 있어야 한다.

사업계획서 작성 시 가정을 배제해야 한다. '이렇게 되면 자금조달은 순조로울 것이다.', '무엇이 어떻게 된다면 판매에는 아무 문제가 없을 것이다.' 라는 식의 가정을 바탕으로 작성되어서는 안 된다. 특히 자금조달 및 운용부분에 있어서는 더욱 그 원칙이 중요하다.

4. 사업계획서의 구성

1) 요약 및 순서

요약은 사업계획서의 가장 중요한 부분이다. 벤처자본가를 포함한 이해당사자는 이 요약을 보고 다음을 읽을 것인지 아닌지를 판단한다. 벤처자본가나 자문에 응하는 사람은 대부분 주어진 모든 서류를 읽을 시간이나 의지가 충분하지 않다. 이 요약부분에서 그들을 끌어당길 포인트를 발견하지 못하면 다음 서류로 손이 간다. 요약에서는 사업의 간략한 스케치가 있어야 하고 계획서의 핵심이 강조되어야 한다. 그리고 목차의 큰 제목에 해당하는 부분을 압축 제시해 주어야 한다. 왜 이 제품은 다른 것과 다르고 성공할 것인지 보여주어야 한다. 요약부분에서 구체적으로 설명할 필요는 없다. 사업계획서를 읽는 사람이 요약에 흥미를 느낀다면 구체적으로 설명된 뒷부분을 읽을 것이기 때문이다. 목차는 한 장 한 장 자세히 살피기보다는 관심 있는 부분을 건너뛰며 읽을 사업계획서의 독자에게 편리를 제공하기 위함이다. 대부분의 투자 예상자들은 창업팀에 관한 부분을 먼저 본다. 창업하는 사람들이 어떤 사람이고 사업하려는 아이템과 관련된 어떤 일을 해왔으며 어떤 자격을 갖추었는지 보고 싶어 하기 때문이다. 그리고 기술에 관한 부분, 시장성, 마케팅전략, 투자자금의 회수가능성을 중점적으로 본다.

2) 회사의 소개와 조직

회사에 관한 일반적인 사항을 소개하는 부분으로써 다음과 같은 내용이 포함된다.

(1) 회사개요(기업명 및 형태, 설립 예정지역, 주요 생산품 등)
(2) 회사연혁(창업동기 및 사업의 기대효과)
(3) 조직 기구도
(4) 주주현황
(5) 경영진 및 기술진
(6) 금융거래 현황
(7) 조업현황
(8) 관련기업현황
(9) 기타

회사의 소개와 조직 항목에서 투자자 및 사업계획서의 독자들은 경영자의 인성, 즉 통찰력, 예측능력, 사업교섭력, 위기대응력, 조직관리능력 등을 파악하며, 경영자, 경영진의 능력 및 재력에 주목한다. 또한 여기에는 창업자 또는 투자자들의 주식배분, 지분의 변화과정, 주식의 종류(보통주, 우선주) 등을 명시하고, 사업 실행이후의 회사발전 전망을 소개하면서 지금 추가자본이 필요한 이유를 명시하여 설득하여야 한다. 기타 항목에서는 구체적으

로 차입금 및 담보(거래은행, 대출금리, 담보내용, 담보자격 등), 재무상태(B/S, I/S, F/S 등), 기술보유 현황(기술 개발실적, 기술인력, 국내외 기술수준, 기술제휴 현황 등)이 포함된다.

3) 산업분석

창업팀이 아무리 유능하고 좋은 경험을 가지고 있다고 하더라도 생산하는 제품이나 서비스의 시장전망이 좋지 않다면 좋은 성과를 얻기 어렵다. 특히 벤처기업을 창업하는 사람이 엔지니어 출신인 경우가 많은데 그러한 창업자들이 시장분석을 어떻게 하고 있느냐 하는 부분은 투자자의 주요 관심대상이다. 사실상 시장분석은 사업계획서에서 창업팀에게 가장 새로운 도전을 요구하는 부분이다. 시장분석을 함에 있어서는 외부에 자문을 구하든, 신문, 잡지, 서적, 인터넷 등을 활용해 구한 자료로 분석을 하든 숫자로 된 구체적 자료를 수집하고 분석해야 한다.

(1) 도전하고자 하는 사업의 분석

뛰어들고자 하는 산업을 소개하는 부분으로 이런 소개는 주로 다음과 같은 질문에 답하는 형식으로 이루어질 수 있다.

- 어떤 산업인가?
- 현재 이 산업의 시장규모는 얼마인가?
- 5년 후, 10년 후에는 규모가 얼마나 될까?
- 이 산업의 가장 중요한 특성은 어떤 것인가?
- 누가 현재 이 산업에서 가장 중요한 소비자인가?
- 새로 생산될 제품이나 서비스가 적용되거나 이용될 주요 분야는 어떤 것이 있는가?
- 산업의 변화추세는 어떤가?
- 사업에 영향을 줄 산업의 내적, 외적인 변화는 어떤 것이 일어나고 있는가?

예를 들어 일반적 항목을 제시하자면 수요실적 및 현황, 공급실적 및 현황, 제품의 용도와 성격, 시장규모 등을 수치로 제시할 수 있을 것이다.

(2) 목표시장

일반적으로 사업을 시작할 때는 넓은 소비자 계층을 대상으로 하지 않고 특수하면서도 확실한 소비자들을 대상으로 하는 것이 유리하다. 이를 특정한 'Niche Market'이라 한다.

새로운 회사가 뚫고 들어가야 할 시장은 어떤 것인가? 즉, 어떤 소비자 그룹을 대상으로 제품을 만들고 마케팅 전략을 세워야 하는가? 이러한 내용은 다음과 같은 질문에 답하는 가운데 정리될 수 있다.

- 누가 이 제품(서비스)를 살 것인가?
- 소비자는 왜 다른 것을 사지 않고 이 제품을 살 것인가?
- 경쟁자들은 어떻게 할 것인가?

즉 목표시장 항목에서는 계획제품의 시장침투 가능성 및 수요전망을 제시해야 한다.

(3) 소비자 분석

사업의 성패는 결국 소비자들의 반응에 달려있기 때문에 투자자를 포함한 모든 사람들은 소비자들의 반응에 관심이 있을 수밖에 없다. 수요계층, 소득, 나이 등 소비자에 대한 일반적 분석은 물론 수요 예측과 그러한 수요 예측의 근거를 제품별로 구체적으로 제시하여 신뢰를 주어야 한다.

(4) 경쟁자 분석

경쟁 역시 사업의 성패에 결정적 영향을 미치는 요소이다. 어떤 산업은 경쟁이 이미 치열하거나 경쟁자가 너무 강력해 승산이 없는 분야일 수도 있다. 기본적으로 동업계 현황 및 경쟁제품을 자사와 비교 장·단점을 분석해야 하고, 진출하고자 하는 업계의 경쟁 강도를 분석해야 한다. 그리고 다음과 같은 질문에 대한 대답을 생각해 보아야 한다.

창업 후 제품이 히트할 경우 대기업이 뛰어들 가능성은 얼마나 있는가?

기존 경쟁자들 사이에 끼어들기 위해 또는 새로운 경쟁자가 나타났을 때, 경쟁자보다 우위에 서기 위해 가지고 있는 '색다른 무엇'을 가지고 있는가? 등 시장은 항상 동적인 특성을 가지고 있다. 수많은 경쟁자와 소비자들이 어떻게 움직일지 정확히 예측 한다는 것은 사실상 불가능하다. 그러므로 항상 시장동향과 신기술동향으로부터 눈을 떼지 않도록 주의해야 한다.

4) 마케팅 계획

마케팅의 4P(Product, Price, Promotion, Place) 측면에 따른 전략을 제시한다.

(1) Product : 제품정책
(2) Price : 가격정책
(3) Promotion : 촉진정책
(4) Place : 유통정책

마케팅 전략은 사업화하려는 제품이나 서비스가 어떠한 것인가에 따라 달라지므로 여기서 구체적으로 논하기 어려우나 위의 4P의 측면을 모두 고려하여 효과적인 마케팅 전략을 수립 구사하여야 사업의 성공을 이룩할 수 있으며 그러한 전략에 대한 설명이 제시되어야 한다.

또한 최근에는 Physical evidence(물리적 환경), Process(서비스과정), People(사람) 등의 3P가 추가 되어 7P Mix개념으로 실무에서 응용되고 있다.

5) 기술 및 연구개발

이 부분에서는 창업대상 기술의 내용 및 특성(기술의 우위성)을 제시한다. 기술의 핵심 내용을 그 분야에 대해 잘 모르는 사람이 읽더라도 이해할 수 있도록 쉽게 설명하고 아이템 선전과정 및 기술현황, 사업화 가능성 및 전망 그리고 향후 R&D 투자계획을 개발목표, 개발인력 구성, 개발소요자금, 개발일정 등으로 설명한다. 투자자 및 사업계획서의 독자는 이 부분에서 창업자의 제품개발 가능성 및 기술능력(기술인력현황, 핵심기술내역, 기술도입 및 협력 가능성)과 제품의 특성 및 경쟁력(유사품 대비 기술적 우위성, 가격 경쟁력, 대체기술출현 가능성, 기술특허현황, 기술도입 가능성, 기술변화 등)을 파악하기를 원한다.

6) 생산과 시설계획

아이템이 제품의 실제생산이 필요한 것인 경우 다음과 같은 형태의 생산 계획안이 제시되어야 한다.

(1) 총괄
(2) 연차별 가동계획
(3) 제품별 생산공정도 및 공정설명
(4) 원·부자재 소요 및 조달계획
  ① 소요량 계획
  ② 주요 원재료 수급계획(현황)
(5) 생산 및 시설투자 계획
  ① 생산에 필요한 시설 및 설비
  ② 투자계획

이러한 생산과 시설계획은 다음과 같은 요소로 평가된다.

- 생산능력 : 기술 및 생산인력 보유, 시설 확보정도 및 능력, 원부자재 조달능력, 생산기술 확립, 설계 개발능력, 유지보수 계획 등
- 원가추정 : 원단위 산출, 원가의 유동상태 등
- 공장건설 : 설비구입 및 Layout, 공사일정, 설비계약 관련사항
- 생산형태 : 양산 가능성, 생산규모 등

7) 경영과 소유, 인력계획

창업팀을 소개한다. 벤처자본가의 세계에서는 사람에게 투자한다는 것이

정설로 되어있다. 아무리 사업아이템이 좋고 시장 전망이 좋아도 그 사업을 시작하고 굴러가게 하는 것은 결국 사람이기 때문이다. 그리고 핵심적인 사람이 있는 것도 중요하지만 무엇보다도 창업팀이 좋아야 한다. 기술개발자, 재무관리자, 영업담당자, 생산현장에서 감독할 사람 등 팀은 완벽할수록 좋다. 그리고 그런 각 분야에 대해 어떤 경험과 지식을 쌓아왔는지 밝히는 것이 좋다. 대부분의 벤처창업이 그런 것처럼 이런 각 분야의 모든 사람을 확보하고 출발하지 못했다면, 언제 어떤 자격을 가진 사람을 확보할 예정인가에 대해 언급한다. 그리고 누가 가장 중요한 경영자인가? 그들을 어떻게 회사에 붙잡아둘 것인가? 보수는 어떻게 할 것인가? 그동안 투자한 사람은 누구이고 얼마씩 몇 차례 투자했는가? 그들의 지분은 얼마인가? 발행된 주식은 어떤 종류이며 어떻게 평가되고 있는가? 누가 이사회에서 대표이사가 될 것인가? 이사회의 구성은 어떻게 할 것인가? 등의 질문에 대한 대답이 포함되어야 한다.

그리고 어떻게 중요한 인력을 찾을 것인가? 어떤 방법으로 그들을 채용하고 붙잡아 둘 것인가? 보상은 어떻게 하는가? 회사의 조직 구조 내에서 어떻게 직능을 분리할 것인가? 등 경영진이나 투자자를 제외한 우수 인력에 대한 계획도 언급하는 것이 바람직하다.

8) 자본 및 재무계획, 자본금 회수방안

이 부분에서는 창업자가 필요로 하는 자본에 대해서도 언급한다. 필요한 액수와 시기에 대해서 설명한다. 현재 얼마가 필요한가? 향후 5년간 어느 시점에 얼마가 필요한가? 만약 필요 자본금보다 적은 돈이 투자되면 어떻게 할 것인가? 현재 회사의 가치는 얼마로 평가하고 있으며, 이에 따라서 신규투자가에게는 주식당 가격을 얼마로 책정할 것인가? 여기서는 회사의 가치를 평가한 방법을 투자자들이 이해할 수 있도록 설명할 필요가 있다. 따라서 매출액, 보유기술의 중요성, 인력의 우수성, 성장 가능성 등을 잘 보여주어야 한다. 신규투자가 이루어지면 기존 투자자의 지분에 어떤 변화가 일어나는가? 물론 이때 기존 투자자의 지분과 주식보유량은 물론이고 간단한 인적

사항도 필요하다.

그리고 여기서는 기존의 회사라면 지난 5년간 재무제표, 새로 시작하는 회사라면 향후 3~5년 동안 예상 되는 재무제표(추정 대차대조표, 추정 손익계산서 등)를 제시해야 한다. 그리고 예상되는 현금흐름을 제시해야 한다. 현금흐름은 매우 중요한 자료다. 서류상의 흑자회사가 부도나는 경우는 현금관리를 잘못했기 때문이다. 향후 수입에 대한 전망도 필요하다.

그리고 조달된 자금을 어떻게 사용할 것인지에 대한 소요자금 명세 및 용도와 차입금 상환계획을 제시해야 한다. 투자자들이 자금을 회수하는 방안은 크게 세 가지로 나눌 수 있는데 첫째, 주식시장에 상장, 둘째, 상장 전 주식을 파는 방안으로 회사를 다른 사람에게 파는 방법도 이에 포함되며, 셋째, 기존의 상장회사에 합병시키는 방법이다. 이중 어떤 방법을 통해 어느 시점에 투자자가 돈을 회수할 수 있도록 해주겠다는 방안이 제시되어야 한다.

이 부분은 사업계획서의 독자가 매우 관심을 기울이는 부분이며, 다음과 같은 평가요소로서 평가한다.

(1) 자금규모
(2) 투자수익성(ROI: Return On Investment)
(3) 경제적 타당성의 정도
(4) 미래 경영상태 예측
(5) 경영환경 변화에 따른 재무적 성과의 변동정도(BEP, S/A, R/A 등)

9) 부록

여기에서는 앞에서 삽입하지 못했던 자료, 시제품의 사진, 신문스크랩 등을 첨부한다. 제출 첨부 서류를 예시하면 다음과 같다. 대표자 및 임원 이력서, 기술진 이력서, 최근 3년간 결산서류, 담보 제공시 담보물 감정서, 도시계획 인원, 등기부등본, 보증관련서류, 사업자등록증 사본, 정관, 법인등기부등본, 제품 카탈로그, 기타 필요하다고 인정되는 서류

5. 사업계획서 순서

1) 요약

(1) 사업개념
(2) 기회와 전략
(3) 목표시장과 예상
(4) 경쟁사와 비교 시 우위점
(5) 경제요소, 이익, 성장잠재력
(6) 팀의 구성원
(7) 제안

2) 산업, 회사와 제품과 서비스

(1) 산업
(2) 회사와 이념
(3) 제품, 서비스
(4) 진입과 성장전략

3) 시장조사와 분석

(1) 수요자
(2) 시장의 크기와 경향
(3) 경쟁자와 경쟁상품
(4) 시장점유율과 매출 예상
(5) 시장의 장래성 평가

4) 사업의 경제적인 요소들

(1) 매출이익과 운영이익

(2) 이익의 잠재력과 계속성
(3) 고정, 가변비용
(4) 손익분기까지의 기간(달)
(5) 현금흐름의 흑자까지의 기간(개월)

5) 마케팅 계획

(1) 전체 마케팅 전략
(2) 가격
(3) 매출전략
(4) 서비스와 보증정책
(5) 광고와 판촉
(6) 배급

6) 제품개발 계획

(1) 직무와 상태의 개발
(2) 어려움과 위험요소
(3) 상품 향상과 새로운 제품
(4) 비용
(5) 소유권 문제

7) 생산, 운영계획

(1) 작동주기
(2) 지리적 위치
(3) 설비와 기능향상
(4) 전략과 계획
(5) 규제와 법적인 문제

8) 경영조직

(1) 조직도
(2) 핵심 운영 인사
(3) 경영보수와 소유권
(4) 다른 투자가들 : 인사, 다른 조약, Stock Option 그리고 보너스 계획
(5) 이사회
(6) 다른 주주들, 권리와 제한
(7) 전문적인 조언과 서비스 지원

9) 재무계획

(1) 실제 손익계획서와 재무제표
(2) 손익계획서
(3) 재무제표
(4) 현금흐름 분석
(5) 손익분기표와 계산
(6) 비용관리
(7) 중요점

10) 회사의 제안

(1) 요구하는 금액
(2) 제안
(3) 자금모집
(4) 자금 사용계획
(5) 투자 이익

11) 부록

6. 사업계획서의 필요성

1) 사업계획서란?

일반적으로 사업계획서란 자신의 기업 또는 사업에 대한 장·단기적인 계획과 목적을 구체화하여 만들어 놓은 사업경영 및 성장의 지침서라고 할 수 있다. 이는 사업을 지속시키고 성장 시키려는 사업주의 의지와 미래에 대한 확신을 보여주는 자기 자신에 대한 또한 다른 사람들을 설득시킬 수 있는 자료가 되는 것이다.

이 때문에 조그마한 사업을 한다 해도 여러 가지 신경을 써야할 부분이 많은데 초기에는 이러한 복합적인 프로젝트(추진사항)를 단순화하여 정리할 수 있는 한 개의 표 또는 문서화로 많은 업무를 수행 할 수 있게 하기 위해 자신의 취향에 맞는 형식으로 작성할 필요가 있다.

이를 작성함으로 해서 사전에 전반적인 계획과 추후 예상치 못하게 발생될 사항에 대해 즉각적으로 대처 할 수 있는 방향을 설정할 수 있게 될 것이다.

소자본 창업자라 할지라도 경영자라는 인식을 갖고 사업에 대한 전반적인 사항들을 연구, 검토해야 만이 사업 성공의 길을 걸을 수가 있게 된다는 점을 인식하여 장래를 대비할 필요성이 있다.

2) 사업계획서 작성의 필요성

이러한 사업계획서를 작성할 필요성은 위에서 제시한 것으로도 충분하지만 이를 간단히 요약정리 하면 다음과 같다.

(1) 체계적인 사업구상 및 정리

소자본 창업이라 할지라도 사소한 일까지 포함하여 많은 사항을 정리한 표를 보면서 미진한 부분 및 추진하려는 목표를 명확화 하는데 필요하다. 그래야만이 예상치 못하게 발생하는 문제, 기간에 맞춰 해야 할 사항, 사업에

대한 홍보문제 등을 꼼꼼하게 살필 수 있는 계기가 될 것이다.

(2) 추진 목표의 명확화

사업을 수행하다보면 처음 추진했던 목표를 놓칠 수도 있고 변경해야할 때도 있게 될 것이다. 이러한 사항들은 명확하게 설정된 목표에 대해 다시 한 번 다지는 계기가 될 수 있거나 변경할 수 있는 명확한 이유 등을 숙고하게 하여 추진 목표를 더욱더 명확화하여 다지는 계기가 될 것이다.

(3) 점포경영의 합리화

사업계획서를 작성하여 일정표 등에 의한 추진을 하다보면 정형화된 점포경영의 틀을 세울 수 있는 요소를 제공하게 된다. 이러한 틀에 의해 정형화 시킴으로써 경쟁업체 등의 경영방침을 참고 하여 많은 좋은 요소를 받아들일 수 있는 여지를 갖고 벤치마킹을 할 수 있게 된다. 주먹구구식의 경영으로 하다보면 경쟁업체의 좋은 점을 받아들일 수 있는 요소를 즉각적으로 내 것으로 소화할 수 있는 사항을 잃어버리게 될 것이다.

(4) 기업의 얼굴이다.

계획적으로 일을 하다보면 필요한 재료수급문제, 인테리어, 자금수급, 홍보 등에 대한 많은 점들을 모두 체크할 수 있게 되어 경영자의 전반적인 사업에 대한 경영방침을 읽을 수 있게 된다. 즉 사업체에 모여 있는 모든 요소들이 경영주의 얼굴이 될 수 있어 보이지 않는 홍보효과를 누릴 수 있게 된다.

사업계획서라 하면 거창하게 생각하는 경향이 있고, 구멍가게에 무슨 사업계획 하시겠지만, 막상 사업을 시작하려하면 무엇부터 시작해야할지 즉 업종, 입지, 소요자금 등에 대한 많은 생각 속에 시간의 흐름만 보고 있게 되는 경우가 허다하다. 아래의 사항을 점검하여 자신만의 표를 만들어 이를 관리하면 많은 도움을 얻을 수 있을 것입니다.

3) 사업계획서 작성 시 고려할 사항

(1) 창업일정표

창업에 대한 일정을 한 개의 표로 작성하여 그에 따른 추진일정 및 고려해야할 사항 들을 명확화 할 수 있도록 하는 것을 말하며 일·주 단위로 작성하여야한다. 입지선정이나 업종선택 시 잘되는 종목을 선정하는 것이 아니고 중, 장기적인 관점을 고려하여 작성하여야 한다. 이를 작성함으로 해서 전반적인 사업계획서의 틀을 작성할 수 있고 자신의 목표를 명확화 할 수 있게 될 것이다.

(2) 목표설정

① 중·장기적인 목표의 명확화
② 현재의 영업규모
③ 목표고객층의 명확화

(3) 업종분석

① 동업종의 위치, 판매동향 및 고객동향분석
② 타 관련 업종분석
③ 잘되는 업종에 대한 분석(유동인구에 대한 개괄적인 분석)
④ 입지선정

(3) 주변상권 분석

개괄적이나마 주변지도를 그리고 일반적인 고객의 동선 등을 파악

(4) 유동인구 파악

① 업종에 적합한 목표고객의 이동추이 파악(시간대별)
② 경쟁점포의 고객유출입 파악(시간대별)
③ 유사업종의 출입고객에 대한 개략적인 파악(시간대별)

일반적인 표현으로 부동산은 발품이라고 하는데 이에 대해 부정하는 사람은 없을 것 같다. 복잡한 것 같지만 자신만의 사고 및 객관적인 파악(친구 등의 도움)은 충분히 가능할 것이다. 사업은 입지선정, 업종선정, 자금계획 뿐 아니라 자신의 사업에 대한 열의가 복합적으로 시너지효과를 발휘되어야 만이 되는 것이다.

(5) 자재수급 계획서

① 체인점

② 자기점포

체인점은 믿을만한 체인본부의 도움을 받을 수 있지만 자기점포는 소요 자재에 대한 내역 및 구매처, 가격추이 등을 지속적으로 파악하여야만 한다.

(6) 인테리어

① 목표고객의 취향을 파악

② 타 지역 동업종의 인테리어 파악

(7) 홍보계획서

① 개업 시 홍보계획

② 중·장기적인 홍보계획

(8) 종업원교육

중·장기적인 계획이 될 수도 있지만 주인의식을 갖고 업무에 열중할 수 있는 종업원들이 직접 고객과 접하는 사업체의 가이드 및 얼굴로서의 역할을 충분히 할 수 있도록 신경을 써서 관리해야만 한다.

(9) 자금 소요계획서 (기간별로 작성)

① 초기자금
- 상가입주비용 (권리금, 보증금)
- 인테리어 비용
- 개업비용

② 월간 운영비
- 물품 조달비용
- 운영비용

③ 예비비

처음 사업을 시작하자마자 목표수익을 올리는 곳은 드물 것이다. 몇 달 간의 비용에 대해 소요될 예비적인 비용을 비축해야 한다.

(10) 수익성 분석

① 예상 매출

② 예상 운영비

재료비, 월간 운영비등

(11) 자금조달계획

① 총 소요자금

② 자기자금

③ 금융기관 차입예상액

담보, 금리 등을 금융기관별로 비교분석

7. 사업계획서 작성 실무요령

1) 완전한 사업계획서의 요건

사업기회를 점검하는 것과 사업계획서를 작성하는 것 사이에는 엄청난

차이가 존재한다. 그 차이점에는 두 가지가 있는데, 첫째 사업계획서는 다음과 같은 특별한 용도가 있다.

(1) 누군가 수백만 달러 또는 그 이상을 투자할 사람이 나타나 사업에 동참하게 된다는 것.

(2) 이 사업계획서는 앞으로 수년간 시행될 회사의 여러 가지 정책과 구체적 사업내용을 담고 있다는 것이다. 그러므로 사업계획서에 실리는 전략이나 실행 방안 등은 신중하고도 분명하게 제시되어야 하고 또 실천 가능한 것들이어야 한다.

두 번째로 다른 점은 사업계획서는 사업기회 검토안 보다 훨씬 자세한 내용을 담고 있어야 한다는 것이다[발췌본 사업계획서(Dehydrated Business Plan)는 예외이다. 뒷부분에서 논의하게 될 것이다].

이것은 곧 사업계획서 작성팀들이 보다 많은 시간과 노력을 들여 자료를 수집하고 정리하여 보다 명료한 내용으로 제시해 주어야 한다는 것을 의미한다. 예컨대 사업기회를 심의하는 목적이라면 "해당상품의 목표시장은 연간 매상고 3천~6천만 달러이며, 연간 성장률은 10%이다"라고 하면 족하다(그 이상 자세히 조사할 수 없는 경우에 그러하다).

그러나 실제로 신규 사업을 발족시킬 계획을 세우고, 전략을 짜고 기타 등등을 정리하여 문서로 제출하려면 이 정도 수준의 내용으로서는 아주 불충분하다. 시장의 크기도 훨씬 상세한 정도까지 그 범위가 좁혀져야 하고 추정의 근거도 가급적 밝혀야 한다. 만일 그렇지 못하다면 이러한 보고서를 읽고 사용하려는 사람들은 그처럼 중요한 수치에 대해 전혀 신뢰감을 가지지 못할 것이다.

또한 시장이 매년 10%씩 성장한다고 말하는 것도 너무나 모호한 표현이다.

그 10%는 전전년도와 전년도 사이의 성장비율을 말하는지, 아니면 과거 3년간의 평균 성장률을 말하는지 분명하지 않다.

또한 '10%이상(over 10percent)'이라는 표현도 부정확하다는 인상을 준다. 실제의 성장률을 알아 정확하게 진술해야 하는 것이다.

또 그러한 성장률이 그대로 지속될 것인지, 아니면 변경될 것인지 또 그 어느 경우라도 왜 그러한지 설명을 해 주어야 한다.

신규 사업의 사업계획서를 제대로 작성하려면 족히 200~300시간이 소요된다. 그러한 시간을 저녁시간과 주말에나 내겠다면 이 작업은 3~12개월이 지나야 완결될 수 있다는 계산이 나온다. 사업 확장을 시도하거나 기업매수를 하려는 경우의 사업계획서를 작성하는 데에는 신규기업의 경우에 비해 약 절반정도의 시간과 노력이 필요할 것이다. 왜냐하면 사업에 관련된 정보, 예컨대 시장의 규모와 성장률, 경쟁도, 기업의 금융·회계 관련정보 등등에 관한 내용들이 그 시점에서 더 알려져 있기 때문이다.

<표 3-1>은 어떤 사업계획의 목차를 견본으로 보이고자 하여 실어 놓은 것이다. 여기에 나타난 내용들은 가장 효과적인 사업계획서에 꼭 포함되는 내용들이므로 이 보기에서 제시되는 정보의 종류와 보고양식을 그대로 따르는 것이 좋다고 생각한다.

첫째, 보고내용을 각 부문별로 나누어 정리하는 방식을 쓰면 정보를 보다 관리 가능한 상태로 제공 할 수 있다. 둘째, 보고내용의 상세한 정도나 그 편제순서는 각기의 특성과 정황에 따라 달라질 수는 있겠지만 적어도 효과적인 사업계획이라면 어떤 질서 있는 형식에 의거해서 작성되어야 한다(보고서 내용의 상세한 정도나 그 순서는 특히 중요하다는 점에 유의해야 한다. 이들은 각기의 특정한 상황과 계획서의 목적, 사업의 단계나 연조 또 기타 요인에 의해 달라질 수 있다는 점도 중요하다).

2) 사업계획서 발췌본(The Dehydrated Plan)

사업계획서 발췌본은 보통 4~10페이지 정도의 분량으로 작성되며 10매를 넘는 경우는 거의 없다. 여기에서는 주요 핵심사항만이 실리는데 예컨대 뒤에 설명하는 사업계획서 작성요령(Business Planning Guide)의 실행계획요약절(executive summary)에 실려야할 내용과 비슷하다. 요컨대 그와 같은 계획서 요약은 사업기회, 경쟁상의 유리한 사항, 기업가의 창의적 아이디어에 관한 핵심사항을 분석적으로 제시해야 한다.

간략한 형태의 사업계획 축약본은 몇 시간 내에 작성될 수 있으므로 업무

를 보면서 완전한 사업계획서를 작성할 시간이 부족한 기업가들이 보다 선호한다. 또한 많은 투자가들도 첫 단계 투자심사에서 축약본 사업계획서를 선호하는 것을 흔히 보아왔다. 그런데 여기에서 유의할 것은 축약본 사업계획서는 자료를 모집하거나 차입하는 과정에서까지 사용될 수는 없다는 것이다. 그러한 서류는 두고두고 기업경영을 안내하는 용도로서는 적절하지 않다.

3) 연습 : 사업계획서 작성 지침

사업계획서 작성지침은 <표 3-1>에서 제시된 보고순서에 따라 서술하고자 한다. 이 지침은 원래 레너드 스몰른(Leonand E. Smollen)과 고브라이언·해슬릿(the late Brian Haslett)이 설립한 벤처 화운더스사(Venture Founders Corporation)에서 개발된 것인데 지난 20여 년 동안 기업가들과 함께 회사설립을 준비하면서 수백 개의 사업계획서를 작성하는 과정에서 다듬어진 내용이다. 그러므로 어렵고 힘든 그 작업을 보다 쉽게 효과적으로 수행하는데 도움이 되리라 믿는다. 그런데 어떤 사업계획서를 작성하는 데에는 분명 단한가지 방법만 있다고 할 수는 없다.

사실 사업계획서를 준비하고 또 실제로 그것을 작성하는 방법은 여러 가지가 있을 것이다. 준비단계에서는 우선 시장조사 및 분석에 관한 부분부터 시작할 것을 권한다. 그렇게 하면 최종분석단계에 이르러 당신의 상황에 적합한 내용으로 잘 조정 될 수 있을 것이다.

사업계획서를 작성할 때 여러분이 기억해야 할 것은 사업계획서의 주목적이 투자가들을 설득하는데 있지만 환상적인 보고서를 작성하려만 하지 말고 오히려 자신들의 사업이 정말로 가치 있는 기회이고 그것을 실현하기 위한 수단과 방법을 발견하였다는 것을 자신들 스스로에게 확인시키는 기회로 삼으라는 것이다. 남을 설득하기 전에 정보를 수집하고 힘든 결정도 내려야 하고 여러 가지 실행계획도 철저하게 준비해야 한다. 아래에 설명할 사업계획서 작성지침은 투자자에게 필요한 정보를 간결하면서도 알아보기 쉬운 형태로 제공하는 방법을 보여 줄 것이다. 보고서를 읽을 사람이 누구인지 염두에 두고 작성해야 하고, 정확한 내용이 분명하게 표현되어야 그 계획서가 쓸모 있게 될 것이란 것은 두말할 필요가 없겠으나, 형식에만 너무 매달려서도 안 된다. 그 한 가지 모범이 될 만한 목차를 살펴보자.

❙ 표 3-1 ❙ 사업계획서 목차

Ⅰ. 실행계획 요약
  a. 사업의 개념 사업내용에 관한 설명
  b. 사업의 기회(전망)과 전략
  c. 목표시장과 전망
  d. 경쟁상의 유리점(장점)
  e. 사업의 경제성·수익성·잠재적 성과예측
  f. 경영팀의 인적사항
  g. 투자자에 대한 성과배분 제안

Ⅱ. 산업·기업 제품/서비스
  a. 산업
  b. 기업 그 개념
  c. 제품/서비스
  d. 시장진입 및 성장전략

Ⅲ. 시장조사 및 분석
  a. 고객
  b. 시장의 규모와 추이
  c. 경쟁도, 자사의 경쟁력
  d. 시장점유율, 판매고 추정
  e. 현재 상황에서의 시장평가

Ⅳ. 사업의 경제성
  a. 총이윤, 운영이윤

b. 이윤 잠재성, 지속 가능성

c. 공정비용, 가변비용, 준가변비용

d. 손익분기점까지의 소요개월 수

e. 현금수입 흑자실현까지의 소요개월 수

Ⅴ. 마케팅 계획

a. 전반적인 마케팅 전략

b. 가격책정

c. 판매전술

d. 서비스, 보증 정책

e. 광고, 판촉 방안

f. 제품 공급·분산

Ⅵ. 제품 설계 및 개발계획

a. 개발현황 및 과제

b. 애로와 위험

c. 제품개량 및 신제품

d. 비용

e. 특허권/지적 재산권 문제

Ⅶ. 제조 및 운영 계획

a. 운영주기

b. 사업장 소재지 위치

c. 설비내용 및 개선 계획

d. 전략과 계획

e. 정부규제 및 법률적 문제

Ⅷ. 경영관리팀

a. 조직

b. 주요 경영관리 요원 인적사항

c. 경영성과에 대한 보상 및 소유권

d. 기타 투자자들
e. 고용계약, 기타관련계약, 스톡옵션, 상여금 계획
f. 이사회 임원진
g. 기타 주주들 권리 의무사항
h. 보조 자문기구, 전문가, 부대 서비스

Ⅸ. 전반적 일정표

Ⅹ. 중대한 위험문제 가정들

Ⅺ. 재정 자금계획
a. 실제 손익계산서 및 대차대조표
b. 견적 손익계산서
c. 견적 대차대조표
d. 견적 현금흐름 분석표
e. 손익분기 도표 및 계산서
f. 비용통제 계획
g. 강조사항 요약

Ⅻ. 제안사항
a. 자금조달 요구서
b. 기업수익 배분제안
c. 주식 총액 결정
d. 기금의 사용
e. 투자자에 대한 수익환원

XIII. 부록

앞에 제시한 사업계획 작성지침을 따라 작업을 진행해 나갈 때 가능한 한 빠짐없이 자료로 뒷받침하여 진술내용을 사실과 부합되도록 해야 한다. 그러한 자료는 어떤 경우에는 통계표 형식(tabular form)으로 작성하여 첨부하는 것이 보기에 좋다. 특히 명심 할일은 자료의 출처, 자료 작성 시의 방법 또는 가정 등도 밝혀야 하고 연구수행 주체를 밝힐 수 있을 때에는 함께 명시하는 것도 좋다. 그리고 어떠한 진술내용에 관련된 자료나 표가 계획서의 다른 부분에 있다면 그 위치를 명확히 제시해야 한다.

마지막으로 이 지침서는 말 그대로 하나의 안내서(guide)이다. 이 안내서는 다양하고 광범한 상품/서비스를 다루는 수많은 기업에 각기 알맞는 방식대로 적용될 하나의 공통 기준 같은 것이다. 만일 어떤 산업이나 시장에 있어서는 그 산업이나 시장에만 관련된 독특한 문제들이 있을 수 있다. 예컨대 화학 산업에서는 현행의 매우 특수한 문제들이 존재한다. 즉 정부의 모든 부처에서 또 중앙정부나 지방정부 다같이 화학제품의 사용에 대해 더욱 엄격한 규제기준을 적용하고 있고, 특정용도의 제품이 판매되는 협소한 시장에 대해 높은 자본비용이 들고, 주문제작기간도 장기간이 소요되는 제조설비는 이제 점차 수지를 맞추기가 힘들어지고 있다. 전자산업에 있어서는 새로운 종류의 대규모 집적회로가 앞으로 얼마만큼 많이 생산될 것인지 가격은 얼마나 올라갈 것인지가 주요문제가 될 것이다. 그러므로 당신은 이 안내서를 당신이 뛰어들려는 그 산업의 특수성에 잘 적용하는 건전한 상식을 발휘해 주기 바란다.

부록 : 사업계획서 작성연습

♣ 제1단계 : 업무추진 명세표(Lists of Segments)작성

- 작성자 성명
- 사업명 내용
- 자료
- 기본요령 : 전체 사업계획서에 실려야 할 정보를 여러 부문으로 나누고 우선순위를 세워 작성책임자, 초안, 최종안의 기한도 명시한다.

여러분들이 정보를 항목별로 분류할 때에 명심할 것은 사업계획서가 논리적으로 종합될 수 있어야 하며 서술된 정보내용은 일관성이 있어야 한다는 점이다. 특히 유의할 것은 시장 전망에 관한 부분은 사업계획서의 심장과 영혼(heart and soul)과 같은 곳이므로 작성하기가 가장 어려울 것이고 따라서 가장 우선순위를 두어 전심전력을 다해야 한다. 물론 사업계획서를 작성하는 작업도 이 부문으로부터 시작하는 것이 좋을 것 같다.

▌표 3-2▐ 업무추진 명세표

목차상 항목 (또는 임무)	우선 순위	작성 책임자	작업 개시일자	제1차 초안 작성기한	최종보고서 작성시한

사업계획서 작성에 착수하면서 아래와 같은 업무추진 명세표를 작성하여 언제나 참조하면서 작업을 진행해야 할 것이다.

♣ 제2단계 : 세부작업분담표(Lists of tasks) 작성

전체 총 목차에서 각 편을 떼어내서 작은 부문으로 나누고 이 부문 내에서 상세한 항목별로 세부 작업 분담계획표를 작성한다.

큰 작업 항목들(예컨대 고객이나 경쟁기업에 대한 첩보를 수집하고 박람회장에 참가한다는 등)을 각자가 감당할 만큼 적은 임무로(여행 출발 전 전화로 연락하기 등) 쪼개고 그 작은 임무의 각 세 분야를 나누어 일을 맡겨야 한다. 작은 일을 꼬박꼬박 나누어 개별책임자를 명시해야 한다. 아래와 같은 세부작업분담표를 작성 비치하여 활용토록 한다.

❙ 표 3-3 ❙ 세부작업 분담표

임 무	우선 순위	담당책임자	업무 착수일	업무 완수일

♣ 제3단계 : 큰 항목별 업무추진명세표(List of segments)와 세부작업분담표를 합쳐 작업추진 일정표(Calendar)를 만든다.

일정표를 만들 때 빠진 항목은 없는지, 업무부담은 과중하지 않은지, 추진

기간은 무리하게 짧은 것은 아닌지, 업무분장은 적절한 사람에게 맡겨져 있는지를 살펴야 한다. 일정표를 작성하는 요령은 우선 개시일자에 X표를 하고 종료 예정 일자에 다시 X표를 한 다음 이 두 X표를 연결하면 된다. 모든 임무의 일정계획이 다 잡혀지면 업무간의 충돌이나 실현가능성을 두고 면밀하게 검토해야 하고 각자의 업무가 너무 빡빡하게 잡혀있지 않은지 살펴보아야 한다.

❙표 3-4❙ 작 업 추 진 일 정 표

임 무	전 체 일 정 (주)									
	1	2	3	4	5	6	7	8	9	10

♣ 제4단계 : 사업계획서 작성순서와 내용

앞에서 논의된 바와 같이 <표 3-1>에서 제시된 목차에 따라 사업계획서에 서술되어야 할 내용에 대해 설명키로 하자. 물론 실제로 당신의 사업계획서를 작성할 때에는 <표 3-1>과는 다른 순서에 따라 서류를 작성하고 싶을 텐데 신규기업의 특수성이 있는 경우 약간은 다르게 작성해도 된다.

[표지]

사업계획서의 표지 면에는 회사명, 주소, 전화번호, 작성일시, 주식 발행

수 등을 기재한다. 보통 회사명, 주소, 전화번호와 작성일자는 상단 중앙부에 적고, 주식 발행 수는 하단에 적는다.

그리고 표지하단에는 다음 문구를 적어 놓는 게 유익하다.

『이 사업계획서는 상기 주식의 사적인 매매와 관련하여 고도의 자격을 갖춘 선별된 투자자를 위하여 대외비용으로 작성 되었으며, 다른 어떤 사람에 의해 위와는 다른 용도로 사용되어서는 안 된다. 또한 이 보고서를 어떤 형태로든 재작성하거나 저장 또는 사본을 만들어도 안 된다.

이 계획서를 수령하는 투자자는 제시된 주식을 인수할 의사가 없을 경우 상단에 기재한 주소지로 지체 없이 이 계획서를 반환할 것을 동의 한 것으로 간주한다. 아무도 허락 없이 복사하거나 전송, 재작성, 배포하여서는 안 된다.』

[내용목차]

<표 3-1>에 제시한 사업보고서 목차의 모범례에 대하여 항목별로 기재할 내용을 아래에 설명하고자 한다.

⌛ 실행계획 요약

사업계획서 본문의 첫 번째 절에 보통 실행계획을 요약 기술한 내용을 싣는다. 이 요약은 보통 짧고 간결하여야 하고 한 두 페이지 정도의 분량이면 족하다. 이 요약에서는 사업기회의 조건은 무엇이며, 왜 그러한 기회가 존재하는지, 누가 그 일을 수행하고 왜 그 일을 할 능력이 있는지, 그리고 당해 기업이 어떻게 시장에 진입하고 침투할 수 있는지 등에 대해 명확하게 설명해야 한다.

이 요약절은 사업계획서의 다른 부분이 다 완성된 연후에 작성 되는게 보통이다. 그러므로 다른 절의 초안이 작성되었을 때에 각절, 각 항목으로 부터 핵심사항과 주요수치, 주요문장 등 한 두개씩 미리 별도로 적어 놓는 것이 도움이 될 것이다.

이 요약절은 특히 자본을 조달하려거나 자금 차입을 원하는 기업에게는 더욱 중요하다. 많은 투자자, 은행, 기업경영자 또는 다른 관련자들은 해당 기업이 고려할만한 가치가 있는지 여부를 빨리 결정하고자 할 때 이 요약절을 읽고 판단하는 게 상례이다. 그러므로 이 요약절이 호소력이 있고 물리치기 어렵도록 잘 작성되지 않는다면 투자 관련자들 앞에서 직접 보고하거나 상담할 기회를 갖기는 매우 어려울 것이다.

그러므로 이 요약절을 준비할 시간을 충분히 남겨두어야 한다(이름 있는 대중 연설가들은 연설시간 1분당 준비시간은 1시간씩 소비한다고 한다). 이 요약절은 아래 a에서 g까지의 각 항목별로 한두 구절(paragraph)의 분량으로 편집 하는 게 좋다.

a. 사업의 개념과 사업내용

여기에서는 앞으로 전개할 계획이거나 이미 진행 중인 사업의 개념을 설명한다. 예를 들면 아웃도어·신 회사(Outdoor Scene, Inc.)는 텐트를 생산하려고 하였는데 그 회사의 사업개념은 "야외 레저용 고급 상품을 만들어 질 높은 서비스와 정확한 배달시간을 지켜 공급하는 선두기업이 되는 것"으로 기술하였었다. 그러므로 당신이 세울 기업의 사업개념에서도 고객들이 현재하고 있는 어떤 경제활동을 당신의 기업이 어떻게 '근본적으로 바꾸어 놓을지' 설명해야만 한다. 예컨대 애플컴퓨터사(Apple Computer)와 인텔사(Intel)의 대주주인 아서·록(Arthur Rock)은 사람들이 생활하고 일하는 방식을 변혁시키는 개념에 중점을 두어 투자결정을 내린다고 말한바 있다.

사업내용에 있어서도 회사 설립시기, 앞으로의 업종, 상품/서비스 또는 기술에 있어서의 특허에 관한 사항 등등을 확인하여 이를 계획서에 포함시켜야 한다. 또한 이 회사가 시장에서 경쟁상 우위를 차지하는데 도움이 될 것으로 보이는 특허기술 영업상의 비결 또는 독특한 역량등도 함께 기술하여야 한다. 회사가 설립된지 몇 년이 경과하였다면 회사의 사업규모와 성장내역 등을 그 다음에 서술해 주어야 한다. 이때 하나의 사항을 서술할 때마다 25개 단어 이내로 간략히 하여야 하며 특별한 상품/서비스는 반드시 언급해 주어야 한다.

b. 사업기회와 전략

여기에서는 사업기회가 어떤 것이며 왜 매력적인가를 설명하고 그 이윤기회를 차지하기 위해 시장에 진입해 들어가는 전략사항도 요약한다. 즉 다음과 같은 주요사항에 대해 요약하면 좋다. 예를 들면 시장에서의 경쟁조건이나, 경쟁기업의 취약점[잠이 많은 점(sleepiness), 지둔함(sluggishness), 질이 낮은 서비스 등]을 찾아내 요약하고 이번의 사업기회가 아주 절호의 기회라는 것을 입증함에 있어 업계의 추세나 기타 실증적인 여러 정황들 그리고 이들에 바탕을 둔 논리적 귀결을 분명하게 나타내야 한다. 또한 전략사항에서도 단순히 시장진입을 위한 상품/서비스의 개발에 멈추지 말고 보다 큰 시장에의 진출(예컨대 국제적 거래 등)을 위한 확대성장 전략도 함께 논의해야 한다.

c. 목표시장과 침투계획

업계와 시장의 구조 및 제특성을 간략히 설명하고 주 고객 집단이 누구이며, 앞으로 공급할 당사의 제품/서비스가 이들에게 어떠한 위치를 차지하게 될 것인지 그리고 이들에게 어떠한 방법으로 배송(配送)되며 또 부대서비스는 어떻게 할 것인지를 기술해야 한다. 또한 시장의 규모와 성장률, 당신의 회사가 찾아낸 틈새시장(niche market), 판매고예상액 추정치, 고객서비스를 위한 염가 판매기간, 가격 책정전략 등을 서술하고 가격대비 성과/가치/이익(performance/value/benefits) 분석의 내용도 함께 설명하면 좋다.

d. 경쟁상의 유리점

당신의 기업이 현재 누리고 있는 경쟁상의 우위(優位)라든지 또는 당신의 혁신적인 상품/서비스 또는 전략에 의해 만들어질 수 있는 경쟁력을 제시해야 한다. 아울러 경쟁업체와의 시간격차로 본 우월성, 경쟁기업의 취약점과 퇴출가능성 그리고 기타 업계의 경쟁조건등도 서술한다.

e. 사업의 경제성

수익성, 잠재적 이윤 등 해당사업의 투입과 산출, 비용대비 수익 등 경제성을 분석하여 그 결과를 요약 제시한다. 예컨대 총이윤과 경상이윤, 예상수익률, 이윤발생존속기간 등에 대한 내용을 서술하면 된다. 또한 손익분기점에 도달하여 흑자의 현금흐름(positive cash flow)를 실현하기까지의 기간구조와 주요한 자금운용계획 투자수익률 추정결과 등도 포함되어야 한다. 그리고 각 생산요소별 생산기여도와 현금화 주기에 관한 분석결과도 빠져서는 안 된다. 가능한대로 주요수치를 이항의 여기저기에서 밝히는 것이 좋다.

f. 경영관리팀

사업을 주도하는 기업가와 산하 경영관리팀의 관련분야에 대한 경험과 지식, 특별한 기법(know-how)과 기능을 요약하여 서술한다. 이때 과거 손익관련 직책에서의 업무실적이나 일반관리직 인사관리직에서의 업적 등에 관련된 사항을 꼭 언급해야 한다. 그리고 과거 책임자로 일하던 부서와 프로젝트, 전직 관련 부서의 인원 규모와 수하직원들의 인적구성도 언급하면 도움이 된다.

g. 투자유치에 대한 보상조건

당해 신규 사업에 필요한 출자금액 또는 기채금액의 규모를 간략히 표시하고 그러한 자료공급에 대해 회사에서 제시하는 보상조건들(주식수, 금리, 배당순위 등)을 명시하는 한편 모집된 자본의 주사용처 등도 설명한다. 아울러 투자자, 자금대여자 또는 전략적 제휴업자 등에게 약속한 수익률을 어떻게 보장해 줄 수 있는지에 대해서도 언급한다.

⌛ 산업, 기업, 제품/서비스

이 절에서 가장 역점을 두어야 할 부분은 설립할 기업에 관한 설명이다. 즉 생산 제품/서비스의 개념과 앞으로 진입 후 경쟁을 벌여야 할 업계의 내부사정이 초점이 되어야 한다. 이러한 정보는 특히 마케팅 분야에 대한 문제와 결부되므로 매우 중요하다. 이 절에서 언급되어야 할 주요항목을 다시 언급하면 산업의 구조와 동향, 회사가 추진하는 사업의 개념, 회사의 업계 내 위치에 대한 기본개념, 제품/서비스의 개념, 이들 제품/서비스의 특허관

계나 경쟁상의 우위적 시장 내 상품진출에 관한 전략과 성장전략 등을 들 수 있다.

a. 산업의 구조와 동향

- 앞으로 전개할 사업에 관련된 산업의 구조와 현상 그리고 향후 전망 기술한다. 특히 산업 내 구조문제를 꼭 언급해야 한다.
- 시장의 규모, 성장추세, 경쟁업체에 대해 간략히 논의한다.
- 계획 중인 기업과 그 제품에 영향을 미칠 것으로 예상되는 신제품, 신기술 개발 현황, 새로운 시장의 출현과 새로운 고객층의 형성, 새로운 규제내용, 새로운 법령상준비사항, 새로운 업체의 진입과 퇴출, 기타 국민경제의 변화추이 등을 논의한다.

b. 기업 내용과 그 개념

- 사업내용에 대한 일반적 개념을 서술한 후 계획 중인 기업의 특정 목적과 생 산·공급할 제품/서비스의 종류와 내용, 주 고객층의 특성에 대한 내용을 기술한다.
- 배경설명의 일환으로 회사설립 일자와 제품의 발명/개발에 대한 경위, 이 과 정에서의 회사대표의 참여경위 등을 기술한다.
- 회사가 당해업종에 간여한지 몇 년이 경과하였을 경우 그리고 규모 확장을 위한 증자나 추가 자금차입을 목적으로 할 때에는 과거의 회사경영 역사를 회고 하고 주종 상품의 매출과 이윤성과를 설명해야 한다. 그리고 과거 업무실적이 떨어졌거나 손실을 입었을 경우, 그 원인과 경과를 설명해야 한다. 그리고 앞으로 이와 같은 실패가 재발되지 않게 하기 위해 현재 그리고 앞으로 어떠한 노력을 경주할 것인지도 설명해야 한다.

c. 제품과 서비스

- 앞으로 판매할 상품/서비스에 대해 상세히 설명한다.
- 회사가 판매할 제품/서비스의 활용범위, 즉 부차적 용도와 주 용도를 설

명한다.

- 회사의 상품/서비스가 지니고 있는 독특한 장점과 이로 인해 창출될 부가가치 가 얼마나 될 것인지 설명한다. 그리고 현재 시장에서 팔리고 있는 타사의 제품과 앞으로 이회사가 생산하여 시장에 침투시킬 신제품 간의 주요차이점을 밝힌다. 특히 소비자의 입장에서 그 제품이 얼만한 가치를 더해 줄 것인지 그리고 상품 구입 후 제품사용으로 인해 충분한 가치를 보상받는 기간(payback period)이 얼마나 되는지도 추정하여 언급해야 한다.
- 제품/서비스가 혹간 지니고 있는 결점이나 성능저하로 인해 나타날 수 있는 문제점등도 설명한다.
- 제품/서비스의 개발상황을 설명하고 이 개발과정 및 시험과정을 완료하고 시 장에 출시할 때까지 소요되는 시간과 자료를 밝힌다. 그리고 가능하면 제품의 기능적 특성에 관한 설명서와 사진을 첨부한다.
- 업계에서 선두주자가 될 수 있는 유리한 시장조건이나 회사의 구비 조건 등이 있다면 설명한다.
- 자사제품/서비스가 타사제품에 비해 특히 유리하게 된 특성이나, 특허관계, 영 업 비결 등을 언급한다.
- 제품 생산라인의 확장계획이나 파생 상품/서비스의 개발계획이 있으면 설명한다(특히 그러한 기회가 어떠한 양상으로 나타나며, 이를 어떻게 이용할 것인가 그 방법을 설명한다).

d. 시장진입 및 성장전략

- 마케팅 계획에서 주된 성공전략 변수가 무엇인지(예컨대 혁신적 제품의 특성, 출시의 적절한 시기, 판매 전략의 참신성 등) 설명하고, 가격책정, 판매망에 대한 제품공급, 광고, 판매촉진 전략을 기술한다.
- 의도하는 성장속도와 최초 5년간 운영규모 그리고 제1차 제품/서비스 다음 단계의 사업성장 전략 등을 설명한다.
- 시장진입 및 성장전략을 수립하게 된 계기와 배경이 어디에서 비롯된 것인지, 경쟁상의 우위가 어디에서 나오는지(예컨대 경쟁기업의 취약

점) 분석하여 제시한다.

⌛ 시장조사, 시장분석

시장분석은 그 자체로서도 중요한 정보를 담고 있을 뿐더러 사업계획서의 다른 절과 항목들이 이 부분에 의존되어 있기 때문에 다른 어떤 항목보다 여기부터 준비 시작하기를 권장하고 싶다. 이 절의 내용은 아주 잘 서술해야 하므로 충분한 시간을 투입하고 시장에 관한 자료도 여러 출처를 찾아 보다 현실에 가까운 분석결과를 도출해야 한다.

이 절에서 제시된 정보내용은 또한 당신의 기업이 성장하는 산업에서 상당히 큰 규모의 시장에 침투하여 경쟁기업과 당당히 맞서 이겨서 목표하는 수익, 시장점유율 등의 성과를 올릴 수 있다는 자신감을 뒷받침할 수 있어야 한다.

이 절은 사업계획서의 여러 부분 중 작성하기가 가장 어려운 대목인데 그만큼 중요하기 때문이나. 사업계획서의 다른 절과 항목에서 기술되는 내용은 이 절의 시장조사/분석에서 서술되는 내용에 직·간접적으로 의존한다. 예를 들면 예상매출액은 제조활동의 수준, 판매계획, 필요자금의 규모, 부채/자본비율 등에 직접적으로 영향을 미친다. 그럼에도 대부분의 기업가들은 자기기업의 매출액예상이 건전하고 달성 가능하다는 것을 입증할 만큼 철저한 시장분석을 제시하지 못하고 있다.

a. 고객

- 여기에서는 앞으로 생산될 자사제품/서비스의 고객은 누구이며 누가 될 것인지를 논의한다. 특히 잠재고객은 공통적이며 식별 가능한 특성을 가진 비교적 동질적인 그룹으로 분류하는 것이 중요하다. 예를 들면 자동화기계의 부품은 제작업체에게도 판매될 수 있고 또 교체용 부품을 판매하는 부품 상에게도 판매될 수 있기 때문에 이 두 시장은 각기 다른 부분시장(market segments)으로 구분되어야 한다.
- 제품/서비스의 주된 구매자가 각 부분시장에서 누구인지 그리고 이를 각 지역 별로 국가별로 구분하여 설명하면 도움이 된다.

- 고객에게 쉽게 접근할 수 있는지, 고객 자신이 판매자의 접근을 허용하는지, 고객의 구매방법(도매, 대리점구매 등)은 어떠한지, 구매결정을 내리는 부서와 결정시간은 얼마나 걸리는지에 대해서도 조사하여 상세히 기술해야 한다. 또한 고객이 구매의사 결정을 할 때 의존하는 요인들 예컨대 가격, 품질, 시기, 배달, 훈련, 서비스, 개인적 접촉, 정치적 압력 등등 가운데 어떠한 요인을 참작하여 구매의사 결정을 내리는지 그 과정을 설명하고 아울러 현재 구매의사 결정과정을 변경할 가능성에 대해서도 언급한다.
- 그동안 입수된 주문서, 계약서, 사업 참여 의사통지서 등이 있으면 그 명단을 제시한다. 이는 제출할 수만 있다면 아주 강력한 실증자료로서 투자자를 설득하는데 큰 힘을 발휘할 수 있다. 아울러 생산될 제품/서비스에 대해 관심을 표명한 고객이 있다면 그 명단을 밝히고 그 이유도 설명한다. 그리고 잠재 고객으로 예정되었으나 제품/서비스에 관심을 보이지 않는 고객이 있다면 그 명단도 제시하고 그들이 왜 냉담한 반응을 보이는지 또 어떻게 그 무관심을 극복할 계획인지를 설명해야 한다. 그리고 앞으로 얼마 후에 제품/서비스가 시장에서 받아들여지게 될 수 있을지도 예상하여 언급한다.
- 신규 사업 분야와는 별도로 기존의 사업이 있다면 현재의 주 고객과 그들에 대한 판매 추이도 함께 기술해야 한다.

b. 시장규모와 추이

- 과거 5년 간의 총 시장규모 변화추이를 제시하고 앞으로 당신의 기업이 점유할 시장점유율을 부분 시장별 지역/국가별로 구분하여 상품단위와 금액 두 기준으로 표시하는 한편 또 이들 각 세분화 시장의 잠재적 이윤율도 제시한다.
- 당해 시장의 성장을 좌우 해온 주요인(예컨대 산업계의 추이, 사회 경제적 추이, 정부정책, 인구동태의 변화)에 대해 검토하고 시장의 과거추이를 논의한다.

  또 과거 추이와 다른 향후의 시장 성장률 추이를 예상하는 경우에는 반

드시 그 이유를 분석하여 제시해야 한다.

c. 시장의 경쟁상황과 경쟁상의 유리한 점

- 경쟁기업에 대한 조사 분석을 통해 그의 강점과 약점을 사실에 가깝도록 평가 한다. 자사제품을 대신할 경쟁상품과 대체상품/서비스를 평가하고 이를 공급하는 국내외의 기업 명단을 제시한다.
- 자사제품과 경쟁·대체 상품/서비스를 시장점유율, 품질, 가격, 성능, 배달, 시기(timing), 서비스, 보증 등 제특성을 기준으로 비교분석한다.
- 자사의 제품이 고객이나 경쟁업체에 가져다 줄 근본적인 신 가치를 비교 설명한다.
- 기존의 타사제품/서비스의 유리점과 불리점을 분석하고 왜 이들이 고객의 수요를 충족시키지 못하고 있는지에 대해 상세히 설명한다.
- 자사에게 시장에서의 유리한 위치를 제공하거나 자사제품의 혁신적 개발을 유도할 가능성이 있는 경쟁기업의 행동에 대해 혹 아는바가 있다면 이에 대해 지적한다. 예컨대 시장·기술의 변혁기에 경쟁업체가 그 반응에 지둔한 것인지, 무신경한 것인지, 아니면 잠들어 있는지를 분석하여 보고하는 내용을 기술한다.
- 경쟁기업의 강점·약점을 재검토하고 기업별로 시장점유율, 판매액, 제품유통 방법, 생산능력 등을 조사하여 기술한다.
- 경쟁기업의 재정상황, 자원, 비용구조, 수익성과 이윤추이 등을 조사 설명한다.
  이때 로버트·모리스사(Robert Morris Associates)에서 제공하는 데이터를 쓰면 편리하다.
- 업계에서의 선두주자를 가려내어 제시한다. 이때의 비교에서 서비스, 가격책정, 성능, 비용, 품질 등을 기준으로 한다. 그리고 최근에 시장에 신규로 진입했거나 퇴출한 기업이 있을 경우 그 사유를 조사 보고한다.
- 업계의 주요 경쟁업체 서너 개를 골라 고객이 왜 그 기업으로부터 구입하는지, 그리고 당신의 기업이 진입했을 때 왜 고객들이 그들을 떠나는지 논의해야 한다.

• 경쟁기업의 사업내용을 알게 된 근거와 배경이 무엇인지를 설명하고, 그들이 왜 취약한지 그리고 당신의 기업이 시장에 진입했을 때 그들의 시장을 점유 할 수 있는지, 있다면 그 이유를 설명해야 한다. 또한 그들과의 경쟁이 쉽다고 생각하면 그 이유, 또 어렵다고 생각되면 그 이유에 대해 논의한다. 특히 당신기업이 가지고 있는 이점, 예컨대 특허 같은 것으로 유리점을 확보하게 되었는지를 밝혀야 한다.

d. 시장 점유율 및 판매고 추정

• 현재 또는 잠재적인 경쟁상황에서도 팔릴 수 있다고 생각하는 당신기업의 제품/서비스에 대해 설명한다. 특히 당신회사의 제품/서비스가 시장에 출시됨으로써 창출하게 될 부가가치가 무엇인지 언급해야 한다.
• 구매계약을 체결하기를 원하거나 이미 계약을 맺은 주 고객(국외 고객도 포함)을 명시하고, 계약의 내용과 계약체결의 이유를 설명하는 한편 미래의 주요고객이 누가 될 것인지 그 이유는 무엇인지에 대해 논의해야 한다.
• 당신회사 제품/서비스의 유리점, 시장규모와 동향, 고객동향, 경쟁업체와 그들 의 상품, 그들의 전년도 판매액 등을 평가하고 그 바탕위에서 향후 3년간 당신의 기업이 달성할 시장점유율과 판매고를 추정하여 보고한다. 이때에 취한 여러 과정들도 명시해야 한다.
• 당신기업의 예상되는 판매액 증가와 시장점유율의 증가가 업계의 전반적인 성 장 추세와 고객동향에 어떻게 연관되어 있는지 또 경쟁업체의 장점과 단점에 어떻게 연관되어 있는지를 설명한다. 특히 시장점유율과 판매액 추정 시 채택된 가정(assumptions)을 분명하게 제시하는 것을 잊어서는 안 된다.
• 당신기업이 이미 설립 된지 몇 년이 지난 기성 기업일 경우 과거 2년간의 총 시장 규모와 당신기업의 시장점유율, 판매액을 제시해야 한다.

e. 향후 시장조사 계획

앞으로도 계속 소비자의 수요상태를 점검하고 그들에게 양질의 서비스를

제공하기 위하여 제품개량 및 혁신을 위한 프로그램을 원만히 진행시키기 위하여 그리고 생산설비의 증강과 가격책정의 합리화를 지속하기 위하여 목표시장의 평가를 어떻게 해나갈 것인지를 설명한다.

⌛ 사업의 경제성

사업수행으로부터 거두어질 이윤율과 지속기간 등을 포함한 경제성, 재정적 특성을 분석하여 사업기회가 근본적으로 매력적이라는 점을 뒷받침 하도록 한다. 사업저변에 깔려 있는 운영자금의 조달과 흐름, 현금회수의 주기, 가치의 고리(value chain)등을 분석하여 사업기회와 수립된 전략이 매력적이며 적절하다는 점을 일관성 있게 설명하여야 한다.

a. 총 이윤, 운영이윤

- 총 이윤(=판매가격-가변비용)과 운영이윤(operating margins)을 시장부문별 품목별로 뷰석하여 제시한다.

b. 잠재 수익성 및 존속기간

- 사업으로부터 실현될 세전·세후의 이윤의 크기와 존속기간을 분석한다. 특히 업계 표준 수익률이나 경쟁업체에 관한 정보, 당신의 경험에 비추어 어떠한 수준인지도 평가한다.
- 이윤의 흐름이 일시적인 현상인지 지속가능한지를 판단하고 지속적이라면 그 이유가 당신의 기업이 진입장벽(entry barrier)을 만들어 냈기 때문인지, 당신기업의 기술과 시장개척이 시간적으로 앞섰기 때문인지 분석하여 설명한다.

c. 고정비용, 가변비용, 준가변비용

- 상품별로 고정비용, 가변비용, 준가변비용 등을 금액단위로 그리고 총비용중의 비율단위로 표시하고 비용분석의 근거로서 구입수량, 판매수량도 명시한다.
- 업계의 표준수치도 제시한다.

d. 손익분기점에 도달하는 기간(개월 수)

- 이미 계획서에 제시된 시장진입전략, 판매계획, 자금계획에 따라 손익분기 판매량에 도달하는 기간이 몇 개월 걸리는지 설명한다.
- 기업이 성장하는 단계에 따라 혹은 생산·판매설비의 증강에 따라 손익분기점에의 도달기간이 어떻게 변화해 갈 것인지에 대해 제시한다.

e. 흑자실현에 도달하는 기간(개월 수)

- 위의 가정과 전략이 주어졌을 경우 사업으로부터 흑자의 현금흐름이 실현되기까지 몇 개월 걸리겠는지 설명한다.
- 자금이 고갈될 것인지 또 언제 그러한 상황이 발생할 것인지에 대해 밝힌다.
  이때의 상세한 가정에 대해서도 설명한다.
- 기업의 성장과정에서 또는 설비의 증강에 수반하여 일어날 단계별 자금수급의 변화 추이를 전망한다.

⌛ 마케팅 계획

이 절에서는 판매계획을 달성하는 방법과 전략을 논의한다. 즉 사업기회와 당신기업의 유리한 위치를 십분 활용하여 최대한의 성과를 얻을 수 있는 전반적인 전략을 매우 상세하게 기술하는 내용이 되어야 한다. 부연하면, 제품판매 및 부대 서비스에 관한 정책, 가격책정전략, 판매망에 대한 제품유통전략, 판매촉진전략, 광고전략, 판매물량계획 등을 포함하여 서술한다. 이 계획에서는 "무엇을"할 것이며, "어떻게", "언제" 그리고 "누가" 그 일들을 수행 할 것인지 구체적으로 언급해야 한다.

a. 전반적 마케팅 전략

- 당신의 기업이 추구하는 부분 시장에서 실현될 가치의 고리(value chain)와 상품 판매망이 주어져 있다면, 마케팅을 이끌고 나갈 철학과 구체적인 전략이 무엇인지 설명해야 한다.
  여기에서는 예컨대, 이미 주문을 받아 놓은 고객의 종류나 특성, 초기에

집중적으로 판촉활동을 벌여 나갈 대상 고객집단과 추후의 단계에서 공략대상으로 삼고 있는 고객집단의 특성을 설명한다. 그리고 이들 집단 가운데서 잠재적 고객을 어떻게 식별하여 접촉할 것인지 그리고 판매실적을 올리기 위해 채택해야 할 가격·품질전략, 부대서비스 전략, 배급·보증전략, 판매원 훈련정책 등은 무엇인지 상세히 설명해야 한다. 그리고 이전에는 시도해 보지 않은 판매전략, 예컨대 리스(lease)같은 전략이 있으면 아울러 설명한다.

- 상품/서비스의 최초 시판을 지역적으로만 할 것인지, 아니면 국내로만 국한할 것인지, 국제시장에까지 확대할 것인지 언급하고 그 이유를 설명한다. 그리고 향후 판매망 확대 계획이 있다면 그것도 언급해야 한다.
- 제품개발 또는 경영전반에 관한 지원수단으로서 정부납품계약을 추진할 계획이 있다면 그것도 상세히 설명한다.

b. 가격책정

- 자사 제품/서비스의 가격책정정책과 경쟁업체의 가격·시비스 등과 비교 평가한 내용을 설명한다.
- 제조비용과 최종판매가격을 비교하여 이 마진(margin)이 판매 제비용을 지급하고 남을 만큼 충분한지 분석하여 언급한다. 이에는 수리보증, 판매원 훈련, 각종 부대서비스, 연구개발 및 생산 설비의 감가상각, 가격경쟁력 등등에 관한 고려가 있어야 하고 적정이윤도 확보되는지 여부도 엄밀하게 분석한 결과를 제시해야 한다.
- 책정된 가격수준이
  ① 소비자에게 받아들여질 수 있는 수준인가
  ② 경쟁기업과 비교하여 앞으로 목표하는 시장 점유율을 확보하고 그 이상으로 점유율을 늘려 나가는데 지장이 없는가
  ③ 이윤창출에 충분한 수준인지에 대해 언급한다.
- 당신기업에서 제공하고 있는 제품/서비스의 가격정책이 합리적이라는 점을 정당화하여야 한다. 그리고 대체상품과 비교하여 참신성, 품질, A/S보증, 성능, 비용절감, 효율성 등 여러 측면에서 소비자에게 보다 높

은 이익을 제공한다는 점을 설득력 있게 제시해야 한다.

- 경쟁기업의 제품보다 낮은 가격을 책정할 계획이라면 어떻게 그것이 가능한지 수익성은 어떻게 유지되는지를 설명해야 한다(예컨대, 제조 혹은 유통과정에서의 효율성, 노동비용의 절감, 원료비절감, 관리비용 및 기타비용의 절감 등 그 사유를 명시한다).
- 가격과 시장점유율, 이윤과 같은 관련변수와의 관계를 중심으로 가격정책을 논의한다. 예컨대, 고가격이 판매수량을 줄이지만 총이윤은 늘어난다는 식으로 논점을 정리한다.
- 판매수량이나 대금지급시기에 따라 가격할인을 제공할 계획이 있는지도 언급한다.

c. 판매전술

- 판매방식(예컨대 자체판매요원확보, 대리점위탁, 기존의 제조업체 판매조직활용, 직접 우편판매, 도매상 등)을 설명하고, 최초의 판매방식이 추후 사업 확대에 따라 달라질 경우 그 사유와 방식을 설명한다. 판매 중 보관관리(예컨대 냉장)의 방법도 명시한다.
- 가치의 고리에 대해 언급하고 그에 따라 나타나는 소매상, 도매상, 판매원 수송 업자 등에 대한 마진을 제시한다. 또한 할인에 대한 특별대책이 있으면 언급하고 상품배급 전속권에 대한 계약이 있는지 경쟁업체와의 판매방식이 차이는 어떠한지 설명한다.
- 전속 배급업자나 대리점을 사용한다면 이들의 선정방법, 업무위탁 개시시점, 지역별 할당내용 등을 설명하고, 각월별로 이들 판매조직별, 지역별 판매예상액을 제시한다.
- 직접 자사의 판매요원을 사용할 경우 그 조직은 어떻게 하며 판매점설치 계획은 어떠한지, 그리고 추후 대리점이나 중간상으로 변경할 것인지 계획을 설명한다.
- 만일 직접우편, 잡지, 기타 매체를 통한 판매, 카탈로그(catalog)를 통한 판매, 전화판매(telemarketing)등의 판매방법을 사용할 경우에는 사용되는 매체를 밝히고 매 1,000개당 비용, 매체별 예상 응답비율 등을 언

급한다. 또한 이러한 매체판매망을 어떻게 구축할 것인지에 대해서도 언급한다.

- 판매원당 년 간 예상 판매액과 판매수당 업적 상여금, 또는 급여 등의 계획을 밝히고 업계 평균치와도 비교한다.
- 판매촉진과 고객서비스에 투입될 비용 등 판매관련예산과 판매계획을 설명한다.

d. 고객 서비스와 보증정책

- 예상되는 장래 구매처의 주의를 끌기 위하여 접근하는 방법이 무엇인지 설명한다.
- 기계장치나 공업용 부품 등을 제조하는 업체인 경우, 산업박람회에 참가할 계획을 포함하여 업계잡지, 직접우편, 제품설명서·홍보책자의 준비, 홍보업체의 이용 등에 대한 계획을 설명한다.
- 소비자용품인 경우 소비자들에게 제품을 소개하기 위해 동원될 광고·홍보계획은 무엇인지, 그리고 박람회 참가계획 등등은 어떻게 되는지에 대해 설명한다.
- 광고, 판촉일정계획을 밝히고 소요비용명세와 비용조달방법을 설명한다.

f. 유통(流通)

- 상품의 배급방법과 경로를 설명한다.
- 수송방법에 따라 비용이 얼마나 예민하게 변동되는지 판매가격에 대한 퍼센트(%)로 표시 한다.
- 상품의 유통에 관련된 미해결의 문제가 있는지, 혹은 취약점은 없는지 검토한 내용을 설명한다.
- 외국에 대한 판매계획이 있는 경우 수출업무처리에 대한 계획을 수송, 보험, 금융, 수집, 현지유통 등에 연관하여 설명한다.

⌛ 상품설계 및 개발계획

상품/서비스를 시판에 들어가기 전에 수행되어야 할 제품의 설계·개발 작업이 어떠한 범위와 성격으로 진행되는지, 소요시간과 자금을 자세히 설명한다. 그와 같은 설계/개발 작업은 실험실에서 제작한 시제품을 시판용 상품으로 전환하는 제조공정일 수도 있고, 특별한 제조용구를 개발하거나, 판매과정에서 보다 매력적인 상품으로 보이게 하는 의장개선 등의 작업을 내용으로 하게 될 것이다. 또한 보다 광범한 시판 준비 작업으로서 종업원의 직종별 확보대책, 그들이 작업 시 사용할 장비, 즙기, 특별한 기술, 컴퓨터 프로그램, 소프트웨어, 신용조회기술, 고객 서비스 기술 등을 포함한다.

a. 개발상황과 과제

- 현재 개발상황을 설명하고 시판까지 남아 있는 작업과제를 밝힌다.
- 개발 작업의 완성을 위해 현재 확보되어 있는 기술과 앞으로 보충되어야 할 기술·인력 등을 설명한다.
- 제품의 설계·개발·시험과정에 참여하고 있는 고객 또는 최종 사용자가 있으면 밝히고, 현재까지의 시험결과와 최종시험 결과가 밝혀질 시점을 명시한다.

b. 애로사항과 위험

- 제품설계와 개발상의 주요 애로사항, 문제점 등을 밝히고 그 해결방안을 제시 한다.
- 위 문제가 설계·개발비용, 시판까지의 시간지연 등에 관한 영향을 밝힌다.

c. 제품개량 및 신제품

- 최초 시판용으로 개발한 제품 이외에 같은 고객 집단에 대한 향후의 경쟁력 강화를 위해 또는 동일제품 계열의 파생 신제품을 개발하고 있다면 이를 설명한다. 또 이러한 개발 과정에 참여한 고객과 그들의 반응에 대해서도 설명하고 관계 자료도 근거로 제시한다.

d. 제비용

- 제품설계와 개발에 소요되는 인건비, 재료비, 자문 비용 등 제비용 예산

을 제시 한다.

- 돌발 상황에 의해 위 예산에서 15~30%가 추가될 경우 자금 운영계획에 미치는 영향을 분석하여 제시 한다.

e. 지적재산권 문제

- 현재 보유하고 있는 지적재산권이나 앞으로 갖출 계획을 하고 있는 특허권, 상표권, 복제권 등을 설명한다.
- 지적소유권이나 독점사용권이 있는 계약, 합의의 내용을 설명한다.
- 특허권 등 경쟁상의 우위를 뒷받침하는 권리 등에 대한 소유권·사용권의 미해결 분쟁 문제의 진행상황 또는 금후의 우려되는 상황을 상세히 언급한다.

⌛ 제조·운영 계획

이 절에서 다뤄져야 할 주요내용은 공장의 위치, 필요한 설비의 종류, 필요한 공간면적, 자본장비·노동력의 필요량 등이다. 특히 제조업의 경우에는 제조·운영 계획에서 재고관리, 자재구매, 생산관리 등의 세부내용을 보고하여야 하며, 부분 외주(外注)가 있는 경우 내부제조와 외부주문의 부분을 세밀하게 구분하여 설명하여야 한다. 서비스 업종인 경우에는 소비자에 근접한 위치선정이 가장 중요하기 때문에 영업장의 위치, 관리비용의 최소화계획, 종업원의 노동생산성 향상대책 등이 중요하다.

a. 운영주기(operating cycle)

- 당신사업의 운영주기를 근본적으로 특징 지워줄 선후시간(lead/lag times)을 설명한다. 그래프를 사용하면 좋다.
- 계절적으로 집중되는 작업량을 소화할 방법(예컨대 재고충적, 파트타임 근로자 활용 등)을 설명한다.

b. 지리적 위치

- 사업장이 위치할 장소에 대한 계획을 제시할 때 사전에 분석한 자료가

있으면 같이 언급한다.

- 위치선정 결과를 평가한다. 이때 노동력(노동공급, 노조결성여부, 임금율), 고객이나 원료 공급업자와의 근접성, 수송수단에의 접근 난이도, 정부조세와 법률관계 등에 대해 언급한다.

c. 시설설비 및 개량 계획

- 기존의 기업인 경우 생산 및 영업 설비를 설명한다. 이에는 현재 사업에 쓰이고 있는 공장 및 사무실 면적, 창고 및 부지면적, 특별한 도구·기계 및 기타 자본 장비의 내역을 제시하고 그 적절성 여부에 대해 평가한다. 규모의 경제성에 대한 분석도 제시한다.
- 신규기업인 경우 생산·영업개시에 필요한 시설설비의 내역과 언제 그러한 장비를 취득할 것인지 설명한다.
- 필요 설비/장비를 임대(lease)할 것인지, 구입할 것인지, 또 중고품인지 신품인지를 명시한다. 또한 이에 수반되는 비용과 예산, 시기, 자금차입 관계 등을 설명한다.
- 향후 3년간 추가로 필요 되는 설비/장비의 내역을 제시한다.
- 향후 3년간 판매수량계획에 부응하여 설비의 추가증설이 필요한지 여부와 필요한 경우 시설의 내역, 설치시기, 자금조달, 비용과 예산계획을 밝힌다.

d. 생산전략 및 계획

- 제품생산에 사용될 제조공정을 설명하고 일부공정을 외주(外注)로 할 경우 그 계약내용을 설명한다.
- 생산, 비용, 설비능력 등에 대한 검토내용과 함께 기술 인력의 조달, 재고 투자에 대한 금융문제, 기타 비기술적인 문제와 연관하여 전량 자체 생산 혹은 부분 외주의 정책선택에 대한 정당성을 입증해야 한다.
- 원료조달, 부품생산 등을 위한 하청업체로 지목되었거나, 예상되는 기업에 대한 정보가 있으면 제시하고 또 이들에 대한 사전조사가 있으면 설명한다.

- 생산수량의 변화에 따른 비용관계의 분석, 부품·원료의 투입과 산출관계분석, 판매수량에 따른 재고관리계획 등을 설명한다.
- 앞으로 생산부서에서 시행할 생산관리, 품질관리, 재고관리의 시행방안을 설명하고, 고객에 대한 사후서비스(A/S) 문제를 줄이고 고객 만족도를 높이기 위해 실시할 독특한 품질관리방법이 있다면 제시한다.

e. 정부규제 및 법률문제

- 당신기업의 생산제품, 생산 공정, 고객서비스에 관련하여 해당되는 중앙정부, 주정부 또는 외국의 법률 및 행정규제 내용을 검토하여 설명한다. 이에는 사업 개시에 필요한 사업면허, 제조허가, 사업장 설치허가, 보건후생허가, 환경규제상의 인허가 등을 상세히 검토한 내용을 제시한다.
- 사업기회 혹은 합당한 사업개시 시점에 영향을 미칠 수도 있는 법률 등이 심의 계류중인지 여부도 검토하여 설명한다.
- 사업개시에 연관되는 법률적, 계약상의 의무사항도 설명한다.

⌛ 경영관리요원

이 절에서 언급되어야 할 내용은 충원 되어야 할 업무기능과 직무내용, 주요경영간부와 그들의 주임무, 사업의 조직구조, 이사회 임원구성에 관한 내용, 여타의 주주·투자자들의 소유관계 등이 포함된다. 또한 종업원들의 사기와 열성을 평가하고 이들이 초기에 낮은 급료를 수용하는 태도 등을 관찰하여 기술하고 아울러 기술계통, 경영계통, 영업계통 각부서의 요원들이 해당업무에 어느 정도의 경험과 기량을 갖추고 있는지도 평가하여 기술한다.

a. 조직

- 회사경영의 주요기능과 직책 그리고 그 책임을 맡을 각 개인의 신상을 개략적으로 제시한다(회사가 어느 정도의 규모를 갖춰 출발하는 경우, 조직도표를 첨부해야 한다).
- 사업개시 시점에서 주요직책을 상근 임직원으로 보임하기 어렵다면, 비

상근의 직책과 운영내용을 그리고 향후에 상근직으로 바꿀 계획이 있다면 그 시기와 보임예정인 인사의 신상관계를 제시해야 한다.
- 사업에 주요역할을 담당할 인물이 사업개시 시점에 참여하지 않을 경우 언제 회사에 들어 올 것인지 그 시기를 밝힌다.
- 주요 경영간부 중 현재 또는 과거에 함께 일한 사실이 있는지 또 이들의 능력과 기량의 상호 보완성은 어떠한지 전체 경영팀의 효과적인 업무추진에 도움이 될 것인지 등을 검토하고 설명한다.

b. 주요 경영간부

- 경영관리의 책임을 맡은 주요간부 한사람, 한사람에 대해 과거의 주요 경력, 특히 본 사업에 연관되는 경륜, 기법, 과거의 업적 등을 상세히 소개하고 앞으로 맡을 직책을 훌륭히 수행할 수 있다는 점을 뒷받침해야 한다. 또한 이들이 과거에 경영관리 직책에 있었을 때 올렸던 판매실적과 이윤성과(예산규모, 부하직원수, 신제품 출시 경력 등) 기타 경영관리상의 업적을 기술해야 한다.
- 경영관리팀의 주요직책에 대해 업무상의 의무와 책임을 정확하게 기술한다.
- 주요 경영간부의 완결된 이력서를 여기에 첨부 하고, 그들이 해당 업무수행에 적합한 훈련, 경험, 구체적인 업적이 있음을 강조한다. 그들의 구체적인 업적내용에는 이윤과 판매고를 향상시킨 실적, 노동 관리의 성공적 수행, 제조·기술상의 공로, 예산 및 생산일정 관리상의 업적 등이 포함된다.

c. 경영업무에 대한 보상 및 소유권

- 경영팀에 지급할 급여, 주식배정비율, 각자의 투자내역 등을 기재한다.
- 과거 다른 직장에서 그들이 받았던 급료와 대우를 참고로 기재한다.

d. 기타 투자자

- 사업에 참여한 기타 투자자들의 수, 그들의 인적사항, 각자의 주식비율,

주식취득가격 등을 기재한다.

e. 고용, 스탁옵션(stock option), 상여금, 급여계약

- 현재 또는 미래의 고용계획, 계약조건 등을 주요직책에 대해 상세히 기술한다.
- 소유권 또는 주식의 처분에 영향을 줄 수 있는 계약요건이 있으면 기재한다.
- 계획하고 있는 성과상여금, 스탁옵션(stock option)이 있으면 기재한다.
- 주요간부에 대한 우수업적 장려 쪽으로 스탁옵션, 기타 주식 소유권 배정 계획이 있으면 기재한다.

f. 이사회

- 이사회의 규모와 구성에 대한 회사의 기본철학을 논의한다.
- 물망에 오르고 있는 임원진 명단을 밝히고 각자마다 한 두 문장으로 그들의 경력과 회사에 기여할 역할을 기재한나.

g. 기타주주들, 그들의 권리와 의무

- 회사에 다른 주주들이 있으면 이들에 대해 언급한다. 또 이들과 관련하여 각서, 보증서 등을 발급하였는지 또 이들과 연관된 추가의 권리나 의무사항이 있는지를 밝힌다. 이미 이들에 대해 앞에서 다 논의되었으면 기타 주주 관련사항 없음을 기재하면 된다.

h. 전문직 자문위원 기타 보조기관

- 상기 이외에 요구되는 보조기능이 있으면 기술한다.
- 사업에 연관하여 도움을 받기로 하고 위촉한 법률자문, 회계자문, 광고자문, 금융자문, 경영자문 담당위원의 명단과 그 소속기관을 명시하고 이들이 수행할 기능을 기재한다.

⌛ 전반적 일정

이 부분은 사업계획서의 내용 중 매우 중요한 의미를 가지고 있는데, 사업을 개시하고 목적을 실현하기 위해 필요한 여러 가지 사안들의 시행시기를 전반적으로 기재해야 한다. 특히 일정 내용을 설명할 때 사업운영 및 현금회수주기에 대한 내용이 그 핵심이 된다. 또 이 절에서는 계획작성자들이 계획을 나열 정리하는데 그치지 않고 사업성공을 위해 필요한 조치들의 시한(deadline)을 심사숙고하여 상세히 표기하고, 사업 준비와 진행과정에서 발생할 수 있는 여러 가지 장애요인을 잘 인식하고 투자자의 위험을 최소화할 수 있는 일정계획을 제시한다면 잠재적인 투자자를 설득하는데 아주 유용한 계획서가 될 것이다. 대부분의 사업계획서에서는 사업수행에 소요되는 시간을 짧게 잡는 경향이 있는데, 일정을 잡을 때 소요기간 측정을 합리적이고 사려 깊게 하였다는 점을 보이도록 해야 한다. 사업일정 계획을 작성할 때 아래의 순서대로 하면 된다.

〈제1단계〉

원료의 구입 주문 시점에서부터 재고품 수송 및 제품판매대금의 입금에 이르는 현금회수주기를 각 업무내용별로 소요기간을 표시하는 선분 그림표(bar chart)를 그린다.

〈제2단계〉

사업활동별-월별 일정표를 작성하는데 제품개발, 출시계획 및 준비, 판매프로그램 작성, 생산, 운영과 같은 활동의 내역을 세분화하여 표시한다.

〈제3단계〉

사업성공을 위해 결정적인 주요 업무 완료시한(deadline)을 표시한다. 예컨대,

- 사업등록
- 제품설계 및 개발
- 시제품 완성

- 판매대리점 확보
- 박람회에서의 시제품 전시
- 판매대행업자 또는 배급업자와의 계약체결
- 원료구입 주문
- 생산, 운영의 개시
- 최초주문의 접수
- 최초판매분의 수송
- 최초판매대금의 회수

〈제4단계〉

일정표상에 경영관리 인원 숫자의 증감내역을 밝힌다. 이와 관련하여 생산, 또는 기타 공정관련 인원의 변동, 공장, 설비가동율의 변동내역을 밝히고 사업규모의 변동과 연관하여 설명한다.

〈제5단계〉

일정지연 및 손실을 일으킬 가능성이 많은 사업 활동 부문을 지적하고 일정을 재조정하는 절차와 방법을 제시한다. 아울러 일정변경이 가져올 영향으로써 특히 사업자체의 개시여부, 추가 소요자본 등에 대해 언급한다.

⌛ 결정적 위험, 문제점, 기본가정들

사업을 수행하자면 여러 가지의 위험과 문제점이 있게 마련이고, 또 당초 사업계획을 작성할 때 이들 위험이나 예상문제점들에 대해 암묵적인 가정을 하고 계획내용을 제시하는 게 보통이다. 그러므로 업계, 회사, 경영진과 종업원, 제품의 인기, 자금조달 등에 있어 일어날 수 있는 여러 가지의 위험과 불미스러운 결과들은 예상하여 논의하여야 한다. 또한 판매수량계획, 고객주문 예상등도 반드시 포함해야 한다. 만일 제3자가 생각하기로 사업에 결정적인 하자라고 여겨질 내용이 있다면, 계획작성자의 생각에 그렇지 않다는 사유를 설득력 있게 제시하여야 한다. 만일 잠재적 투자자가 계획서에서 언급하지 않은 어떤 부정적 사항을 발견한다면, 사업의 신뢰성이 무너져 자금조달을 위태롭게 할 것이다. 대부분의 투자자들은 사업계획서를 받아들고 제일먼저 경영진의 이력을 보고 나서 바로 이곳을 읽어본다는 점을 명심하기 바란다.

그러므로 이 절을 생략해서는 절대 안 된다. 만일 생략한다면 그러한 사업계획서를 검토한 사람들은 아마도 아래 중 한 두 가지 결론을 내리고 말 것이다.

(i) 사업계획 작성자가 투자자들을 아주 순진한 사람 또는 바보로 여기고 있다.

(ii) 사업계획 작성자는 투자자들의 눈을 속이려하고 있다.

(iii) 사업계획 작성자는 객관적 안목이 부족하여 자기생각에 빠져있으며 문제점을 인식하거나 논리적 가정을 다룰 능력이 없다.

자기가 운영해나갈 사업에서의 위험을 찾아내어 논의할 수 있다는 것은 그 사업의 경영책임자로서 능력이 충분하다는 사실을 입증하는 것이며, 투자자나 벤처자본가들로부터 받을 수 있는 신인도(信認度)를 높이는 계기가 될 것이다. 또한 이 부분의 논의를 성심껏 심도 있게 함으로써 계획작성자가 투자자들의 입장을 십분 배려하였고, 또 문제점들을 미리 예측하였으므로 그 문제들을 다루어 나갈 수 있으리라는 믿음을 줄 수 있다. 그러므로 투자자들도 위험이 사업 전체를 뒤덮고 있는 커다란 먹구름이라고 생각하지는 않게 될 것이다. 이절에서 중점적으로 다루어야할 내용은 다음과 같다.

(1) 계획서에 암묵적으로 깔려있는 가정들과 위험요인을 지적하여 논의한다.

(2) 다음과 같은 주요문제점과 위험들 그리고 기타의 위험/문제점을 논의한다.

- 제품주문을 '받기 전에' 자금이 고갈되는 상황
- 경쟁기업에서 가격을 인하할 위험
- 업계전반의 상황이 불리하게 진전될 위험
- 예상판매량에 미달되는 경우
- 당초예상보다 설계/개발 비용이 과다하게 소요되는 상황

- 제품개발 일정이 지켜지지 않는 위험
- 부품이나 원료구입에 애로가 발생하거나 예정보다 장기간이 소요되는 경우
- 은행융자에 애로가 발생하는 경우
- 제품개량 및 개발에 예상보다 많은 비용이 소요되는 위험
- 주문이 쇄도한 이후에 현금이 고갈되는 위험

(3) 위와 같은 여러 위험 중에서 사업의 성공에 가장 치명적인 위험, 문제, 가정이 무엇인지 지적하고, 각기의 경우에 불리한 영향을 최소화할 대책방안을 설명하여야 한다.

자금계획

자금계획은 투자기회를 평가하는 기초적 항목이므로 필요자금을 추정할 때 최선을 다해야 한다. 자금계획을 작성하는 목적은 사업의 잠재적 가능성을 나타내고 자금조달이 현실적으로 가능하다는 점을 투자자에게 분명하게 보이려 하는데 있다. 또한 그것은 자금관리 책임자가 자금운영의 기준으로서 활용하면서 업무를 차질 없이 수행토록 하는 지침서 역할도 한다. 자금계획을 작성하는 사람은 사업을 창의적인 관점에서 바라보고 사업을 개시하는 방법, 자금을 조달하는 방법에 있어 여러 가지의 대안들을 놓고 충분히 검토해야 한다.

자금수급 시산표(exibits)도 계획의 일환으로 준비해야 한다. 필요한 현금보유액(cash flow needs)을 추정하기 위해서는 총액기준의 회계학적 방법 대신에 실시간(real-time)을 기준으로 하는 순현금흐름을 기준으로 삼아야 한다. 그리고 여기에 첨부할 것은, 금년도와 전년도(해당되는 경우에만)의 손익계산서와 대차대조표, 향후 3년간의 추정 손익계산서, 견적 수익명세서, 견적 대차대조표, 그리고 손익분기도표(break-even chart)이다. 이러한 표의 "보기" 혹은 부록 등에서 이들 재무제표의 작성기준이 되는 판매수량, 판매량 증가율, 자금회수기간, 대금지급기간, 재고보유량, 현금잔고 보유액, 상품원가 등을 병기하여야 한다. 이와 함께 현금회수주기를 분석해보면 위에서 설정한 기준변수들에 관한 가정을 적절히 조정할 수 있다.

견적수익명세서(proforma income statement)는 재무관리부서에서 세워보는 이윤계획표이므로 신규 사업의 재무관리적 잠재타당성을 살펴볼 지표가 된다. 사업이 개시된 초 년도에는 보통 현금수입이 현금지출보다 적고 운전자금에도 부족하기 일쑤이기 때문에, 이러한 상황을 분명히 상정하고 별도의 현금조달계획을 세워야 한다. 또한 견적대차대조표(proforma balance sheet)는 부채/자본 비율, 운전자본, 유동비율, 재고회전율 등이 사업계획서상 책정되어있는 자금운용계획을 정당화하는데 필요한 '허용 가능한 한계(acceptable limits)' '안에' 있는지 여부를 판정하는 주요 지표가 된다. 마지막으로, 손익분기도표(break-even chart)는 가변비용과 고정비용을 포함한 총비용보다 높은 수익을 가져오는 판매량수준을 나타내므로 매우 유용한 자료이다.

a. 실제 수익명세서와 대차대조표

- 기존의 기업인 경우에는 과거 2년간과 금년도의 수익명세서, 대차대조표를 준비하여야 한다.

b. 견적 수익명세서

- 판매량 예측치와 이에 상응한 생산비, 운영비를 참작하여 적어도 최초 3년간의 견적 수익명세서를 작성해야 한다.
- 이에 사용되는 제가정들, 예컨대 악성부채 및 가격할인에 의한 수익감소 허용액, 총판매고의 일정비율로 가정되는 판매부대비용 및 일반 관리비용 등을 상세히 언급해야 한다.
- 사업계획서 제10절(Section Ⅹ)에서 언급된 주요 위험항목 중 예정판매계획량에 20%정도 미달되는 경우 발생할 수익차질과 예상보다 낮은 생산성향상율 때문에 발생할 비용 증가 등 목표하는 이윤계획에 차질이 생길경우의 수익차질의 규모를 추정하고 이들 위험요소에 대한 이윤의 민감성 여부를 검토한다.

c. 견적 대차대조표

• 사업개시 초 년도는 반년마다, 향후 3년간은 매년 말을 기준으로 견적 대차대조표를 작성하여 보고한다.

d. 견적 자금운용분석표

• 사업개시 초 년도는 매월별로, 향후 2년간은 분기별로 현금의 흐름을 추정하고 이때 현금수입, 현금지출에 대한 시기와 금액을 가능한 상세하게 계획한다.

그리고 추가자금이 필요한 시기와 금액을 결정하고 운전자금이 가장 많이 필요한 시기가 어느 때인지도 명시한다. 이 추가소요자금의 조달방법도 주식공모, 사채발행, 단기 은행 차입 등으로 세밀하게 계획하고 상환의 조건도 상세하게 명시한다. 이때의 기준은 회계학적인 누계개념이 아닌 순현금기준임을 잊어서는 안된다.

• 나음과 같은 사항에 대한 가정들을 논의한다. 즉, 미수금의 회수시기, 가격할인, 판매대 설치점에 대한 계약조건, 급료 및 임금인상계획, 운영경비의 증가에 대한 예상치, 계절적 요인에 의한 소요재고량 관리, 년간 재고회전율, 자본 재구입액 등이 여기에 포함된다. 다시금 주의를 환기하고자 하는데 이들은 모두 실시간대를 기준으로 작성되어야 한다.

• 영업현장에서 생기는 여러 가지 상황을 어떻게 가정하는가에 따라 달라질 수 있는 현금수급상의 민감성에 대해 언급해야 한다. 예를 들면, 미수금 회수기간의 불가피한 연장이나, 판매수량의 예상치 못한 감소 등을 감안하여 논의한다.

e. 순익분기도표

• 손익분기 판매물량을 분석하여 그 도달시점을 표시하는 도표(chart)를 만들고 손익분기점에 도달하기까지의 단계별 진전상황을 표시한다.

• 손익분기점에 도달함에 있어서의 판매물량과 총판매량 계획을 비교하고, 조 이윤과 가격변동의 민감성, 예상판매량이 목표에 미달하는 경우의 손익분기점의 변동예상 등 손익분기 분석에 발생할 여러 가지의 변

동상황과 손익분기 목표달성의 난이도를 설명한다.

f. 비용관리

- 비용관리 상황에 관한 정보를 입수할 수 있는 방법, 비용을 관리하는 책임자, 비용관리의 점검주기, 예산초과 집행에 대한 규제방법 등을 논의한다.

g. 요점과 결론

- 최대현금 보유 필요액, 그 필요시기 필요한 부채와 자본금 규모, 부채상환시기 등 주요한 자금관리상의 유의사항과 그 결론을 요약 정리한다.

⌛ 주식공모에 대한 제안

사업계획서상 이 절의 목적은 자본 필요 조달액의 규모, 투자자에게 제시할 지분의 성격과 금액, 모집된 자본금의 용도, 투자자가 목표 수익률을 달성할 수 있는 방법 등을 간명하게 설명하려는 것이다(제Ⅳ절에서 논의된 자금관리계획 작성요령을 참조하기 바람).

여기에서 특히 유의할 사항은 여기에서 제시하는 자금유치 조건은, 투자에 관심 있는 당사자들과의 교섭과정에서 그 첫걸음이 된다는 점이며, 실제의 자금조달방식은 당초 당신이 제안하였던 방식과는 전혀 다른 종류의 유가증권을 발행하는 결과로 이어질 수 있다는 것이다.

a. 자금조달 필요액

- 앞에서 제시된 실시간대의 자금운용계획에 의거 이 절에서 언급하는 주식 공모 제안에서 조달될 자금의 규모와 은행융자, 기타 차입에 의한 자금조달 규모를 설명한다. 이 자금조달 요구액도 향후 3년간의 사업성장 계획에 따른 자금운용계획과 부합하여야 한다.

b. 투자자금 공모제안

- 발행증권의 종류(보통주, 전환사채, 보증사채, 주식첨부사채)와 단위당

액면가격, 총 매각 주식수를 제시하고, 발행증권이 보통주가 아닌 경우 그 형태, 이자, 만기, 전환조건 등을 명기한다.

- 공모증권의 매각완료, 또 보증사채, 전환사채의 주식전환 완료 후 회사 전체의 주식배분비율을 설명한다.
- 지분의 사적거래(private placment)를 통한 증권으로서 SEC 등록 의무가 면제된 부분에 대해서는 사업계획서에 아래의 문구를 그 조건으로 첨부하여야 한다.

  "이 거래에 의해 판매된 지분은 제한적 증권이므로 바로 재판매될 수 없다. 이 증권에 투자한 사람은 그와 같은 증권의 재판매가 영구히 제한될 수 있다는 것도 인식해야 한다. 또 이 주식을 구매한 사람은 누구나 정해진 서식에 따라 전매금지 합의서(Non-Distribution Agreement)에 서명하여야 한다."

c. 지분소유현황

- 보통주의 소유지분현황을 현재, 응모희망별로 구분하여 표로 작성하고, 주요 경영진의 주식인수 희망금액과 공모완료 후 지분보유현황을 제시한다.

  회사의 수권자본액 중 공모 후 미발행 주식수를 표기하고, 주요 종업원에 대한 스탁옵션(stock option) 지급을 위해 이 금액 중 얼마가 유보될 것인지를 표기한다.

d. 자금의 용도

- 투자자들은 자기들의 자금이 어떠한 용도에 쓰이는지 알고 싶어 한다. 모금된 자금이 쓰이는 용도를 간략히 기술하는 게 좋으며 제품설계와 개발, 자본장비구입, 마케팅, 일반 운전자금에 대해서는 가급적 구체적으로 요약하여 보고한다.

e. 투자자의 수익실현

- 사업계획상 목표한 수익률이 투자자에게 구체적으로 실현될 수 있는 방법을 제시하고, 여러 가지 투자철회 방법 중(IPO, 주식매각, 합병, MBO

등) 그 가능성도 제시한다.

⌛ 부가사항

여기에는 사업계획서상 꼭 필요하지만 본문에 싣기에는 분량이 너무 많은 정보를 싣는다. 즉 상품의 설계내용과 사진, 참고자료 명단, 주요부품의 공급업자 명단과 주소, 사업장 위치 및 부지도면, 설비장치 명세서, 기술적 분석 자료, 자문기구 및 전문기술자의 보고서, 규제당국의 인허가 관련서류, 면허장 등이 여기에 포함된다.

Chapter 04

사업타당성분석 (Feasibility Study or Analysis)

1. 사업타당성분석의 개념

사업타당성분석은 경제 주체가 수행 및 추진하고자 하는 사업 활동의 타당성 여부를 사전에 조사, 분석, 검토하여 경영의사 결정에 필요한 자료를 제시하는 활동을 말한다.

2. 사업타당성분석의 체계

1) 전략적 타당성 측면(전략 적합성)

(1) 사업영역
(2) 사업매력도
(3) 내부적합도

2) 요소적 타당성 측면(사업화능력)

(1) 기술 : 창업아이템

(2) 자금 : 창업자금
(3) 인력 : 창업멤버

3) 경제적 타당성

(1) 시장성
(2) 기술성
(3) 수익성

3. 경제적 타당성 분석

1) 시장성 분석의 개념

시장분석이란 판매(서비스)하고자 하는 아이템을 어느 정도 팔 수 있겠는가를 조사 분석하는 것을 말한다. 이는 아이템 선정 및 평가 시에 이용될 수 있다.

시장분석이란 판매량을 추정하기 위한 활동이다.

(1) 시장의 특성
(2) 수요 및 공급분석
(3) 미래 수요분석
(4) 매출액 추정

2) 기술성 분석의 개념

기술성 분석은 아이템이 기술적으로 실현가능한지 실현 가능한 대안의 생산(서비스) 시스템을 선정 그 대안들에 대한 원가를 추정하는 활동이다.

(1) 기술 사업화 가능성
(2) 기술의 우위성
(3) 생산일정 및 규모
(4) 소요 노동력

(5) 제품(서비스) 용도 특성

3) 경제성 분석의 개념

사업의 목표는 이윤 추구에 있으므로 시장성 분석과 기술성 분석을 통하여 획득한 정보, 자료를 종합하여 필요한 자본의 규모를 결정하고 투자안(案)의 현금흐름을 추정하여 종합적인 경제성을 평가하는 활동이다.

(1) 총비용 및 소요자금 추정

(2) 추정 손익계산서 대차대조표 작성

(3) 현금흐름표 분석

(4) 경제적 타당성 분석방법

가. 회수기간법 : 투자에 소요된 모든 비용을 회수하는데 걸린 기간을 구하여 투자결정을 하는 방법

나. 평균이익률법 : 투자로 인한 연평균 회계적 순이익과 연평균 투자액의 비율을 구하여 투자결정을 하는 방법

제과점 사업타당성분석

♣ 요 약

1) 32세 남자와 30세 여자 부부가 제과점 창업을 위하여 준비 중 센터방문.
2) 남편은 제과점 제빵 기술 10년 경험임.
3) 부인은 전업주부로서 직업 경험 없음. 독립하여 창업을 목표로 일해 왔음.
4) 제과점 운영에 대해서는 기본연구가 안된 상황임.

♣ 예비창업자

- 주 소 : 부산시 수영구 망미동 ○○○번지
- 성 명 : 김수영 (가명)

♣ 사업의 내용

- 즉석식 제빵 제과점 창업
- 48시간이내에 판매가 되어야 하는 유통기한이 짧은 식품제조 판매업임.

♣ 입지선정과 상권분석

- 상 권 : 수영로터리와 연산로터리의 중간위치로 양대 상권의 영향이 미치지 못하는 지역으로 국군통합병원 길 건너편임. 자체 상권 형성이 안 된 지역임.
  ** 점포 주변 상권과 위치도 별첨
- 입지분석 : 왕복 4차선 대로변이지만 상권형성이 되지 못하고 있으며, 군 병원은 출입통제로 인구유입이 안되고, 뒤쪽 배후지도 600세대 정도의 APT단지가 있으나 배후 쪽에 별도 소형 상권이 형성되어 있고 버스주차장도 인접되지 않아 배후지 인구의 점포 앞 이동이 되지 못함. 지하철 공사 중이며 2년 후 개통되지만 출입구와 거리가 먼 상태임.
- 유동인구 조사 결과 피크타임에 점포 앞 이동인구가 시간당 50명 정도이며 구매 동기 부여가 없는 유동인구로 분석됨.
  *** 제과점을 감안하여 오후 3시부터 밤 10시까지 유동인구 조사

♣ 마케팅 계획

- 매출액 예상 : 점포 내 취식고객은 기대하기 어려우며 주로 구매 후 집으로 이동 고객이 주대상으로 1일 객단가 3,500원 기준으로 50명 구입 시 17만원 정도 판매 예상되며 케익 등과 특별판매 등 마케팅 전략으로 판촉이 양호하게 성공되어도 1일 20만원 정도로 예상됨.
- 손익추정 : 월 매출예상 600만원

〈비 용〉 684만원

원 재 료	150만원(33%선)
인 건 비	290만원(2명)

수도광열비	50만원
기타, 운영비	50만원
월 세	30만원
이 자	20만원
감가상각	94만원

〈순이익〉 △60만원

※ 창업자 수익은 부부가 인건비 감안 시 166만원 선임
참고 : 공장장 임금 150만원 이상 200만원 수준임

♣ 점포계획과 소요자금 추정

- 점 포 : 제조실 및 진열실 포함(15평),
  전세보증금 3,000만원(월세 30만원)
- 설비와 집기 : 4,500만원
- 기계류 : 1,700만원, 장비류 : 800만원
- 인테리어 : 1,500만원, 기타 : 500만원

※총 투자 예상액 : 7,500만원

- 재료구입 : 사후지급
- 인력계획 : 공장장 1인(창업자)
  매 장 1인(부인)
  아르바이트 1인
- 감가상각계획 :
- 인테리어 : 1,500만원 3년 상각, 기계장비류 : 2,500만원 4년 상각

※월 상각 예상 비용 : 94만원

- 일반 관리 계획 : 공장장은 아침 6시 출근 오후 4시 퇴근하고, 매장인원은 9시 출근 12시 퇴근이며, 아르바이트는 오후 4시 출근 밤 9시 퇴근

♣ 재무분석

- 소요자금 추정

총 투자 금액 : 7,500만원

- 자금조달 계획
  본인자금 : 3,500만원
  정책자금 : 3,000만원(소상공인지원자금)
  친척대출 : 1,000만원
- 추정손익 계산
  월 매출액 : 600만원, 제비용 : 684만원, 순손실 : 84만원
  ※ 부부인건비 250만원 비용 계산 시 적자 84만원 감안하면 실제 부부순수익은 166만원 정도임.

♣ 위험과 문제점

- 일일 평균매출이 25만원을 상회하지 못할 시에는 부부 인건비 정도도 이익이 발생하기 어려움
- 입지 선정 제고하고 유망 입지로 재검토 방안과 일 매출액 25만원 초과 판촉전략 수립하는 안으로 검토 필요

♣ 결론

- 판촉 전략이 최대로 성공하여도 일 20만원 이상은 판매하기 어려운 입지로 예상되어 사업성이 저조 한 것으로 판단되며 유망입지를 재선정하여 창업하여야 장기적 수익성 보장이 가능할 것으로 사려됨.

4. 손익분기점(BEP: Break Even Point)

1) 개념

손익분기점이란 일정기간의 매출액과 그 매출액을 실현하기 위해서 지출된 총비용이 일치하는 시점의 매출액을 말한다. 손익분기점 분석을 위해서는 총비용을 매출액의 변동에 관계없이 일정하게 발생하는 고정비와 매출액

의 변동에 비례하여 발생하는 변동비로 구분하여야 한다. 그러나 현실적으로는 모든 비용항목들이 반드시 매출액에 비례하여 발생하거나 또는 일정하게 발생하는 것이 아니므로 월별손익계산서를 토대로 고정비와 변동비를 적정하게 분류해야 한다.

손익분기점 분석은 수입내용을 분석하고 또 손실을 발생시키지 않기 위한 최저 한계매출액을 알 수 있어 상당히 편리한 분석방법이다.

한계이익, 변동비율 등을 활용하여 목표이익을 확보하기 위한 매출액 산정에도 쓰이며 설립계획이나 신규지점 계획의 타당성 판정 등에도 유용하게 쓰인다.

비용을 고정비와 변동비로 나누어 매출과 이익이 어떻게 변하는가의 감도 분석을 손쉽게 하는 방법으로 흔히 손익분기점 분석기법을 사용한다.

2) 산출방법

- 손익분기점의 매출액 = X
- 동기간의 매출액 = S
- 일정기간의 고정비 = F
- 변동비율 = V/S
- 동기간의 변동비 = V
- 기본공식

$$X(\text{손익분기점매출액}) = \frac{F}{(1-V/S)}$$

⧖ 손익계산서(I/S) 작성 예

음식업(피자)

1개월 기준(최근 3개월 평균) (단위: 만원)

| 표 4-1 | 손익분기점(BEP)분석 예

과 목	금 액	세부내역
매출액	7,000	월평균 매출액 기재
매출원가	2,450	상품(제조)원가 :35% 기타원가 :
판매관리비	2,652	
인 건 비	1,400	대표자 인건비:(1 인) ×150만원 상시직 인건비:(8 인) ×130만원 임시직 인건비:(7 인) × 30만원
임 차 료	700	전세 5,000만원
감가상각비	333	인테리어 12,000만원을 36개월로 처리
세금과공과	40	
대손상각비		
차량유지비		
수도·광열비	150	
전화 등 통신비	10	
기 타		
영업외수익		
이자수익		
기 타		
영업외비용		
지급이자	19	총 대출금 (3,000만원)
기 타		
경상이익		
특별손익		
법인세 등		
당기순손익	1,898	

<table>
<tr><th colspan="2">구 분</th><th>산출방식 (월 기준)</th><th>동사 평가치</th></tr>
<tr><td colspan="2">매출액(S)</td><td>실제 월 평균 매출액(7,000)</td><td></td></tr>
<tr><td colspan="2">변동비(V)</td><td>• 원재료비(2,450)
• 전기·전화·수도비(160)</td><td>2,610</td></tr>
<tr><td colspan="2">고정비(F)</td><td>• 월 임차료(700)
• 대표자 월급(150)
• 종업원 인건비(1,250)
• 지급이자(19)
• 기타 (감가상각)(333)</td><td>2,433</td></tr>
<tr><td rowspan="2">변동비율
V/S×100</td><td>동사</td><td rowspan="2">(변동비 / 매출액) ×100</td><td>37%</td></tr>
<tr><td>동업계</td><td></td></tr>
<tr><td colspan="2">손익분기점 매출액</td><td>F÷(1-V/S)</td><td>3,861만원</td></tr>
<tr><td rowspan="2">손익분기점
비율</td><td>동사</td><td rowspan="2">실제매출/손익분기점매출×100</td><td>181%</td></tr>
<tr><td>동업계</td><td></td></tr>
<tr><td>평 기</td><td colspan="3">1) 당 업소는 최초 원가산정 시 대표자임금이 150만원이 상정됨.
2) 인테리어 및 설비구입 등을 36개월로 감가상각비를 처리함.
3) 위와 같은 조건으로 손익분기비율이 181%는 우수함.</td></tr>
</table>

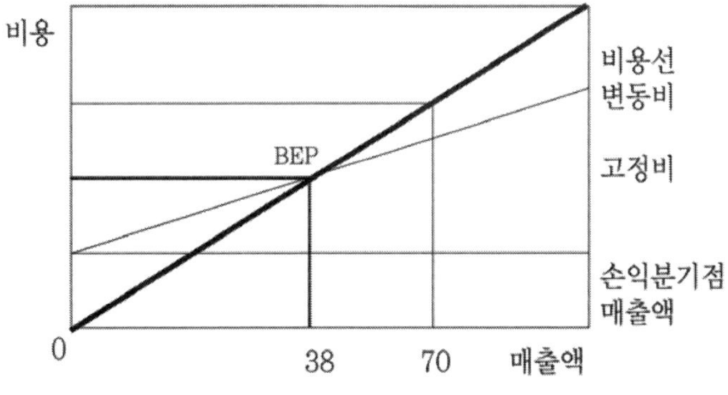

▎그림 4-1 ▎ 매출액선

Part 2

수출입 실무가이드

Chapter 05

수출입 절차

제1절

수출절차

수출거래가 이루어지는 과정은 일반적으로 수출상과 수입상간에 거래에 대한 계약이 체결되고 계약조건에 따라 발행된 신용장을 입수한 후, 수출승인, 수출품의 확보, 수출검사, 수출통관, 선적 그리고 수출대금의 회수 순으로 진행된다. 물론 이러한 과정은 일반적인 것으로서 거래에 따라서 모든 과정이 적용되기도 하고 또는 일부과정이 생략되어 진행되기도 한다.

1. 수출계약 체결

기업이 처음 수출하게 되는 동기는 다양하나 내수기업이 스스로 수출에 관심을 가지고 수출계약까지 진행되는 과정을 보면 다음과 같다.

1) 해외시장조사 및 거래상담

먼저 수출거래에 임하는 기업이 가장 우선적으로 고려해야 할 사항은 자신이 취급하는 상품을 어느 지역으로 판매할 것인가를 결정하는 것이다. 이를 위해 수출상은 자기회사 상품의 특징이나 판매 전략을 고려하여 판매 대상시장을 선정하는 해외시장조사를 실시한다. 해외시장조사는 수출입절차의 최초단계로서 특정상품에 대한 판매 또는 구매가능성을 조사하는 것을 말한다. 해외시장조사에서는 지리적 거리, 기후, 시장규모, 문화, 경제수준, 언어, 생산 및 유통구조, 상도덕 및 관습 등의 환경조사와 관세 및 비관세 장벽, 외국환관리 및 결제방법 등의 무역관리제도와 관련되어 무역거래에 영향을 미칠 수 있는 모든 요인이 조사의 대상이 된다.

최근에는 해외시장조사와 관련된 내용들은 인터넷을 통해서 필요한 다양한 자료를 손쉽게 얻을 수 있다. 인터넷상에는 전 세계의 모든 비즈니스 관련정보를 망라해 놓은 사이트도 있고, 또는 국가별로 사회, 경제, 문화, 정치, 환경 등을 정리해 놓은 사이트도 많다.

대상 시장이 선정되면 한국무역협회, 대한상공회의소, 대한무역투자진흥공사 등의 무역관련 기관의 당해 시장 내 상공인명부(Directory)를 조사하거나 관련 인터넷 사이트를 검색하여 거래 상대 후보를 물색한 다음 상대방에게 거래관계를 모색하는 거래제의 또는 거래권유를 하게 된다. 이 단계에서의 거래제의는 상대방이 상황을 전혀 모르는 상태에서 이루어지는 것이 일반적이므로 상대방 입장이 난처해지거나 기분을 상하지 않도록 세심한 주의를 기울여야 한다. 수출상의 거래제의에 대해 상대방으로부터 관심이 나타나면 거래조건에 대한 자세한 정보와 카탈로그나 견본 등의 송부를 통해 상품에 대한 정보를 제공하면서 상담을 진행시킨다.

2) 신용조사

무역거래는 일반적으로 언어, 제도, 관습 등의 사회·경제적 조건이 상이한 국가 간에 이루어지는 거래이므로 국내 거래와는 달리 여러 가지 위험에

직면하게 된다. 이러한 무역거래상의 위험 및 불안을 제거하기 위해서는 각종 위험을 보완하는 제도를 제대로 숙지하여 활용하는 것이 필수적이지만 가장 우선시 되는 것은 거래 당사자 간의 신뢰성 확보라 할 수 있다.

특히, 무역거래는 신의성실의 원칙에 기반을 둔 상거래로서, 무역을 관리하는 국제제도, 국제법규 등이 존재하더라도 당사자 간의 신뢰가 무너질 때는 여러 가지 어려움이 발생할 수 있다.

따라서 무역거래의 당사자들은 거래가 본격적으로 진행되는 단계에 들어서면 서로 상대방에 대한 신용조사를 하게 된다. 신용조사를 통해 상대방의 재정상태, 영업방침, 현지에서의 평판, 대표자의 인물, 사업능력, 성실성 등을 판단하고 그 결과에 따라 거래의 계속여부를 결정하게 된다.

신용조사는 일반적으로 거래 상대방이 지명한 현지의 은행 또는 상사, 주재국 영사관, 관련협회, 각 국 소재 상업회의소 등을 통하여 이루어진다. 그러나 언급된 기관들을 통한 신용조사에서는 국가에 따라 차이가 있기는 하나 관계 법규의 제약에 있어 좋은 정보를 기대하기 힘들다. 즉, 대부분의 국가들은 국내회사의 신용이나 명성을 해치는 행위를 법으로 규제하고 있기 때문에 불리한 내용에 대한 정확한 정보의 제공을 꺼리고 있다.

이러한 이유로 상대방에 대한 정확한 정보를 얻기 위해서는 국내의 경우 신용보증기금이나 한국무역보험공사, 대한무역투자진흥공사 등의 신용조사를 전문적으로 하는 기관을 이용하는 것이 좋다. 이와 함께 세계 각처에 광범위한 조사망을 갖고 있는 Dun & Brad Street 또는 각 국에 소재하여 신용조사업무를 전문적으로 취급하는 상업흥신소(Mercantile Credit Agency, Credit Inquiry Agency) 등을 이용하는 것이 비용은 들지만 보다 상세한 신용정보를 얻을 수 있다.

3) 계약의 체결

무역거래에 임하는 수출상과 수입상 간에 신용조회를 통해서 그 결과가 상호 만족스러운 것으로 나타나면 거래 당사자들은 본격적으로 거래의 세부내용에 대한 협상에 들어간다. 거래 협상과정에서 거래조건에 관해 이견을

좁히고 전반적인 거래내용에 합의가 되면 거래형태에 따라 포괄계약(Master Contract) 또는 개별계약(Case by Case Contract)을 체결하게 된다.

포괄계약이란 동일한 거래가 지속되는 경우에 매번 거래가 이루어질 때마다 계약을 체결하는 불편을 해소하기 위해 연간 또는 일정기간을 정하여 일반적인 거래조건을 합의하는 계약형태를 말한다. 그러나 당사자 간의 거래가 1, 2회에 그치는 단발적인 거래의 경우에는 포괄계약서를 작성하지 않고 수출상의 오퍼(Offer : 청약)나 수출상의 주문(Order)에 대해 상대방의 승낙이 있게 되면 계약이 이루어지게 되는데 이에 의거하여 개별거래가 이루어질 때마다 개별계약을 체결하여 거래를 진행시킨다.

여기서 오퍼란 그에 응하는 승낙과 결합하여 계약을 성립시키려는 의사표시를 말한다. 따라서 오퍼는 수출상이나 수입상 모두 발행할 수 있다. 그러나 실무상으로는 보통 매매 당사자의 일방인 수출상이 상대방인 수입상에게 일정한 물품을 일정한 가격, 선적, 결제 등 기타의 조건으로 판매하겠다는 의사표시를 말한다. 우리나라 대외무역법에서도 오퍼를 물품매도확약이라고 칭하고 있어 수출상의 판매의사표시로 사용되고 있음을 알 수 있다.

오퍼에는 일반적으로 ① 품명, ② 규격, ③ 원산지, ④ 단위, ⑤ 단가, ⑥ 대금결제조건, ⑦ 선적시기, ⑧ 포장조건, ⑨ 보험조건, ⑩ 발행일 및 유효기간, ⑪ 발행자 및 상대방 이름, ⑫ 기타 필요한 사항이 기재된다.

오퍼는 특정한 방식에 의해 발행될 필요는 없어 구두(口頭)로 하여도 무방하지만 무역에서는 보통 일정한 형식을 갖춘 청약서를 작성하여 서한이나 팩스 또는 이메일을 이용하여 송부한다.

수출상이 발행한 오퍼에 대해 그 내용(거래조건)을 받아들이겠다는 의사표시를 승낙(Acceptance)이라 하며, 계약은 오퍼에 대해 승낙이 있음으로써 성립된다. 승낙은 원칙적으로 오퍼의 모든 조항에 대해 무조건적으로 동의하는 것이어야 하며, 오퍼의 내용에 어떠한 추가나 제한 그리고 기타의 변경을 가한 승낙은 사실상 승낙이 아니고 오퍼에 대한 거절이며 새로운 오퍼인 역오퍼(Counter Offer : 반대청약)가 된다.

역오퍼란 수출상이 발행한 원래의 오퍼의 내용에 대해 변경을 요구하면서 수입상이 발행한 오퍼이다. 무역거래에서는 수입상이 역오퍼를 보내고, 이

에 대해 다시 수출상이 역오퍼를 보내는 식으로 여러 차례 역오퍼가 교환되면서 일방의 최종 승낙으로 계약이 성립되는 것이 보통이다.

2. 신용장의 수령

수출계약이 체결되고 수입상으로부터 신용장이 오게 되는 것은 계약의 내용 중 대금결제조건이 신용장에 의한 결제조건인 경우에만 해당된다.

무역거래에서 대금결제형태는 우선 직접결제형태와 간접결제형태로 구분된다. 직접결제는 현지에서의 직접구매의 경우나 거래대금을 직접 가져와 결제하는 경우에서와 같이 소액거래에 이용되는 형태로서 무역거래에서 일반적으로 이용되는 결제형태는 아니다. 따라서 무역거래에서의 결제는 대부분이 간접결제형태로 이루어지며, 이는 수출상과 수입상 간에 제3자(일반적으로 은행)가 개입되어 이루어지는 외환(Foreign Exchange)에 의한 결제방식을 말한다.

외환에 의한 결제방식은 송금방식과 추심방식으로 구분된다. 여기서 송금방식이란 수입상(채무자)이 은행을 통해 거래대금을 보내주는 방식이고, 추심방식이란 수출상(채권자)이 은행을 통해 거래대금의 지급을 요구하여 대금을 회수하는 방식을 말한다. 한편 추심방식은 신용장방식과 추심결제방식으로 다시 구분된다. 추심결제방식에는 지급인도조건(Document Against Payment : D/P)과 인수인도조건(Document Against Acceptance : D/A)이 있다.

무역거래에서의 대금결제방식은 이외에도 물물교환방식(Barter Trade), 팩토링방식, 상호계산방식(Open Account), 포페이팅방식(Forfaiting), 트레이드카드(Trade Card) 등 다양하므로 거래 당사자들은 이러한 여러 가지 결제방법 중에서 무역거래에서의 대금결제의 중요성을 감안하여 적절한 방법을 선택하게 된다.

신용장은 Letter of Credit 또는 단순히 Credit 라고 하며 보통은 줄여서 L/C라고 한다. 신용장은 한마디로 요약한다면 신용장 개설은행이 수입상의 거래대금지급을 보증하는 제도이다. 단, 수출상이 신용장에서 요구하는 대로 거래를 이행하여야 한다는 조건이 붙는다. 즉, 신용장은 수출상이 수출을 이행한 후 신용장조건과 일치하는 선적서류를 제시하면 신용장 개설은행이 대금결제를 약속하는 증권이다.

따라서, 수출상에게는 대금회수와 관련된 위험을 제거해주고, 수입상에게는 수출상이 신용장 조건대로 거래를 이행하리라는 믿음을 주게 되어 양쪽 당사자들이 안심하고 거래에 임할 수 있다. 신용장의 이러한 기능으로 인하여 오늘날 무역거래의 상당부분이 신용장에 의한 결제방식으로 이루어지고 있다.

무역계약에서 대금결제조건이 신용장방식으로 합의되면 수입상은 자신의 거래은행에 의뢰하여 수출상 앞으로 신용장을 발행하게 된다. 신용장을 수령한 수출상은 ① 신용장의 기재내용과 계약서 내용의 일치여부, ② 신용장 개설은행의 신용상태, ③ 신용장의 조건이행이 불가능하거나 곤란한 문언의 존재 유무 등을 자세히 검토하여야 한다. 만약 계약내용과 다르거나 조건이행이 불가능한 조건이 있으면 조건변경을 요청해야 한다. 발행된 신용장은 취소불능신용장일지라도 당사자들이 합의하면 신용장조건은 변경(Amend) 될 수 있다.

3. 수출승인

수출승인이라 함은 대외무역법에 의하여 수출이 제한되는 물품을 수출이 가능하게 하는 절차이다. 우리나라에서는 모든 수출입거래에 대해 원칙적으로 예외 없이 수출입승인을 받아야 수출 또는 수입할 수 있는 제도를 운영하여 왔으나, 1997년 1월 1일부터는 수출입의 자유화 원칙에 따라 예외적인 경우에만 수출입 승인을 받도록 하고 나머지 거래에 대해서는 수출 또는 수입승인을 받지 않고도 수출입거래를 할 수 있는 제도로 전환되었다.

즉, 1997년 1월 1일 이전에는 모든 수출입행위에 대해 매 거래 건 별로 거래의 이행이전에 당해 거래의 이행을 사전에 허가해 주는 엄격한 관리가

이루어졌으나, 현재는 수출입승인을 받아야 하는 품목만을 열거해 놓고, 그 외의 품목에 대해서는 아무런 제한 없이 수출입 할 수 있는 Negative System으로 운영되고 있다. 따라서 수출승인절차 역시 모든 거래에 적용되는 것은 아니다.

수출입승인을 받아야 하는 물품은 산업통상자원부장관이 따로 지정하여 고시하게 되는데 이를 수출입공고라 한다. 따라서 수출하고자 하는 물품이 수출입 공고상에 게재되어 있으면 수출상은 수출입 공고상의 수출승인요령에 따라 승인을 받아야한다. 현재 수출입승인 기관은 대상품목에 대해 산업통상자원부장관이 지정·고시한 기관 또는 단체가 된다. 그러나 수출입공고에서 수출입승인 대상으로 지정·고시되어 있는 품목일지라도 긴급을 요하는 물품, 기타 수출입절차를 간소화하기 위한 물품, 예를 들어 여행자들이 휴대하여 반출·입하는 물품에 대해서는 수출입의 승인이 면제된다.

한편 대외무역법 이외의 각종 국내법령에 의하여 수출입이 제한되는 품목에 대하여는 산업통상자원부장관이 이를 종합하여 고시하는데 이를 통합공고라 한다. 통합공고에 고시된 물품에 대해서는 통합공고에서 요구하는 요건을 충족하여야 수출 또는 수입할 수 있다. 예를 들어 녹용을 수입하는 경우에는 대외무역법이 아닌 약사법에 의해 규제를 받고 있어 한국의약품수출입협회장에게 신고를 한 후 수입할 수 있는데, 이러한 규정들을 통합하여 고시해 놓은 것을 통합공고라 한다.

4. 수출물품의 확보

계약된 수출물품을 확보하는 방법은 크게 두 가지이다. 하나는 수출상이 제조시설을 갖춘 경우 자신이 직접 생산하는 방법이고, 다른 하나는 국내에서 다른 업체가 이미 생산한 완제품을 구매하는 방법이다. 후자의 경우에는 자기자금으로 필요한 수출물품을 조달하여야 하나 전자의 경우에는 무역금융제도를 활용하여 수출물품 생산에 필요한 자금을 조달할 수 있다. 무역금융이란 수출지원제도의 일종으로 수출물품의 제조 또는 조달과 관련된 자금을 융자해 주는 제도이다. 무역금융을 활용하여 수출물품의 직접생산을 통하여 수출물품을 확보하는 과정은 다음과 같다.

수출물품을 수출상이 직접 생산하는 경우 소요되는 자금은 생산에 투입되는 원자재 구입비용과 조달된 원자재로 상품을 생산에 소요되는 비용으로 구분된다. 또한 원자재를 조달하는 방법은 국내에서 구매하는 방법과 외국에서 수입하는 경우의 두 가지가 있다. 현행 무역금융제도에서는 이에 소요되는 자금 모두를 융자해주고 있다. 즉, 수출용원자재를 해외에서 수입하는데 필요한 자금과 원자재를 국내에서 구매하는데 필요한 자금을 융자해 주는데 이를 원자재금융이라 한다. 또한 국·내외에서 조달한 원자재로 수출물품을 생산하는데 필요한 자금을 융자해 주는데 이를 생산자금이라 한다. 다시 말해서 신용장에 의한 수출의 경우 수출업자는 수출물품 생산에 필요한 자금을 적절하게 융자받을 수 있어 자기 자금 부담 없이 수출물품을 확보할 수 있다.

5. 수출검사

무역거래 상품의 품질은 수출상과 수입상 간의 계약에 의해 결정된다. 따라서 수출물품의 품질에 대해서는 거래 당사자 간에 논의될 사항이지 정부가 관여할 문제는 아니다. 그러나 우리나라에서는 수출물품의 품질 및 대외성가의 유지·향상을 도모하여 건전한 수출무역의 조성을 목적으로 수출물품에 대한 검사를 시행해왔다. 이 제도가 그 동안 우리나라 수출물품의 품질수준 향상에 많은 기여를 해온 것은 사실이나 기술수준이 발전하고, 수출물량이 급속히 증가하면서 이 제도는 오히려 비용과 시간적으로 수출업자에게 부담이 되는 부작용을 나타내었다.

이러한 문제점을 고려하여 정부에서는 의무적으로 실시하던 수출검사제도를 폐지하고 민간기업의 수출물품 품질향상을 위한 자율적 노력을 지원하기 위한 수출물품 품질향상에 관한 법률을 제정하였다. 이로서 수출검사제도는 1994년부터 의무검사제에서 자율검사제로 바뀌었다. 그러나 국제협약

에 의한 필요가 있거나 인체의 안전에 대한 위해(危害)의 우려가 있는 일부 품목에 대해서는 수출검사품목으로 고시하여 수출검사를 받도록 하고 있다. 따라서 수출검사품목으로 지정된 품목을 수출할 경우에는 수출검사에 합격하여야만 수출할 수 있다.

6. 운송계약 및 보험계약

수출물품의 운송을 위한 운송계약과 보험계약은 수출거래과정에서 정해진 시점이 있는 것은 아니나 일반적으로 수출물품이 확보되고 수출통관이 진행되는 과정에서 이루어진다.

이 두 가지 계약의 체결의무는 무역계약의 가격조건에 따라 달라진다. 즉, 무역가격조건이 FOB, FAS, FCA 등 운송비 미지급조건과 적출지인도조건인 EXW의 경우에는 수입상에게 그 의무가 있고 CIF, CIP 등 운송비지급인도조건과 DAT, DAP, DDP 등 양륙지인도조건의 경우에는 수출상에게 그 의무가 있다. 단, CFR, CPT조건에서는 해상운송계약은 수출상이, 해상보험계약은 수입상이 체결한다.

따라서 CIF 등의 가격조건인 경우에 수출상은 신용장상에 약정된 선적기일 내에 확실히 선적할 수 있는 선박을 수배하고 필요한 선복(船腹 : Ship's Space)을 확보하여 해당 선박회사와 화물의 운송을 의뢰하는 해상운송계약을 체결하여야 한다. 이와 함께 신용장상의 보험조건대로 해상보험계약을 체결해야하는데, 해상보험계약은 전화 또는 구두로도 할 수 있지만 일반적으로는 수출상이 보험회사의 보험청약서에 필요한 사항을 기재하여 보험료와 함께 보험회사에 제출하며 보험회사는 계약이 성립한 증거로 보험 증권을 발행한다.

7. 수출통관

수출물품의 생산이 완료되면 수출물품을 외국으로 반출하게 되는데 이에 앞서 국내에서 최종적으로 거치는 단계가 수출통관이다. 수출통관이란 수출하고자하는 물품에 대해 세관에 수출신고를 하고 이에 대해 세관장이 수출신고 된 사항을 확인하여 그 내용이 적법하고 정당하다고 인정되는 경우 수출신고수리를 하는 일련의 과정을 말한다. 수출통관과정을 통하여 세관장은 대외무역법, 관세법 등 각 종 법령상의 수출요건의 이행여부를 서류상으로 또는 실제 물품의 확인을 통하여 최종적으로 확인하게 된다.

수출통관은 수출신고 → 서류심사에 의한 요건검사 → 수출물품의 검사 → 수출신고수리의 과정으로 진행되는데, 이때 수출신고는 원칙적으로 EDI에 의해 처리되고 있으며, 예외적인 경우에 한해 수출신고서 및 증빙서류를 세관장에게 제출하도록 하고 있다. 수출통관에서의 수출신고는 화주, 관세사 등이 할 수 있으나 대부분 관세사에게 위탁하여 처리하고 있다. 한편 수출통관 과정에서 수출물품의 실물검사는 대부분 생략되고 있다.

8. 물품선적

수출통관이 완료된 물품은 외국물품으로서 외국으로의 송부가 가능하게 되어 선적절차가 진행된다. 선적이란 수출상(송하인)이 수출화물을 본선 상에 인도하는 것을 의미하지만 거래조건에 따라 화물의 인도장소가 달라진다. 컨테이너화물의 경우에는 CIF나 FOB조건에서도 대개 선박회사의 지정 선적업자가 정한 집하 장소에 수출화물을 인도한다. 그러나 특수화물 또는 대량화물의 경우에는 수출상이 직접 본선에 인도하기도 한다.

수출상(화주)으로부터 화물을 인수한 선박회사는 화물의 수량 또는 중량, 손상유무 등을 점검하는 검수를 한 다음 화물수취증을 발급하는데, 화물수취증은 컨테이너 화물인 경우에는 D/R(Dock's Receipt : 부두수취증)이 되고 재래식 화물인 경우에는 M/R(Mate's Receipt : 본선수취증)이 된다. 이러한 D/R 또는 M/R과 상환하여 B/L(Bill of Lading : 선화증권)이 발급된다.

한편 선적 시 유의해야 할 사항은 선적기일의 준수와 선적통지이다. 선적

기일의 준수는 수입상과 약속한 계약의 이행이라는 점에서 철저하게 지켜져야 함은 당연하다. 선적기일 내 선적을 이행할 수 없는 불가피한 상황이 발생하면 이를 즉시 수입상에게 통지하고 상황을 이해시켜 선적기일 연장 등과 같은 조치를 받아내야 한다. 단 하루가 늦어지는 지연선적도 신용장조건을 제대로 이행하지 못하는 것이어서 대금지급거절과 같은 불이익을 초래할 수 있다. 보통의 경우 수출상은 선적 후에 수입상에게 선적통지를 하지만, CFR 조건 등의 경우는 수입상이 적하보험에 부보 할 수 있도록 선적 전에 선적통지를 하여야 한다. 수입상은 선적통지를 받음으로써 화물을 적재한 선박의 도착예정일을 미리 알게 되어 수입대금결제 준비 및 국내에서의 수입화물처리 등의 업무에 안전을 기할 수 있으며, 선적통지에 동봉되는 제반 운송서류의 사본을 미리 입수함으로써 수입국내에서 처리할 필요한 조치를 취하는 등 수입상은 계획적으로 업무를 수행해 나갈 수 있다.

9. 수출대금의 회수

선적을 완료한 수출상은 선하증권(Bill of Lading), 상업송장(Commercial Invoice), 포장명세서(Packing List), 원산지증명서(Certificate of Origin), 보험증권(Insurance Policy) 등 신용장에서 요구하는 서류들을 정비하여 수출대금의 회수준비를 한다. 신용장 거래에서는 이와 같은 준비된 운송서류와 함께 환어음(Bill of Exchange, Draft)을 발행하여 거래은행에 매입을 의뢰하여 대금을 회수하는 것이 일반적이다.

여기서 환어음이란 수출상이 거래대금의 최종지급자(신용장 개설은행 또는 수입상) 앞으로 발행하는 것으로 환어음의 금액을 환어음 상의 지시인에게 무조건으로 지급할 것을 위탁하는 유가증권이다. 환어음은 신용장거래에서 일종의 대금회수 수단이라고 할 수 있다.

한편 매입(Negotiation : Nego)은 보통 네고라고 칭하는데, 수출상이 운송서류를 첨부한 환어음을 국내 외국환은행에 매각시키고 환어음 상의 금액을 받는 과정을 말한다. 이를 외국환은행의 입장에서는 수출상이 제시한 환어음을 돈으로 바꾸어 준다는, 즉 수출상의 환어음을 돈을 주고 산다는 면에서 매입이란 용어를 쓰고 있다.

외국환은행이 수출거래과정의 거래당사자가 아님에도 불구하고 수출상이 발행하여 제시하는 환어음을 매입해 주는 것은 이 환어음이 신용장을 근거로 발행된 것이어서 최종적으로 신용장 개설은행이 이 금액의 지급을 약속하고 있기 때문이다.

물론 수출상의 환어음을 매입한 외국환 은행(매입은행)은 이를 신용장 개설은행 앞으로 추심한다. 여기서 추심이란 대금지급을 요청하는 것을 말한다. 신용장 개설은행은 송부된 운송서류와 환어음에 대해 신용장조건과의 일치여부를 확인하고, 이상이 없으면 매입은행으로 해당 대금을 송금·지급한다.

10. 관세 환급

물품의 수출이 종료되면 수출대금의 회수절차와는 별도로 관세 환급을 받기 위한 준비를 해야 한다. 물론 이 과정도 모든 수출거래에 적용되는 것은 아니다.

관세 환급이란 수출용원자재를 수입할 때 납부하였던 관세를 수출용원자재를 사용하여 생산한 물품을 수출하면 되돌려주는 제도이다. 따라서 수출상이 수출물품 생산에 수입원자재를 사용하였다면 수입 시 납부한 관세를 되돌려 받기 위한 조치를 취하여야 한다. 현재 관세 환급의 신청은 수출신고수리일로부터 2년 이내에 하여야 한다. 2년이 경과하면 관세 환급의 신청권리가 상실되므로 유의해야 한다.

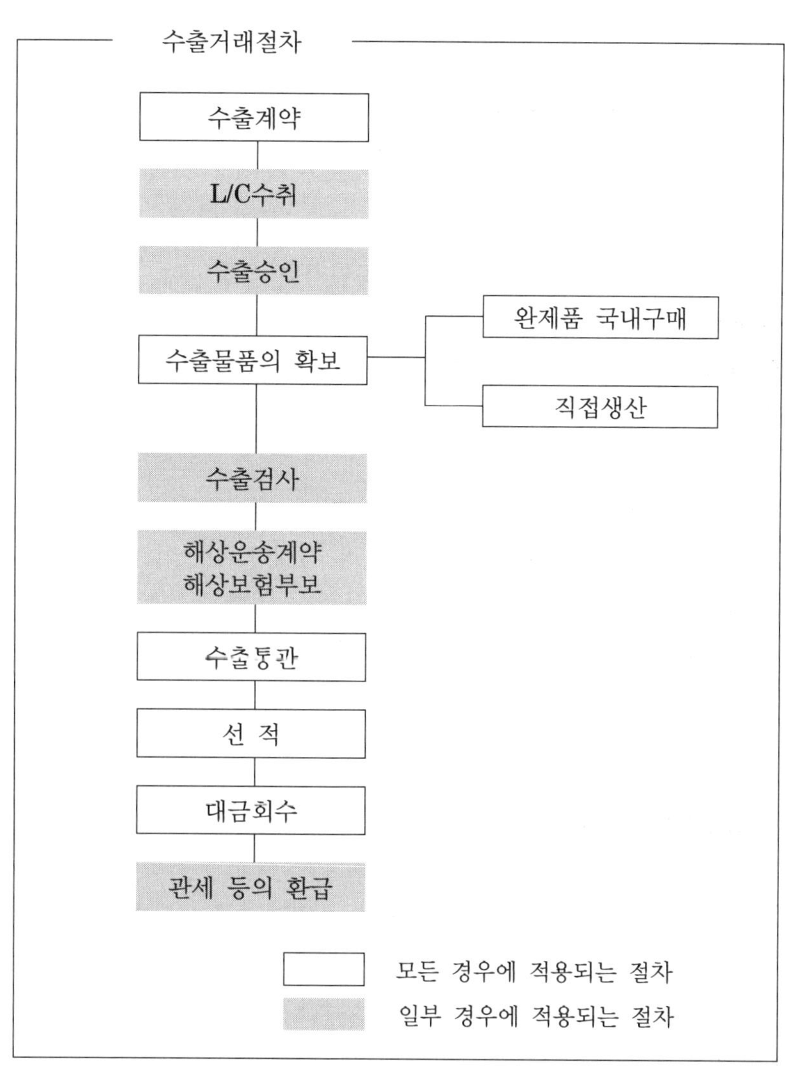
수출거래절차
수출계약
L/C수취
수출승인
수출물품의 확보
완제품 국내구매
직접생산
수출검사
해상운송계약
해상보험부보
수출통관
선 적
대금회수
관세 등의 환급
모든 경우에 적용되는 절차
일부 경우에 적용되는 절차

▌그림 5-1▌ **수출거래절차**

제2절 수입절차

수입절차라 함은 수입이 허용되는 품목인가를 검토하여 수입계약을 체결하고 필요한 경우에 해당기관에서 수입승인을 받은 다음, 계약상 대금결제조건에 따라 신용장을 개설한 후에 수입화물과 운송서류가 도착되면 수입대금을 결제하고 수입물품을 수령하여 수입통관을 거쳐 국내에 반입하는 일련의 절차를 말한다.

수입의 경우에도 수출의 경우와 마찬가지로 대외무역법, 관세법, 외국환거래법 등의 법규에서 규제하는 바에 따라 거래가 진행되는데, 수입계약과 수입승인은 수출거래절차에서 살펴본 내용과 동일하므로 본 절에서는 수입신용장의 개설, 수입대금의 결제, 그리고 수입통관의 내용을 중심으로 살펴보기로 한다.

1. 수입신용장의 개설

수출거래절차에서도 언급된 바와 같이 무역거래에서 신용장이 개설되는 것은 수출상과 수입상 간에 대금결제를 신용장방식에 의해 하기로 합의된 경우에 해당되므로 모든 수입거래에 적용되는 것은 아니다.

신용장방식의 대금결제를 약속하였으면 수입상은 수입상의 거래은행에 신용장의 개설을 요청하게 된다. 여기서 수입상의 거래은행이 신용장 개설은행이 되는 것은 신용장이 개설되면 개설은행은 신용장의 수익자에게 대금지급을 확약하는 것이므로 수입상에 대한 일종의 여신행위이기 때문이다.

즉, 수입상이 수입거래대금을 지급할 수 없는 상황이 발생하면 개설은행이 거래대금을 지급해야하는 것이 신용장이기 때문에 개설은행은 신용장 개설을 요청하는 수입상을 신뢰할 수 있을 때 신용장을 개설해 준다. 실무적으

로는 신용장 개설은행은 수입상과 신용장개설에 관한 전반적인 사항을 규정하는 신용장거래 약정서에 의한 약정을 맺는다.

이 약정서의 주요 내용은 신용장거래와 관련된 일체의 채무와 제반비용을 신용장개설 요청인인 수입상이 부담한다는 것과 신용장 상의 거래대금이 수입상에 의해 결제될 때까지 관계 수입화물은 개설은행의 담보로서 그 은행의 소유로 한다는 것이다.

수입상과 신용장거래약정서를 체결한 개설은행은 수출상 소재지의 은행을 통하여 수출상에게 개설된 신용장을 전달한다.

2. 운송서류 도착과 수입대금 결제

신용장의 조건대로 거래를 이행한 수출상은 신용장에서 요구하는 선하증권을 비롯한 운송서류에 환어음을 첨부하여 수출지의 매입은행을 통하여 개설은행에 대금결제를 요청한다.

운송서류를 접수한 신용장 개설은행은 해당 신용장의 제 조건과 일치하는지의 여부를 검토·확인한 후 수입상에게 인도하여 대금결제를 청구한다. 이에 대해 수입상은 수입대금을 결제하고 선하증권을 포함한 운송서류를 인수하여 선박회사에 선하증권과 교환으로 수입화물을 인수함으로써 일련의 과정이 완료된다.

운송서류 도착, 수입화물 도착, 수입대금결제의 과정에서는 수입화물 신탁적 양도와 수입화물선취보증제도가 이용되기도 한다.

1) 수입화물 신탁적 양도

운송서류와 수입화물이 정상적으로 도착되어 있으나 수입상의 대금 결제 능력이 부족한 상태에서 이용되는 제도이다.

즉, 수입화물 신탁적 양도(Trust Receipt : T/R)는 일명 대도(貸渡)라고도 하는데 수입상에 대하여 수입대금의 결제 전에 수입화물의 인수를 허용하게 하는 제도이다.

원칙적으로 수입업자는 수입대금의 결제 전에는 선하증권 등의 운송서류를 인도 받을 수 없다. 이러한 규제를 하는 것은 신용장 개설은행이 수입대금의 채권을 확보하기 위해서이다.

그러나 수입상에 대한 충분한 신뢰가 있는 경우, 즉 수입상의 대금결제에 대한 확실한 믿음이 있는 경우에 신용장 개설은행은 수입상의 대금결제 전에 선하증권을 비롯한 운송서류를 수입상에게 인도하여 수입화물을 미리 처분케 하고 나중에 거래대금을 회수하는 T/R제도를 활용한다. T/R은 이와 같이 수입상의 결제자금 부족문제에 대해 편의를 주기 위한 제도이다.

2) 수입화물선취보증제도

수입상이 선박회사로부터 수입화물을 인도 받기 위해서는 선하증권 원본을 선박회사에 제공하여야 한다. 그러나 수입화물은 정상적으로 도착되어 있고 수입상의 대금결제능력도 충분하나 선하증권 등의 운송서류 원본이 도착하지 않아 결제는 물론 수입화물을 인수하지 못하는 상황이 발생할 수 있다. 이러한 상황은 근거리 무역에서 흔히 발생하는데, 그 이유는 화물은 선박 편에 운송되나, 운송서류 원본은 선적을 완료한 수출상이 서류를 정비하여 매입은행을 통하여 우편으로 신용장 개설은행에 인도되므로 화물운송기간이 운송서류 운송기간보다 짧기 때문이다.

이러한 경우가 발생하면 수입상은 물론 선박회사와 관련 은행도 여러 가지 불편을 겪게 된다. 수입업자 입장에서는 수입화물을 조기에 인수하지 못함으로써 창고료 부담, 판매 적기 상실, 부패성 화물의 경우 화물의 손상 등의 어려움을 겪게 된다. 선박회사도 항구 내 보세창고 활용이 어려워져서 하역작업이 지연되고 이에 따른 항만 적체 등의 불편이 따른다.

이와 같은 불편을 해결하기 위한 수단으로 생긴 제도가 수입화물선취보증제도이다. 즉, 수입화물 선취보증장(Letter of Guarantee : L/G)이라 함은 은행을 통하여 인도되는 선하증권 등의 운송서류 원본보다 수입화물이 먼저 도착하였을 경우, 선박회사에 대해 나중에 B/L원본을 필히 제출하겠다는 서

약서를 수입상과 신용장개설은행이 연대 보증하는 보증장이다. 즉, L/G를 선박회사에 제출함으로써 수입업자는 수입화물을 B/L원본 도착 전에 인수할 수 있게 된다.

3. 수입통관

선박회사로부터 화물을 인수한 수입상은 수입거래절차의 최종단계인 수입통관절차를 거치게 된다. 수입통관이란 수입하고자 하는 물품에 대해 세관에 수입신고를 하고 이에 대해 세관장이 수입신고 된 사항을 확인하여 그 내용이 적법하고 정당하다고 인정되면 수입신고수리를 하는 일련의 과정을 말한다. 수입 통관과정을 통하여 세관장은 대외무역법, 관세법 등 법령상 수입요건의 이행여부를 서류상 또는 실제 물품의 확인을 통하여 최종적으로 확인하게 된다.

수입통관은 수입신고 → 서류심사에 의한 요건 심사 → 수입물품의 검사 → 관세의 부과·납부 → 수입신고수리의 과정을 거친다. 수입신고도 수출신고와 마찬가지로 EDI에 의해 진행되고 있으며, 예외적인 경우에 한해 수입신고서 및 증빙서류를 세관장에게 제출하도록 하고 있다. 수입신고 역시 화주, 관세사 등이 할 수 있으나 대부분 관세사에 위탁하여 처리하고 있다.

수입 통관 시 수입물품의 검사는 수출통관에서의 물품검사와는 달리 엄격하게 시행되고 있다. 즉, 모든 수입물품은 세관장의 검사대상으로서 세관공무원은 수입하고자 하는 물품에 대하여 검사를 할 수 있다. 그러나 수입통관의 효율화를 기하기 위하여 관세청장은 검사대상, 검사범위, 검사 방법 등 필요한 기준을 정하여 검사대상을 한정 운영하고 있다. 따라서 수입물품의 검사대상은 선별적으로 등록된 선별검사기준에 의거 결정하며, 이러한 선별검사대상이 아닌 품목에 대해서도 우범성 정보가 있거나 적용관세율 또는 수입제한 여부 등의 확인을 위하여 필요한 경우에는 실물검사를 할 수 있다. 수입통관에서는 수출통관과 달리 관세의 부과·납부의 과정이 있다. 우리나라 관세법에는 모든 수입물품에 관세를 부과한다고 규정하고 있다. 관세는 수입가격×관세율로 산정되므로 수입 통관 시 세관공무원은 수입가격이 적정하며, 관세율의 적용이 제대로 되어 있는지를 면밀히 검토하게 된다. 수입가격은 보통 과세가격이라 하는데 우리나라에 도착할 때까지의 모든 비용을 포함한 CIF가격을 기준으로 한다.

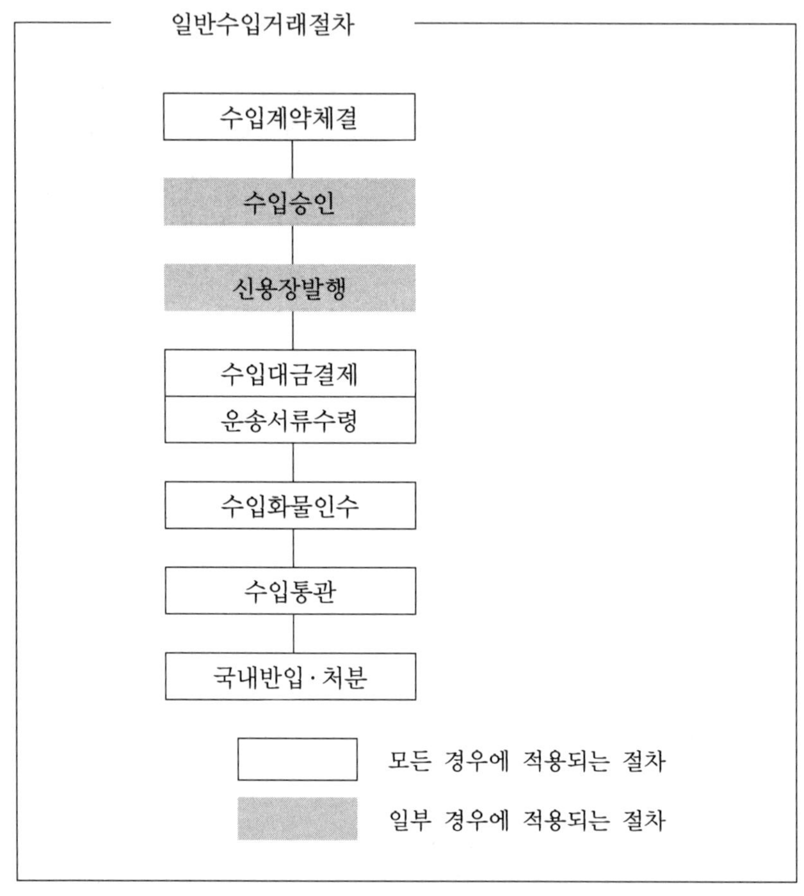

┃그림 5-2┃ 수입거래절차

Chapter 06

무역계약실무

제1절

청약과 승낙

무역계약은 무역거래, 즉 국제간에 행해지는 물품매매의 거래를 실행하기 위한 계약이다. 그러므로 무역계약은 「물품의 국제매매를 위한 계약」이라고 정의할 수 있다. 무역계약은 오퍼(Offer : 청약)에 대한 승낙(Acceptance)의 효력이 발생한 때에 성립된다. 즉, 무역계약의 당사자 중 어느 일방의 오퍼에 대하여 상대방이 승낙의 의사를 표시하면 무역계약은 성립되는 데, 그 계약이 성립되는 정확한 시점은 바로 「승낙의 효력이 발생하는」 순간이다.

1. 청약(Offer)

1) 청약의 의의

청약은 청약자(Offeror)가 피청약자(Offeree)와 일정한 조건으로 계약을 체결하고 싶다는 의사표시를 말하며, 우리나라 대외무역법상의 용어로는 '물품매도확약'이라 한다. 즉, 청약이란 일정한 내용(품질, 가격, 수량, 선적, 결제 등의 조건)의 매매계약을 체결하고 싶다는 청약자의 일방적이며 확정적인 의사표시이다.

2) 청약의 효력

청약은 그것이 피청약자에게 도달하는 때에 그 효력이 발생한다. 청약은 비록 그것이 취소 불능한(Irrevocable) 것이라도, 만일 그것의 철회(Withdrawal)가 청약의 도달 전에 또는 청약의 도달과 동시에 피청약자에게 도달하면 이를 철회할 수 있다.

3) 청약의 종류

(1) 발행주체에 따라

청약의 주체가 수출상(Seller)인가 수입상(Buyer)인가에 따라 매도오퍼(Selling Offer)와 매입오퍼(Buying Offer)로 구분된다. 매도오퍼란 수출상이 오퍼의 주체로서 일정한 내용의 매매계약을 체결하자고 수입상에게 제의하는 오퍼이다. 매입오퍼란 수입상이 오퍼의 주체로서 일정한 내용의 매매계약을 체결하자고 수출상에게 제의하는 오퍼이다. 일반적으로 오퍼라고 하면 매도오퍼를 말한다.

(2) 승낙회답기간 유무에 따라

청약에 승낙회답기간, 즉 「승낙을 위한 유효기간」이 명시되어 있는 가 또는 그러한 기간이 명시되어 있지 아니한가에 따라, 확정오퍼(Firm Offer)와 불확정오퍼(Free Offer)로 구분된다.

확정오퍼란 오퍼의 유효기간이라 할 수 있는 「피청약자의 승낙회답기간」이 명시되어 있는 오퍼를 말한다. 이 확정오퍼의 특징은 오퍼의 취소불능성과 확정력으로서 ① 청약자가 오퍼의 내용을 피청약자의 승낙회답기간 중에

는 변경할 수 없으며, ② 피청약자의 절대적이며 무조건적인 승낙이 있으면 청약자는 반드시 오퍼의 내용대로 계약을 체결하여야 할 의무가 있다.

그러나 확정오퍼의 경우에도 「비엔나 협약」[1] 제15조 제2항에 규정되어 있는 바와 같이, 비록 그것이 취소불능의 오퍼라 하더라도, ① 확정오퍼가 피청약자에게 도달하기 이전에, ② 확정오퍼가 피청약자에게 도달함과 동시에 그 확정오퍼의 「철회(Withdrawal)의 통지」가 피청약자에게 도달하는 경우에는 그 확정오퍼는 철회될 수 있다.

한편 불확정오퍼란 피청약자의 승낙회답기간, 즉 오퍼의 유효기간이 명시되어 있지 아니한 오퍼를 말한다. 이 불확정오퍼의 특징은 오퍼의 취소가능성과 불확정성으로서 피청약자로부터 승낙을 받기 전에는 그 내용을 변경하거나 취소할 수 있다. 또한 피청약자가 승낙한 경우 청약자는 재고나 선적기한 등에 이상이 없으면 확인(Confirm)을 하며, 이때부터 청약자는 법적으로 오퍼내용대로 공급해 줄 의무가 생기는 것이다.

(3) 조건부오퍼

조건부오퍼란 피청약자의 승낙(Acceptance)의 표시가 있더라도 곧바로 계약을 성립시키지 못하는 오퍼 또는 특수한 조건이 붙어있는 오퍼를 말한다.

예를 들면 ① 확인조건부오퍼라 할 수 있는 'Offer Without Engagement'와 'Offer Subject to (Seller's) Final Confirmation' ② 선착순매도오퍼라 할 수 있는 'Offer Subject to Prior Sale'과 'Offer Subject to Being Unsold' ③ 시황조건부오퍼라 할 수 있는 'Offer Subject to Market Fluctuation' 등은 모두 조건부오퍼에 속한다.

---

1) 국제연합(U.N)에서는 1980년에 「국제물품매매계약에 관한 UN 협약」(Contract for the International Sale for the International Sale of Goods : UNCCISG), 즉 「비엔나협약」(Vienna Convention)을 제정하였다. 이 비엔나협약은 1988년 1월 1일부로 발효되었으며 앞으로 이 협약이 개별 무역계약의 준거법으로 많이 채택될 것이다. 우리나라는 2005년 3월 1일부로 이 협약에 가입하였다.

2. 승낙(Acceptance)

1) 승낙의 의의

승낙은 무역계약의 성립요건으로서, 피청약자가 청약에 대하여 계약을 성립시키려는 의사를 청약자에게 알리는 피청약자의 의사표시이다.

즉, 승낙이란 청약자의 청약에 동의한다는 피청약자의 절대적(Absolute)이며 무조건적인(Unconditional) 의사표시를 말한다.

2) 승낙의 효력발생시기

청약자의 오퍼에 대하여 피청약자가 승낙을 하게 되면 계약은 성립된다. 그런데 청약자와 피청약자는 공간적으로 상당히 멀리 떨어져 있는 것이 무역거래에선 일반적이므로, 승낙의 의사표시가 피청약자로부터 발송되어 청약자에게 도달하기까지 어느 시점에서 계약이 성립하는 가하는 문제가 제기된다.

영미법과 한국민법에서는 격지간의 무역거래에 있어서의 승낙의 효력발생시기에 대하여 발신주의를 채택하고 있다. 발신주의에 따르면 피청약자의 승낙의 의사표시가 발송된 때에 그 승낙의 효력이 발생한다.

독일법과 비엔나협약에서는 도달주의를 채택하고 있으며, 도달주의에 따르면 피청약자의 승낙의 의사표시가 청약자에게 도달한 때에 그 승낙의 효력이 발생한다.

또한 요지주의를 채택하는 국가도 있는 데, 요지주의에 따르면 피청약자의 승낙의 의사표시가 청약자에게 도달한 후 현실적으로 청약자가 그 내용을 알았을 때에 그 승낙의 효력이 발생한다.

격지간의 승낙이 발신주의인 경우는 피청약자에게 유리하지만 청약자에게는 불리하다. 청약자에게는 도달주의가 유리하므로 오퍼할 때 'Offer Subject to Acceptance Reaching Here By(Date)'와 같이 승낙의 통지가 몇 월 며칠까지 도달할 것을 조건으로 명시해 두면 좋을 것이다.

제2절 무역계약의 기본조건

일반적으로 매매계약서에 기재되는 사항은 품질조건, 수량조건, 가격조건, 선적조건, 대금결제조건, 보험조건을 들 수 있는 데, 이 여섯 가지 조건을 「무역계약의 기본조건」이라 한다. 그런데 매매당사자간에는 실무적으로 표준화 내지 정형화된 매매계약서를 사용하고 있는 데, 그 전면에는 무역계약의 기본조건에 대한 제목만 인쇄하고 약정할 내용은 당사자가 합의하여 작성하도록 공란을 두고 있으며, 계약서 이면에는 거래에 관련된 일반적인 조건[2] 등이 미리 인쇄되어 있는 것이 보통이다.

1. 품질조건(Quality Terms)

품질조건에서는 품질의 결정방법과 품질의 결정시기 등이 고려되어야 한다.

1) 품질결정방법

(1) 견본매매(Sale by Sample)

일반적인 제품은 주로 견본으로 품질을 결정한다. 견본은 품질의 기준이 되는 물품으로써 계약을 성립시키며, 나아가 계약의 이행여부를 확인시키는 역할을 한다.

견본은 ① 수출상이 수입상에게 보내는 매도인견본(Seller's Sample), ② 수입상이 수입을 위해 수출상에게 보내는 매수인견본(Buyer's Sample), ③ 수

---

2) 일반거래조건(General Terms and Conditions)에는 이러한 6가지의 기본조건 이외에 무역클레임 해결을 위한 중재조항, 불가항력조항, 준거법조항 등이 포함된다.

입상이 매도인견본을 수정 또는 변경하여 다시 수출상에게 보내는 대응견본(Counter Sample), ④ 수출상이 선적 후에 선적물품과 동일한 물품을 수입상에게 보내는 선적견본(Shippping or Shipment Sample) 등으로 구분된다.

(2) 표준품매매(Sales by Standard)

표준품매매란 견본을 이용할 수 없기 때문에 표준품으로 품질을 결정하는 방법의 매매를 말한다. 표준품매매의 품질표시방법에는 다음의 세 가지가 있다.

① 평균중등품질조건(Fair Average Quality : FAQ)

전년도 수확물 중의 중등품을 표준품으로 하여 가격을 정하고, 수출상의 인도물품은 당해 연도의 신 수확물 중에서 평균중등품질의 물품을 선적하는 조건이다. 주로 포도 등과 같은 과일류의 품질결정에 이용된다.

② 판매적격품질조건(Good Merchantable Quality : GMQ)

선적된 물품이 당해 품질의 성질과 상관습에 비추어 판매가 가능한 것, 즉 판매적격성(Merchantability)을 지닌 것임을 매도인이 보증하는 품질조건으로서 주로 목재나 냉동어류 등에 적용되는 조건이다.

③ 보통품질조건(Usual Standard Quality: USQ)

원면이나 목화에만 적용되는 품질조건으로 공인검사기관 또는 공인 표준기관에 의하여 정해진 보통품질을 표준품의 품질로 결정하는 조건이다.

(3) 규격매매(Sales by Type or Grade)

국제적으로 정해진 규격 및 등급에 의한 거래이다. 예를 들면 KS(한국), JIS(일본), BSS(영국), ASTM(미국) 등이다.

(4) 상표(통명)매매(Sales by Trade Mark or Brand)

거래상품의 상표나 브랜드(통명)가 국제적으로 널리 알려져 있는 경우에 사용하는 방법이다. 예를 들면, 랑콤(Lancome)화장품, Rolex시계, Coca Cola 등이다.

(5) 명세서매매(Sales by Description)

견본을 사용할 수 없기 때문에 설명서(Description), 명세서(Specification) 등에 의해 품질을 결정하는 방법의 매매를 말한다. 선박, 기계류, 철도차량 등의 거래에 주로 이용된다.

2) 품질결정시기

품질의 결정시기란 수출상이 인도하는 물품의 품질이 계약에서 정한 품질과 일치하는 가를 판단하는 기준이 되는 시기를 말한다. 이에는 선적품질조건(Shipped Quality Term)과 양륙품질조건(Landed Quality Term)이 있다.

선적품질조건의 경우에는 인도물품의 품질이 선적 시에 계약품질과 일치하여야 하는 조건이므로, 국제운송도중의 품질의 변질에 대해서는 수출상은 아무런 책임을 지지 않는다.

반면에 양륙품질조건의 경우에는 인도물품의 품질이 양륙 시에 계약품질과 일치하여야 하는 조건이므로, 국제운송 도중의 품질의 변질에 대해서는 수출상이 책임을 져야 한다. 곡물류의 거래에 사용되는 전통적인 특수조건에는 다음의 TQ, SD, RT조건이 있다.

TQ(Tale Quale)은 선적품질조건으로서, 수출업자가 계약과 일치하는 품질의 물품을 선적하기만 하면 품질에 관한 한 면책되며, 국제운송 도중의 품질의 변질에 대해서는 수출업자가 아무런 책임을 지지 아니한다.

SD(Sea Damaged)조건은 특약부 선적품질조건으로서, 해상운송 도중에 발생한 바닷물이나 빗물 또는 증기에 의해 젖은 손해 등에 대해서는 수출업자가 책임을 진다.

RT(Rye Term)조건은 양륙품질조건으로서 수출업자가 양륙시의 품질을 보증하는 조건으로서 국제운송도중의 곡물류의 변질에 대해서는 수출업자가 모두 책임을 진다.

2. 수량조건(Quantity Terms)

수량조건의 불명확으로 클레임이 발생하는 경우가 종종 있다. 따라서 문제가 일어나지 않도록 계약서에 명시할 필요가 있다.

1) 수량결정단위

(1) 중 량

중량을 표시하는 단위로는 톤(Ton), 파운드(Pound), 킬로그램(Kg) 등이 주로 사용되고 있다. 중량을 표시하는 톤은 영국톤(English Ton, Long Ton : 1,016kg), 미국톤(American Ton, Short Ton : 907kg) 및 대륙톤(French Ton, Metric Ton : 1,000kg)으로 구별되므로 주의해야 한다.

(2) 용 적

용적으로 수량을 표시하는 상품은 곡물류, 주류, 유류 등이다. 용적을 표시한 단위에는 원유에 사용되는 Barrel, 액체류에 사용되는 Gallon, 곡물류에 사용되는 Bushel 등이 있다. 일반화물의 경우에는 1Ft3, 1M3 등이 사용된다.

2) 수량결정시기

수량결정시기도 품질결정시기와 마찬가지로 선적수량조건(Shipped Quantity Term)과 양륙수량조건(Landed Quantity Term)으로 나눌 수 있다. 선적

수량조건은 인도물품의 수량이 선적 시에 계약수량과 일치하여야 하는 조건이므로, 국제운송도중에 발생한 수량의 변동에 대하여는 수출상은 책임을 지지 않는다.

양륙수량조건은 인도물품이 양륙 시에 계약과 일치해야 하는 조건이므로 국제운송 도중의 수량의 변동에 대하여는 수출상이 책임을 지게 된다.

3) 기타사항

(1) About, Circa, Approximately 등의 용어해석

신용장의 금액, 단가, 수량 앞에 위와 같은 용어가 표기되어 있으면 다음 원칙에 따라 해석하여야 한다.[3)]

① 신용장 금액, 단가, 수량에 위의 용어를 사용하였다면 과부족 허용한도는 ±10%까지이다.

② 위의 용이가 붙어 있는 항목에만 유효하지 타 항목에까지 확대 적용되지 않는다. 예를 들면 about 1,000pcs일 경우 수량의 상한이 1,100pcs, 하한이 900pcs라는 뜻이며, 이에 상응하여 금액까지 변경되는 것으로 해석할 수 는 없다.

③ 금액 앞에 Maximum 또는 Not Exceeding의 표현이 있으면 신용장 금액을 전액 사용하지 않아도 된다.

(2) 과부족 용인조건(More or Less Terms)

광석, 곡물, 원유 등 상품의 성질상 정확한 수량을 공급하기 어려운 Bulk Cargo는 과부족 용인조건이 적용되므로 아무 표시가 없더라도 ±5%의 과부족이 허용되는 것으로 해석하며 만약 About, Circa 등의 표현이 있으면 ±10%까지 허용된다.

3) 신용장통일규칙 제39조 a.

3. 가격조건(Price Terms)

서로 멀리 떨어진 다른 나라와의 무역거래에서는 물품의 가격은 제조원가에 운임, 보험료, 하역비, 창고료, 통관비용 등 여러 가지 부대비용을 합산하여 결정된다.

따라서 이러한 부대비용의 부담주체를 누구로 할 것인지, 그리고 운송도중에 불의의 사고가 발생할 경우 이에 대한 책임을 누가 질 것인지를 분명히 해 둘 필요가 있다. 가격조건은 일반적으로 정형거래조건인 Incoterms를 이용하고 있으므로 이에 대한 정확한 이해가 있어야 한다.

1) Incoterms의 의의

Incoterms는 "International Commercial Terms"의 약칭에서 따온 말로 일반적으로 「무역거래조건해석에 관한 국제규칙」(International Rules for the Interpretation of Trade Terms)이라고 불리고 있다.

Incoterms에서 규정하고 있는 FOB, CIF조건 등은 주로 가격조건으로 사용되지만 실제로 그것은 다음과 같은 매매당사자간의 책임의 한계를 그 내용으로 하고 있다.

① 물품의 인도장소

② 물품의 위험부담에 대한 매매당사자간의 책임의 분기점

③ 물품의 비용부담에 대한 매매당사자간의 책임의 분기점

2) Incoterms 2000의 주요내용

Incoterms 1990을 개정하여 2000년 1월 1일부터 시행되고 있는 Incoterms 2000은 국제상관습의 시대적인 변화 즉 관세자유지대의 확대, 무역거래에서 전자통신문의 사용증가, 운송관습의 변화 등을 수용하고 있다.

Incoterms 2000에서는 Incoterms 1990에서 다소 모호했던 정의를 좀 더 명확히 하여 13가지 정형거래조건을 채택하여 사용하고 있는 데, 그 조건과 내용은 다음과 같다.

▌표 6-1▌ 인코텀즈

Group E 출하지인도조건	EXW(Ex Works)
Group F 주운송비미지급인도조건	FCA(Free Carrier) FAS(Free Alongside Ship) FOB(Free on Board)
Group C 주운송비지급인도조건	CFR(Cost and Freight) CIF(Cost, Insurance and Freight) CPT(Carriage Paid to) CIP(Carriage and Insurance Paid to)
Group D 도착지인도조건	DAF(Delivered at Frontier) DES(Delivered Ex Ship) DEQ(Delivered Ex Quay) DDU(Delivered Duty Unpaid) DDP(Delivered Duty Paid)

자료 : 대한상공회의소·ICC한국위원회, 인코텀즈(Incoterms)2000

(1) EXW—(Named Place) ; (Ex Works, 공장인도조건)4)

이 조건은 매도인이 물품을 수출통관하지 아니하고, 어떠한 수거용 차량에 적재하지 아니한 상태로 자신의 영업장 구내(Premises) 또는 기타 지정된 장소(예컨대 작업장, 공장, 창고 등)에서 매수인의 임의처분 하에 적치(Place)한 때에 매도인의 인도의무가 완료된다. 따라서 별도의 합의가 없는 한 매도인은 매수인이 제공한 운송수단에 계약물품을 적재하거나 수출물품을 통관할 책임은 없으며, 매수인은 매도인의 영업장 구내에서부터 목적지까지 운송에 관련되는 모든 비용과 위험을 부담하여야 한다. 이 조건은 매도인의 최소의무를 나타내고 있으며, 매수인이 직접 또는 간접적으로 수출수

4) 유럽에서는 이 조건은 “Ex Loco” 또는 “Spot”라고 표현하여 계약물품이 있는 현장에서 물품을 인도하는 경우에 사용하고 있다. 한편 미국에서는 “Ex Point of Origin” 또는 “FOB Origin”이란 표현으로 이 거래조건을 이용하고 있다.

속절차(Export Formalities)를 이행할 수 없는 경우에는 사용되어서는 안 된다.

(2) FCA--(Named Place) ; (Free Carrier, 운송인인도조건)

"운송인인도"라 함은 매도인이 물품을 수출통관하고, 지정된 장소에서 매수인에 의하여 지정된 운송인에게 인도하는 것을 의미한다. 인도장소의 선택은 그 장소에서의 물품의 적재와 양하에 대한 의무에 영향을 미치는 데, 인도가 매도인의 영업장구내에서 이루어지는 경우에는, 매도인은 적재의 책임을 부담한다. 그러나 인도가 기타 모든 장소에서 이루어지는 경우에는 매도인은 양하의 책임을 부담하지 아니한다.

이 조건은 Incoterms 1980년에서 사용하던 FRC(운송인인도조건), FOR/FOT(철도/화차인도조건) 및 FOA(공항인도조건)을 흡수·통합하여 운송방식에 관계없이 복합운송에도 사용될 수 있도록 한 것이다. 즉, 1970년 이후 컨테이너의 등장으로 육·해·공의 상호이용으로 일관수송을 할 수 있는 복합운송의 체계가 실현되자 기존의 FOB, CFR 및 CIF조건의 기본원칙을 골격으로 하여 복합운송의 실정에 알맞은 FCA, CPT 및 CIP조건이 탄생하게 된 것이다.

따라서 이 조건은 물품을 운송인에게 인도하는 모든 조건(철도운송·도로운송·해상운송 및 복합운송)에 사용될 수 있으며, 위험과 비용의 분기점은 물품을 운송인에게 인도·완료한 때이다.

(3) FAS--(Named Port of Shipment) ; (Free Alongside Ship, 선측인도조건)

이 조건은 매도인이 물품을 수출 통관하여[5] 선적항에서 본선의 선측(부두상 또는 부선내)에 인도하는 거래조건을 말한다. 따라서 물품이 본선의 선측에 인도된 때부터 물품에 대한 모든 비용과 멸실 또는 손상의 위험은 매수

5) Incoterms 2000에서의 FAS조건은, 종래의 Incoterms에서 규정된 것과는 달리, 매도인이 물품의 수출통관을 이행할 것을 요구하고 있다.

인이 부담하여야 한다. 여기서 "본선의 선측"이란 본선이 부두에 접안하고 있든 외항에 정박하고 있든 이를 불문하고 본선상의 양하기 및 선적용구가 계약물품에 도달할 수 있는 장소를 의미한다.

이 조건은 일반화물의 매매에는 별로 사용하지 않고, 주로 본선에 적재하는 데 비용이 많이 드는 부피가 큰 물품(Bulk Cargo), 즉 원목·원면·원맥 등의 매매에 많이 이용되고 있다.

(4) FOB—(Named Port of Shipment) ; (Free on Board, 본선인도조건)

이 조건은 매도인이 수출통관을 마친 계약물품을 지정된 선적항에서 매수인에 의해 지정된 본선의 선상에 인도하는 정형거래조건이며, FAS조건과 같이 해상운송 또는 내수로 운송을 전제로 한 무역계약에만 사용할 수 있는 조건이다. 이 조건에서 매도인의 인도의무가 완료되는 시점은 지정된 선적항에서 계약물품이 본선의 난간(Ship's Rail)을 통과하는 시점이다.

이 시점은 매도인과 매수인 사이의 「위험부담의 분기점」이며 동시에 「비용부담의 분기점」이다. 따라서 매수인은 물품이 본선의 난간을 통과한 이후부터의 멸실·손상에 대한 모든 위험과 비용을 부담한다.[6)]

(5) CFR—(Named Port of Destination) ; (Cost and Freight, 운임포함조건)

이 조건은 매도인이 해상운송계약 또는 내수로운송계약을 체결하고서 목적항까지의 해상운임(또는 내수로 운임)도 지급한 후에, 수출통관을 마친 계약물품을 선적항에서 자기가 선정한 본선의 선상에 인도하는 정형거래조건이다. 그러나 위험부담의 분기점은 FOB조건과 마찬가지로 계약물품이 선적항에서 본선의 난간을 통과한 시점이다.

---

6) 여기에서 말하는 Free라는 뜻은 원래 'Free from all charges and responsibility once on board the vessel'이란 뜻이다. 즉 매도인은 계약상품이 본선의 양하기에 의해 본선의 난간을 통과할 때까지의 모든 위험과 비용의 책임을 지고 그 이후에는 하등의 책임이 없다는 뜻이다. 다시 말하면, 모든 짐을 벗어나서 후련하다는 내용이 Free라는 뜻에 내포되어 있다.

이 조건에서도 수출통관은 매도인이 이행해야 하며, 또한 수출통관 제비용도 매도인이 지급해야 한다. 계약물품이 선적항에서 본선에 인도된 후에 발생하는 그 물품에 관련된 비용은 해상운임(내수로 운임)을 제외하고는 모두 매수인이 부담·지급한다.

(6) CIF—(Named Port of Destination) ; (Cost·Insurance and Freight, 운임·보험료포함조건)

이것은 CFR조건에 해상보험만 추가한 조건으로 다른 모든 것은 CFR조건과 똑같다. 매도인은 해상운송계약(내수로계약포함)과 해상보험계약을 체결하고서 해상운임과 해상 보험료를 지급한 후에, 수출통관을 마친 계약물품을 자기가 선정한 본선의 선상에 인도하는 정형거래조건이다. 따라서 매도인은 매수인을 위하여 해상보험에 부보 하여야 하며, 보험증권(Insurance Policy) 또는 보험증명서(Certificate of Insurance)를 매수인에게 제공하여야 한다.

그러나 위험부담의 분기점은 FOB조건과 마찬가지로 계약물품이 선적항에서 본선의 난간을 통과한 시점이다. 이 조건에서도 수출통관은 매도인이 실행해야 하며, 또한 수출통관 제비용도 매도인이 지급해야 한다.

(7) CPT—(Named Place of Destination) ; (Carriage Paid To, 운송비지급조건)

이 조건은 CFR조건을 복합운송화한 조건으로 지정 목적지까지의 계약물품에 대한 운송비를 매도인이 지급하는 조건이다. 즉, 매도인이 지정된 목적지까지의 운송을 위한 국제운송계약을 체결하고서 운송비도 지급한 후에, 수출통관을 마친 계약물품을 수출국내에서 자기가 선정한 운송인의 관리 하에 또는 복합운송의 경우에는 최초의 운송인(first carrier)의 관리 하에 인도하는 정형거래조건이다.

즉, CPT 조건에서 위험의 분기점은 FCA조건과 동일하나 비용은 매도인이 목적지까지 운송비를 지급하여야 한다.

(8) CIP—(Named Place of Destination) ; (Carriage and Insurance Paid To, 운송비 · 보험료지급조건)

이 조건은 CIF조건을 복합운송화한 조건으로 지정목적지까지 계약물품에 대한 운송비 및 운송보험료를 매도인이 지급하는 조건이다. 즉, 매도인은 지정된 목적지까지의 국제운송계약과 운송보험계약을 체결하고서 운송비와 보험료도 지급한 후에, 수출통관을 마친 계약물품을 수출국내에서 자기가 선정한 운송인의 관리 하에, 복합운송의 경우에는 최초의 운송인의 관리 하에 인도하는 정형거래조건이다. 따라서 CIP가격은 FCA가격에 목적지까지의 운송비와 보험료가 가산된 금액이라 할 수 있다. CIP조건에서 매도인은 매수인을 위하여 운송보험을 체결하고서 보험증권 또는 보험증명서를 매수인에게 제공하여야 한다.

그러나 위험의 분기점은 FCA, CPT와 마찬가지로「계약물품이 수출국내에서 운송인 또는 최초의 운송인의 관리 하에 인도되는 시점」이다.

(9) DAF—(Named Place) ; (Delivered At Frontier, 국경인도조건)

이 조건은 매도인이 물품을 수출 통관하여 인접국가의 관세선을 넘기 전에 국경의 인도 장소에 도착하는 운송수단 상에서 매수인의 임의처분하에 인도하는 거래조건을 말한다. 따라서 운송수단으로부터 물품의 양하와 수입통관의 책임은 매수인에게 있다.

DAF조건은 물품이 육상의 국경에서 인도되어야 할 때에는 운송방식에 관계없이 사용될 수 있다. 실제로 이 조건은 유럽국가와 러시아를 비롯한 동구권 국가 간의 교역에 많이 사용되고 있다. 그러나 인도가 목적항의 선박의 갑판상이나 또는 부두(선창)상에서 이루어져야 할 때에는 DES 또는 DEQ 조건을 사용하여야 한다.

(10) DES—(Named Port of Destination) ; (Delivered Ex Ship, 착선인도조건)

이 조건은 계약물품이 지정목적항에서 수입통관을 하지 않은 채 본선 상에서 매수인에게 인수가능하게 되었을 때 매도인의 인도의무가 완료되는 조건이다. 즉, 매도인은 목적항에 도착한 계약물품을 본선에서 매수인에게 인도함으로써 그의 의무를 이행하는 것이고, 매수인은 물품인수와 동시에 자기의 비용으로 수입통관을 하고 물품대금을 지급하는 것으로서 그의 의무를 이행하는 것이다.

목적항까지 매도인이 물품을 운송해서 인도하는 내용이므로 형식상으로는 CIF조건과 비슷하다. 그러나 CIF조건에서는 매도인이 매수인을 위해 화물을 부보하나, DES조건에서는 매도인이 자신의 위험을 담보하기 위하여 부보 한다. 따라서 CIF조건의 선적서류에는 보험증권도 반드시 포함되는 것이지만 DES조건에서는 보험 증권에 대하여는 아무런 언급이 없고 목적항의 본선 상에서 계약물품을 매수인에게 인도만 하면 매도인의 의무는 끝난다.

요컨대 DES조건에서는 선적서류가 계약의 목적물이 아니기 때문에 가령 선적서류상환불의 특약이 있는 경우일지라도 본선 적재화물을 인수할 때까지는 매수인이 대금지급의무를 지지 않는 점이 CIF조건과는 근본적으로 다르다.

이와 같이 이 조건은 형태상으로는 CIF조건과 비슷하나 서류인도조건이 아닌 현물인도조건이며 매매당사자 간의 위험과 비용의 부담한계가 수입항의 본선에서 매수인에게 계약물품을 현실적으로 인도하는 시점이 되는 것이다.

매수인이 DES조건을 택하는 이유는 정치적·경제적 비상시와 같은 특이한 사정이 있을 때나 운송화물의 항해 중의 위험에 대하여 책임을 지고 싶지 않을 때 혹은 이미 수입항에 도착한 본선상의 화물을 구입하고자 할 경우에 이용된다.

(11) DEQ—(Named Port of Destination) ; (Delivered Ex Quay, 부두인도조건)

이 조건은 매도인이 물품을 수입통관 하지 아니하고 목적항의 부두상에서 매수인의 임의처분하에 인도하는 거래조건이다. DEQ조건은 매도인이 목적항까지 물품을 운반하고 부두상으로 이를 양륙하는 데 관련되는 비용과 위험은 부담하지만 Incoterms 2000부터는 매수인이 물품의 수입통관과 수입시의 모든 절차와 비용을 부담할 것을 요구하고 있다.

(12) DDU—(Named Place of Destination) ; (Delivered Duty Unpaid, 관세미지급조건)

이 조건은 Incoterms 1990에서 신설된 정형거래조건으로서 매도인이 물품의 수입통관을 제외하고, 최종목적지까지 운반하여 운송수단으로부터 양하하지 아니한 상태로 매수인에게 인도하는 거래조건이다. 즉, DDU조건은 매도인이 물품을 최종목적지까지 운반하여 매수인에게 인도하여야 하지만 수입허가를 취득하고 수입통관절차와 이에 따른 관세, 조세 등의 부담은 매수인에게 있다.

(13) DDP—(Named Place of Destination) ; (Delivered Duty Paid, 관세지급조건)

이 조건은 매도인이 물품을 수입통관하고 최종목적지까지 운반하여 운송수단으로부터 양하하지 아니한 상태로 매수인에게 인도하는 거래조건이다. 즉, DDP조건은 매도인이 수입허가를 취득하고 수입통관의 절차와 이에 따른 관세, 조세 등을 부담하고 물품을 지정된 목적지까지 운반하여 매수인에게 인도하여야 한다. 따라서 이 조건은 EXW와 정반대로 매도인의 의무가 가장 무거운 조건이다.

3) INCOTERMS 2010의 주요내용

Incoterms 2010의 주요내용을 Incoterms 2000의 내용과 비교하여 개정된 사항을 정리하면 다음과 같다.

(1) 공식명칭의 변경과 상표등록

종전 '정형거래조건에 관한 국제 해석 규칙(International Rules for the

Interpretation of Trade Terms)'를 '정형거래조건의 해석에 관한 ICC 공식규칙(ICC Official Rules for the Interpretation of Trade Terms)'으로 명칭을 변경하여 '국내 및 국제 무역조건 사용에 관한 ICC규칙(ICC Rules for the use of Domestic and International Trade Terms)'로 국내 사용가능성을 열어놓았다.

(2) 'D'조건의 일부 신설/폐지

Incoterms 2000의 DES, DEQ, DAF, DDU 조건을 폐지하고 DAT (Delivered At Terminal : 도착터미널인도)조건과 DAP(Delivered At Place : 도착장소인도) 조건 2가지를 신설하여 총 11가지 조건으로 축소하였다. DAT조건은 위험과 비용의 분기점이 운송수담에서 양하 된 상태로 매수인 처분 하에 놓인 때이며, DAP 조건은 비용과 위험의 분기점이 운송수단에 실린 채 양하준비 된 상태로 매수인의 처분 하에 놓인 때로 운송수단에 관계없이 사용될 수 있는 조건이다.

① DAT-(Named Place of Destination) ; (Delivered At Terminal, 도착터미널인도조건)

가. 비용분기점

도착운송수단으로부터 양하된 상태 지정목적항이나 지정목적지의 지정터미널에서 매수인의 처분 하에 놓이는 때까지를 매도인의 비용 분기점으로 한다.

나. 위험분기점

매도인은 지정목적항이나 지정목적지까지 물품을 운송하고 거기서 양하하는 데 수반하는 모든 위험을 부담한다. 좀 더 정확한 위험분기점은 DAT 조건 뒤의 지정 터미널 및 합의된 목적 항이나 목적지의 터미널 내의 지점이 된다.

다. 운송계약

매도인은 자신의 비용으로 물품을 합의된 목적 항이나 목적지의 지정터미널까지 운송하는 계약을 체결해야 한다. 즉, 매도인이 운송사(포워더)를 지정하고 운송구간에 대한 계약 및 비용을 부담한다.

라. 보험계약

운송 구간에서 사고가 난다면 위험분기점이 목적항이나 목적지의 터미널 내의 지점이기 때문에 매도인의 책임이다. 따라서 운송구간 중에 위험에 대해서 보험에 가입을 원한다면 매도인은 자신의 비용으로 보험에 부보 해야 한다.

마. 수출통관

목적지까지의 도착터미널인도조건으로 수출통관 의무는 매도인이 부담한다.

바. 수입통관

수입국에서의 수입통관 의무는 매수인이 부담한다.

② DAP-(Named Place of Destination) ; (Delivered At Place, 도착장소인도조건)

가. 비용분기점

물품이 지정목적지에서 도착운송수단에 실린 채 양하 준비된 상태로 매수인의 처분 하에 놓이는 때까지의 모든 비용을 매도인이 부담한다. 즉, 이러한 시점이 비용분기점이 된다. 다시 말해 DAP의 비용분기점은 지정목적지에서 운송수단으로부터 양하되지 않은 상태에 있을 때가 비용분기점이 된다.

나. 위험분기점

매도인은 지정장소까지 물품을 운송하는 데 수반하는 모든 위험을 부담하며, 이러한 지정된 장소가 바로 위험분기점이다.

다. 운송계약

매도인은 자신의 비용으로 물품을 지정목적지까지 운송계약 체결해야하며 혹은 그 지정목적지에 합의된 지점이 따로 있을 때에는 그 지점까지 운송 계약을 체결하여야 한다. 즉, 매도인이 운송사(포워더)를 지정하고 운송구간에 대한 계약 및 비용을 부담한다.

라. 보험계약

운송 구간에서 사고가 난다면 위험분기점이 지정장소까지 이기 때문에 매도인의 책임이다. 따라서 운송구간 중에 위험에 대해서 보험에 가입을 원한다면 매도인은 자신의 비용으로 보험에 부보해야 한다.

마. 수출통관

목적지까지의 도착장소인도조건으로 수출통관 의무는 매도인이 부담한다.

바. 수입통관

수입국에서의 수입통관 의무는 매수인이 부담한다.

(3) 운송방식에 따른 분류

종전 Incoterms 2000에서정형거래조건을 E, F, C, D 등과 같이 그룹별로 분류하던 것을 운송방식 불문 규칙과 선박운송 규칙으로 재분류하여 단순화하였다. 특히 DAT 조건과 DAP 조건 등과 같은 운송수단 불문 조건을 신설하여 복합운송의 증가 추세를 반영하였다.

(4) 위험분기점 기준변경

종전 Incoterms 2000에서 사용되던 FOB, CFR, CIF 조건의 위험의 분기점 중에서 '본선난간(Ship's Rail)' 개념을 폐지하고 '갑판(On Board)' 개념을 새롭게 도입하여 위험의 분기점을 명확히 하였다.

4. 선적(인도)조건[Shipment(Delivery) Terms]

매도인이 계약물품을 정확하게 매수인에게 인도하는 것은 가장 중요한 무역조건 중의 하나이다. 이러한 인도의무를 이행하기 위해서는 매매계약의 당사자가 인도의 시기, 장소 및 방법에 대하여 사전에 합의하여야 한다. 그런데 인도의 장소 및 방법은 수출입의 당사자 간에 정형거래조건이 결정되면 저절로 정해지게 된다. 그러므로 이 선적조건에서 가장 중요한 사항은 선적시기의 문제이다.

1) 선적시기의 결정과 표시방법

(1) 특정월(단월)선적

이것은 매도인이 특정된 한 달 동안에 선적을 이행해야 한다고 하는 약정이다. 예를 들면. “Shipment shall be effected during April, 2014” 또는 “April Shipment”라고 약정한다.

(2) 특정년월선적

이것은 매도인이 특정된 두 달 또는 석 달 동안에 선적을 이행해야 한다고 약정하는 방법이다. 예를 들면, “Shipment Shall be Effected During April and May, 2014” 또는 “April and May Shipment”라고 약정한다.

(3) 특정기간 이내의 선적

① Shipment Shall be Effected Within 60days After Receipt of L/C.

② Shipment Shall be Made on or About May 10, 2014 : 신용장통

일규칙(2007년 개정)에 따르면 이와 같은 표현이 있는 경우 특정일자 (5월 10일) 전의 5일부터 특정일자 후의 5일까지의 기간 중에 선적이 이행되어야 한다.

③ Shipment Shall be Made During First Half(or Second Half) of November. : 신용장통일규칙(2007년 개정)에 따르면, first half는 매월 1일부터 15일까지, second half는 16일부터 말일까지의 기간을 의미한다.

④ Prompt(Immediate) Shipment, Shipment as soon as Possible : 신용장통일규칙(2007년 개정)에 따르면 이와 같은 표현은 사용되어서는 아니 되며, 만일 그러한 표현이 사용된 경우 은행은 이를 무시하도록 되어 있다.

2) 분할선적(Partial Shipment)

분할선적이란 매매계약에서 합의한 수량의 화물을 한꺼번에 선적하지 아니하고 두 번 이상 나누어서 선적하는 것을 말한다.

분할선적을 금지하기로 한 경우에는 "Partial Shipment is Prohibited (Not Allowed)"라고 매매계약서나 신용장상에 명확히 표시하여야 한다. 현행 신용장통일규칙(2007년 개정)에서는 신용장상에 아무런 약정이 없는 경우에 분할선적이 허용되는 것으로 해석한다.

3) 환적(Transhipment)

환적이란 어느 하나의 운송수단(선박, 항공기, 철도화차 등)에 적재된 화물을 목적지까지의 운송도중에 동일한 또는 상이한 운송수단으로 옮겨 싣는 것을 말한다.

환적을 금지하기로 한 경우에는 "Transshipment is Prohibited(Not Allowed)"라고 매매계약서나 신용장상에 명확히 표시하여야 한다. 현행 신용장통일규칙(2007년 개정)에 의하면, 신용장상에 환적이 금지되어 있지 않

은 한 은행은 "물품이 환적 될 것"이라고 명시되어 있는 선하증권 등은 수리한다.

4) 기타사항

① 기존 신용장통일규칙에서는 기일과 관련된 특정일자 표시와 함께 To, Until, Till, From 등의 용어가 사용되었다면 그 특정 일자를 포함하는 것으로 해석하였다.[7] 그리고 After 등의 용어와 함께 특정일이 표시되었다면 표시된 날은 제외하는 것으로 해석하였다. 하지만 현행 신용장통일규칙(2007년 개정) 제3조에는 After은 물론이고 From의 용어 표현도 표시일자를 포함하지 않는 것으로 개정하였다.[8]

② 신용장의 유효기일(Expiry Date)이 수출국에 소재하는 매입은행의 공휴일에 해당되면 이 신용장의 유효기일은 자동적으로 그 은행의 다음 영업일까지 연장된다. 그러나 유효기일에 해당되는 날의 은행의 휴무가 파업, 폭동, 전쟁 등 불가항력으로 인한 것인 때는 유효기일은 연장되지 않고 지정일로서 종료된다.

③ 신용장의 최종 선적일자가 수출국의 공휴일에 해당하는 경우에는 자동연장되지 않는다.

5. 대금결제조건(Payment Terms)

국제무역 거래에 사용되고 있는 결제방법은 신용장결제방식, 무신용장 결제방식 및 특수결제방식으로 나눌 수 있다.

1) 신용장결제방식

신용장 방식은 매도인이 자기의 거래은행으로 하여금 화환신용장을 발행

7) 신용장통일규칙 제47조 a항.
8) 신용장통일규칙 제47조 b항.

하도록 조치하여, 그 신용장에 의거하여 매도인이 수출대금을 수령하는 결제방식이다.

오늘날 무역거래에서 가장 많이 사용하는 방법으로서, 수출상은 신용장에 의거하여 환어음을 발행한 뒤 선적서류를 첨부하여 거래은행에 현금을 받고 매도함으로써 수출대금을 회수하는 수출상에게 유리한 방식이다.

2) 무신용장 결제방식

(1) 송금결제방식(Remittance Basis)

수출상이 상품인도를 하기 전에 상품인도와 동시에 또는 인도 후에 수입상이 상품대금을 결제하는 방식을 말한다. 인도시기에 따라 다음과 같이 나누어진다.

① 단순송금방식(Advance Payment)

수입상이 먼저 대금의 전액을 물품선적 전에 수출상에게 미리 송금하여 지불하고, 수출상은 이에 상응하는 물품을 만들어 선적하는 방식이다. 수출상이 수입상의 주문을 받아들임과 동시에 그 수입상으로 하여금 수입대금을 현금으로 지급하도록 하는 주문지급(Cash With Order : CWO)은 단순송금방식의 전형적인 예이다.

이 방식은 수출상에게는 가장 유리한 결제방식이다. 그러나 수입상은 계약물품이 도착하기 전에는 안심할 수 없다. 그러므로 이 거래는 수입상이 수출상을 믿기 전에는 이용할 수 없다. 송금방식은 송금수표(Demand Draft : D/D), 우편환(Mail Transfer : M/T), 전신환(Telegraphic Transfer : T/T) 등을 사용한다.

② 서류인도결제방식(Cash Against Documents: CAD)

수출상이 상품을 선적한 후 선적서류를 수입상의 대리인(주로 수출상 국가에 소재)에게 선적서류를 인도하면서 대금을 결제 받는 방식이다.

③ **상품인도결제방식(Cash On Delivery: COD)**

수출상이 상품을 선적한 후 선적서류를 자신의 대리인(주로 수입상의 국가에 소재)에게 송부하여 상품이 목적지에 도착하면 수입상이 검사 후 상품을 인도받으면서 대금을 결제하는 방식이다. 주로 귀금속 등 소액거래에 이용되는 방식이다.

④ **사후송금방식**

유럽을 중심으로 서구사회에서 보편화된 결제방식으로 단순송금방식과는 정반대로 수출상이 수입상에게 상품을 선적한 후 계약에 명시된 기간 내에 대금을 결제토록 하는 방식이다.

(2) 추심결제방식(Documentary Collection)

① **의의**

매매당사자 간의 계약에 의거하여 수출상이 상품을 선적한 후 관련서류를 첨부한 화환어음을 수입상에게 제시하면 수입상이 그 어음에 대한 지급 또는 인수를 하여 결제하는 방법이다.

② **종류**

가. 지급인도조건(Documents Against Payment : D/P)

수출상이 상품을 선적한 후 수입상을 지급인(Drawee)으로 하는 일람불환어음(Sight Bill of Exchange)을 발행하고, 선적서류를 첨부하여 자신의 거래은행에 추심을 의뢰한다. 수출상의 거래은행은 그러한 서류가 첨부된 환어음을 수입상의 거래은행으로 보내어 추심을 의뢰하고, 수입상의 거래은행은 그 환어음의 지급인인 수입상으로부터 대금을 지급받으면 서류를 인도하고, 지급받은 대금은 추심을 의뢰하여온 은행으로 송금하여 결제하는 방법이다.

나. 인수인도조건(Documents Against Acceptance : D/A)

수출상이 상품을 선적한 후 수입상을 지급인으로 하는 기한부환어음(Usance Bill of Exchage)을 발행하고, 선적서류를 첨부하여 자신의 거래은행에 추심을 의뢰한다. 수출상의 거래은행은 그러한 서류가 첨부된 환어음을 수입상의 거래은행으로 보내어 추심을 의뢰하고, 수입상의 거래은행은 그 환어음의 지급인인 수입상으로부터 어음의 인수를 받은 후 제반서류를 인도하고 어음의 만기일에 대금을 수입상으로부터 받으면 추심을 의뢰해온 은행에 송금하여 결제하는 방법이다.

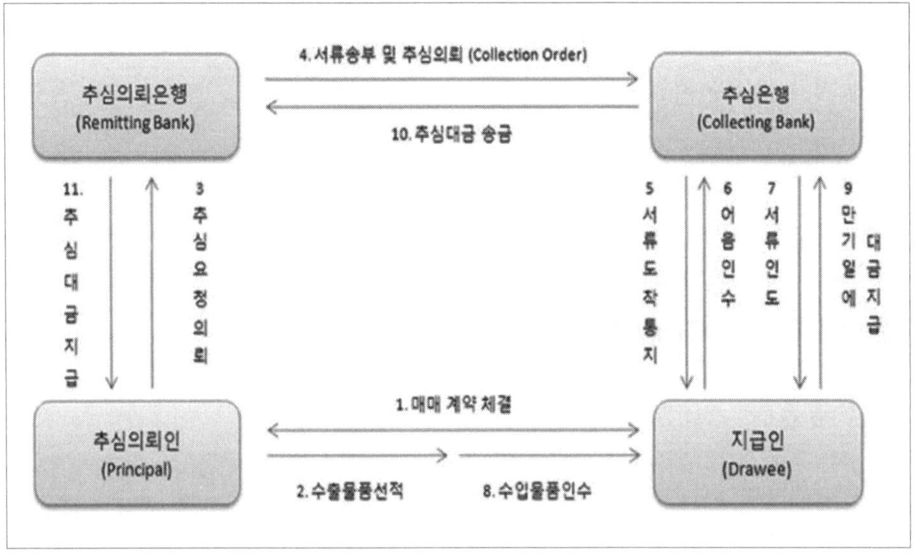

▌그림 6-1▌ 추심결제방식

3) 특수결제방식

(1) 청산계정방식(Open Account)

전형적인 사후송금방식으로서 빈번하게 수출입거래가 이루어지는 수출입자간에 물품의 각 거래전마다 결제하는 것이 아니라 일정한 계산 기간마다

대차잔액을 청산하는 방식이다.

외상거래의 일종이므로 대금회수가 불안하기 때문에 신용관계가 튼튼한 관계일 때 이루어진다.

(2) 국제팩토링방식

팩토링(Factoring)이란 판매자가 구매자에게 물품이나 서비스를 제공함에 따라 발생하는 외상매출채권과 관련 팩토링회사가 판매자를 대신하여 구매자에 관한 신용조사 및 신용위험의 인수(지급보증), 매출채권의 기일관리 및 대금회수 금융의 제공, 기타 회계처리 등의 업무를 대행하는 금융서비스를 말한다.

(3) Forfaiting 방식

현금을 대가로 채권을 포기 또는 약속어음을 이전의 소비자(수출자)에게 수구함이 없이 고정이자율로 할인하는 금융기법을 말한다.

(4) INKASSO 방식

인카소 방식이란 수입상이 서류인수를 하고 또 물품을 확인한 후에야 대금결제가 이루어지는 방식을 말한다. CAD(Cash Against Documents)는 서류를 수입상의 대리인에게 인도해주고 대금결제가 이루어지지만 Inkasso (Incaso) 방식은 서류를 받고나서 물품을 확인하고 나서야 대금결제가 이루어지기 때문에 CAD와 COD(Cash On Delivery)를 혼합한 방식이라고 보면 된다.

(5) UNESCO Coupon 방식

유네스코 쿠폰(UNESCO Coupon)은 '국제연합 교육, 과학, 문화기구'가 연구용 서적이나 과학기재의 국제교역에 있어서 쿠폰을 사용함으로서 신용장 발행 또는 외국환으로 결제하는 번거로움을 제거하고 각국의 연구용 서적 및 과학기자재의 원활한 구입을 도모하여 국제 간의 과학 문화 교류를 증진시키기 위하여 마련된 결제 방식이다.

6. 보험조건

무역거래에서 발생하는 위험은 ① 수입상의 파산이나 일방적인 계약파기 등으로 인한 수출불능 및 대금회수불능 등의 신용위험(Credit Risk), ② 전쟁, 내란, 천재지변, 수입국에서의 수입금지 또는 제한 등과 같은 불가항력적인 사유로 인하여 계약이행이 불가능하게 되거나 대금을 회수할 수 없게 되는 위험인 비상위험(Emergency or Political Risk), ③ 환율변동에 따른 위험인 환위험(Exchange Risk), ④ 계약물품이 수출국에서 수입국으로 운송되는 도중에 해난 기타 사고에 의해 입게 되는 위험인 운송위험(Transportation Risk), ⑤ 기업 활동과정에서 판매예측이 맞지 않거나 또는 경영상의 예측이 어긋남으로써 발생하는 위험인 기업위험(Management Risk)이 있다.

무역거래에 관련되는 상기 위험을 담보하는 보험으로는 해상적하보험과 무역보험이 있다.

해상적하보험은 해상위험을 담보하며 손해보험회사에서 이 보험을 취급하고 있다. 해상적하보험의 종류로는 구적하보험약관인 ICC(FPA), ICC(WA), ICC(All Risks)가 있으며 신적하보험약관으로는 ICC(A), ICC(B), ICC(C)가 있다. 여기에 대해서는 제9장에서 상술하기로 한다.

한편 무역보험은 신용위험, 비상위험, 기업위험 등을 담보하고 있으며, 현재 우리나라는 한국무역보험공사에서 이 보험을 취급하고 있다.

Chapter 07

신용장실무

제1절

신용장의 개요

1. 신용장의 의의

신용장(Letter of Credit : L/C)이란 수입상의 거래은행(개설은행)이 수입상(개설의뢰인)의 요청에 의하여 수출상(수익자) 앞으로 발행하는 보증장으로써 수익자가 신용장에 기재된 조건에 부합되는 서류를 제시(흔히 환어음과 함께)하면 지급을 개설은행이 책임지겠다는 내용으로 되어 있다. 그러므로 신용장은 「개설은행의 조건부 지급약정서」라고 정의할 수 있다.

2. 신용장의 효용

1) 수출상의 이점

첫째, 수출대금의 회수가 보장된다. 수출상이 선적을 마치고 신용장의 제 조건과 일치하는 선적서류 및 환어음을 개설은행에 제시하면 개설은행이 대금지급을 보장해 주는 것이 바로 신용장이기 때문에 수출상의 입장에서 본다면 신용장은 수출대금의 회수를 보장해 주는 것이다.

둘째, 금융상의 편익을 누릴 수 있다. 신용장을 접수한 수출상은 거래은행으로부터 무역금융의 혜택을 볼 수 있으며, 계약물품의 선적과 거의 동시에 수출대금의 전부를 회수할 수 있는 금융상의 편익을 누릴 수 있다.

셋째, 수출의 이행이 보장된다. 취소불능신용장을 접수한 수출상에게는 관련 수출의 이행이 보장되는 이점이 있다. 왜냐하면 취소불능신용장은 수익자인 수출상의 동의가 없으면 그것이 취소될 수 없을 뿐만 아니라 그 내용의 변경도 불가능한 신용장이기 때문이다.

2) 수입상의 이점

첫째, 수입물품을 적기에 저렴한 가격으로 수입할 수 있다. 신용장은 수출상에게 수출대금의 회수를 보장해 주기 때문에 수입상은 무역계약 체결 시에 「신용장에 의한 결제방식」을 채택하는 대신에 가격할인을 요구할 수 있다. 또한 신용장에 명시된 최종선적기일(Latest Shipping Date) 내에 수출상은 선적하여야 하므로 수입상은 적기에 물품을 입수할 수 있다.

둘째, 금융상의 편익을 누릴 수 있다. 「신용장에 의한 결제방식」을 채택하는 경우 수입상은 선적서류와 상환하여 대금결제를 함으로써 선적 시부터 대금지급 시까지 금융상의 편익을 누릴 수 있다. 특히 기한부신용장(Usance Credit)의 경우에는 선적서류를 인수한 후 환어음의 만기일까지 수입대금의 지급이 유예되므로 그 지급유예기간 동안 금융상의 편익을 누릴 수 있다.

비록 수입자금이 없더라도 수입상은 선적서류 내도 시에 개설은행으로부

터 대도(貸渡, Trust Receipt : T/R)[9]에 의하여 선적서류를 인도받아 운송인으로부터 수입물품을 입수한 후 그 물품을 판매하여 수입대금을 결제하는 금융상의 편익을 누릴 수 있다.

3) 은행의 이점

첫째, 개설수수료, 확인수수료, 통지수수료, 매입수수료 등 수수료 취득의 이점이 있다.

둘째, 환가료(Exhange Commssion)의 취득이다. 환가료란 수출환어음을 매입할 때 적용되는 일종의 이자이다. 매입은행은 서류심사가 끝나자마자 수출상에게 자기자금으로 먼저 지급하고 며칠 후 개설은행으로부터 대금을 지급 받는 데 이 기간 동안의 이자를 수출상으로부터 징수하고 있는데 이를 환가료라 한다.

3. 신용장의 특성

1) 독립성

신용장은 매매당사자간의 근거계약(Underlying Contract)이나 기타거래와는 별개의 독립된 거래로 간주하는 신용장거래상의 기본적 원칙이다.

2) 추상성

매매계약서에 언급된 물품이야 어떻던 또 실제로 매수인에게 도착된 물품

9) 대도(貸渡, T/R)는 일람불신용장(Sight L/C)으로 수입한 수입상이 결제자금이 없는 경우 또는 은행의 자금으로 수입하였을 경우, 수입물품에 대한 담보권을 가지고 있는 은행으로부터 관련선적서류를 인도받아 수입화물을 인수하기 위한 제도이다. 이 경우 수입상은 물리적인 지배권을 갖게 되지만, 그 물품에 대한 담보권은 은행이 계속 갖게 된다. 이와 같이 T/R은 개설은행이 수입상에게 금융을 제공하는 제도인 것이다.

이야 어떻게 되었든 간에 은행은 신용장에서 요구하는 서류만을 가지고 대금지급 여부를 판단하는 원칙이다.

3) 엄격일치성

은행에 제시된 서류가 신용장조건의 문언에 합치된 것으로 판명된 서류에 한하여 지급 이행할 수 있다는 원칙이다.

4) 완전 명확성

신용장발행을 위한 지시, 신용장 그 자체, 신용장에 대한 여하한 조건변경, 지시 및 그 조건변경 자체로서 완전하고 정확하지 않으면 안 된다는 원칙이다.

4. 신용장의 당사자

1) 개설의뢰인(Applicant For The Credit)

이는 매매계약에 따라 매도인에게 신용장을 개설해 주어야할 의무가 있는 수입업자로서 화물의 실질적인 수하인이 되고 환어음의 최종적인 결제인이 된다.

2) 수익자(Beneficiary)

이는 매매계약의 다른 한 사람, 즉 매매계약상의 매도인으로서 신용장에 의해 그 혜택(Benefit)을 받는 당사자라 하여 Beneficiary, 즉 수익자라고 불린다. 그러므로 수익자란 개설은행으로부터 신용장을 수취하여 이에 요구된 모든 조건을 일치시키고 서류를 제시함으로써 대금의 결제를 받는 수출상이다.

3) 개설은행(Opening Bank)

개설의뢰인의 지시와 요청에 따라 수출상을 수익자로 하는 신용장을 개설해주는 은행으로서 대금지급에 대해 최종적인 책임을 진다. 발행은행(Issuing Bank)이라고도 하며, 신용장통일규칙에서는 “Issuing Bank”로 표기하고 있다.

4) 통지은행(Advising Bank)

개설은행의 요청에 따라 신용장이 개설된 사실과 그 내용을 수익자에게 통지해 주는 은행이다. 통지은행은 수익자의 소재지인 수출지에 있는 은행이며, 개설은행의 본·지점 또는 환거래은행(Correspondent Bank)이 통지은행으로 특정되는 것이 일반적인 관행이다.

5) 확인은행(Confirming Bank)

확인은행이란 개설은행의 요청에 따라 개설된 신용장의 확인을 행하는 은행을 말한다. 여기서 확인이란 개설은행의 지급·인수·매입의 확약이 성립되어 있는 취소불능신용장에 대하여 개설은행 이외의 다른 은행이 그 신용장에 의거한 지급·인수·매입을 추가적으로 확약하는 것을 말한다.

6) 지급은행(Paying Bank)

지급의 권한이 수권되어 있는 지정은행으로서, 지급방식으로 사용되는 지급신용장(Straight Credit)의 거래에서 개설은행을 대신하여 지급을 행하는 은행이다. 대개 지급은행에는 개설은행의 환계정이 있으므로 지급과 동시에 개설은행 구좌에 차기하게 되고, 이러한 계정이 없어도 지급과 동시에 곧 개설은행으로부터 상환을 받는다.

7) 매입은행(Negotiating Bank)

신용장의 조건과 일치하는 서류가 첨부된 환어음이 제시될 때 개설은행에 의한 최종지급일까지의 이자 및 수수료를 공제하고 할인하여 대금을 미리 융통해 주는 은행이다.

8) 인수은행(Accepting Bank)

은행에 제시되는 어음이 일람불이 아니고 기한부어음일 경우 이러한 기한부 어음을 인수하는 은행을 말한다. 인수은행은 그 어음의 만기일에 가서 지급을 이행할 의무를 지게 되는 은행이다.

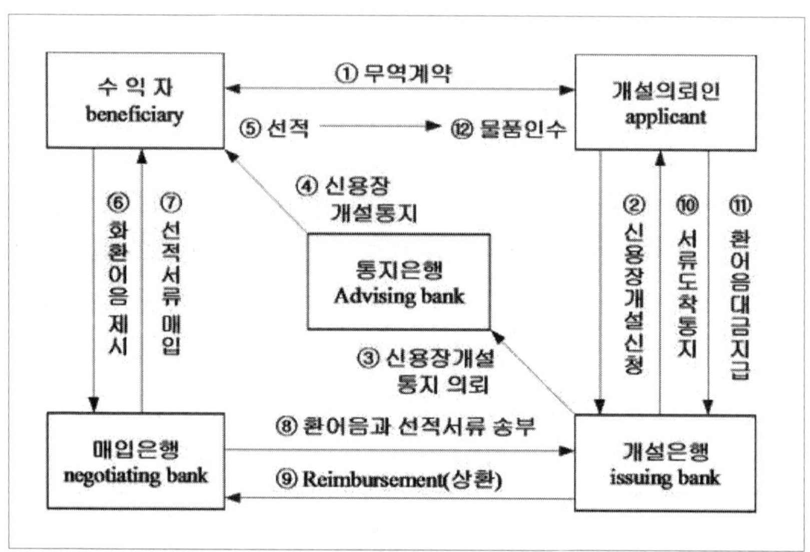

▌그림 7-1▐ 신용장 거래과정

9) 상환은행(Reimbursing Bank)

개설은행과 매입은행이 예치환거래은행이 아니어서 신용장대금의 송금 및 입금이 불가능한 경우 개설은행의 지시에 따라 매입은행의 구좌에 입금을 해

주는 역할을 맡은 은행이다. 일반적으로 신용장의 표시통화가 수출입양국 이외의 제3국의 통화인 경우 개설은행은 제3국에 소재하고 있는 개설은행의 본·지점 또는 예치환거래은행(Depositary Correspondent Bank)을 상환은행으로 지정하며, 이 상환은행을 결제은행(Settling Bank)이라고도 한다.

5. 신용장의 주요내용

1) 개설은행

우편이나 Full Cable로 개설되는 대부분의 신용장은 다음과 같은 문언으로 시작된다. 즉 「We Hereby Open……」, 「We Hereby Establish ……」. 여기서 'We'는 신용장개설은행을 말하며, 다같이 '개설한다'는 뜻을 명백히 하고 있다.

2) 신용장금액

신용장 금액은 「For an Amount of × × ×」, 「Up to an Aggregate of × × ×」와 같이 표기되며, 이 금액은 당해 신용장에 의해 발행되는 어음의 최대한도를 뜻한다.

3) 수익자

수익자는 통상 Beneficiary난을 별도로 두어 수익자명을 적어 넣든가 또는 「We Open Our Irrevocable Credit in Favor of × × ×」로 표시한다.

4) 개설의뢰인

신용장 개설의뢰인의 표시는 「…… in your Favor for Account of × × × Co.」로 표시된다.

5) 환어음의 지급인

지급인의 표시는 「Drwan on × × ×」, 「To Value on × × ×」로 표시된다. 대개는 'on' 다음에 개설은행을 기입하거나 그냥 'On us'라고 표시할 때도 있다.

6) 환어음 만기일의 표시

환어음의 만기일은 「At Sight」, 「At xx Days Sight」로 표시된다.

7) 선적기일과 유효기일

선적기일은 「Shipment Must be Effected on or Before × ×」로 표시되고, 유효기일은 「Drafts Must be Presented for Negotiation Not Later Than × ×」 등으로 표시된다.

8) 선적서류

선적서류는 일반적으로 「Accompanied by The Following Documents」 등으로 표시된다.

☆ Midland Bank plc, Singapore Branch
◐ MID ◑ 21 Collyer Quay #30-06 Singapore 0104
◉ LAND ◉
Date and place:7 September 2014, Singapore(ORIGINAL for BENEFICIARY)

	Credit Number	
IRREVOCABLE DOCUMENTARY CREDIT	of Issuing Bank IC771187	of Advising Bank A8801-712-00872
Advising Bank	**Applicant**	
Korea Commercial Bank Seoul, Korea	Spring Field Co., Ltd. Singapore	
Beneficiary	**Amount**	
☞ Doori Silup Co., Ltd. RM 1502, Haedong Building 21, Bookchang-dong, Chung-ku Seoul, Korea	USD 43,000.00 **Expiry** Date 10 Jan., 2001 in beneficiary's country for negotiation	

Dear Sir(s),
We hereby issue in your favour this documentary credit which is available by negotiation with any bank of your draft at sight drawn on us bearing the clause "Drawn under documentary credit No. IC771187 of Midland Bank plc, Singapore Branch" accompanied by the following documents :-
1) Signed Commercial Invoice in triplicate.
2) Full set of clean ONBOARD ocean Bill of Lading made out to our order marked "Freight Prepaid" and notify applicant.
3) Packing List in duplicate.
4) Insurance Policy or Certificate in negotiable form, in duplicate, endorsed in blank, covering I.C.C(A), Institute War clauses(Cargo) for full invoice value plus 10% with claims payable in Singapore in the currency of the draft.
Evidencing shipment of 5,000 kgs of dried cuttlefish at US$ 8.60/kg CIF Singapore

Shipment from South Korea to Singapore latest 31 Dec., 2014	Partial Shipment not allowed	Transhipment not allowed

Special condition(s) :
- Documents to be presented within 10 days after the date of shipment but within the validity of the credit.
- All banking charges outside Singapore are for account of beneficiary.
- All documents to be sent to us by registered airmail in 2 consecutive lots.
- Proceeds drawn under this credit will be remitted as per instruction of the negotiating bank upon receipt of the documents in compliance with the terms and conditions of the credit.

we hereby engage with drawer and/or bona fide holders that drafts drawn under and negotiated in conformity with the terms and conditions of this credit will be duly honoured on presentation and that drafts accepted within the terms of this credit will be duly honoured at maturity.	Advising Bank's notification

This credit is issued subject to "Uniform Customs and Practice for Documentary Credits", 2007 revision, ICC Publication No.600.

▌그림 7-2▐ 신용장 예시

제2절 신용장의 종류

1. 일반신용장(General Credit)

신용장은 분류방법에 따라 여러 가지로 구분할 수 있다. 무역거래의 결제에 사용되는 신용장을 상업신용장(Commercial Credit)이라 한다. 그리고 신용장에 의하여 발행되는 환어음에 선적서류가 첨부될 것을 요구하면 화환신용장(Documentary L/C), 선적서류의 첨부 없이 환어음만으로 결제되는 무화환신용장(Clean L/C)으로 구분된다. 무역거래에 사용되는 것은 대부분이 화환신용장이며, 무화환신용장은 운임·보험료·수수료 등의 결제에 이용된다.

따라서 신용장이라 하면 일반적으로 상업신용장을 뜻하고, 또한 상업신용장이라 하면 화환신용장을, 그리고 화환신용장이라 하면 다시 상업화환신용장을 뜻하고 있다. 이하에서 상업신용장을 중심으로 신용장을 분류해 보면 다음과 같다.

1) 취소가능 여부에 따라

취소가능신용장(Revocable L/C)과 취소불능신용장(Irrevocable L/C)으로 구분되는 바, 신용장 상에 아무런 명시가 없으면 취소불능신용장으로 간주한다. 취소불능신용장은 수익자, 개설은행, 확인은행(확인신용장의 경우)의 합의가 없으면 취소나 변경이 불가능하다.

2) 타 은행의 확인유무에 따라

확인신용장(Confirmed L/C)이란 개설은행 이외의 제3의 은행이 수익자

가 발행하는 어음의 지급·인수 또는 매입을 확약하고 있는 신용장을 말하며, 이러한 확약이 없는 신용장을 미확인신용장(Unconfirmed L/C)라 한다.

확인신용장은 주로 개설은행의 대외신용도를 수익자가 인정하기 어렵거나, 수입국의 외환사정이 불안정할 때 개설은행과 동일한 지급책임을 부담하는 확인은행을 신용장에 명기하는 방법으로 발행하게 된다.

3) 매입은행의 지정여부에 따라

보통신용장(General or Open L/C)은 수익자가 발행한 어음의 매입을 어느 특정은행으로부터 제한하지 않는 신용장으로서 수익자가 마음대로 매입은행을 정할 수 있다.

특정신용장(Special or Restricted L/C)이란 수익자가 발행한 어음의 매입을 특정은행으로 제한하고 있는 것을 말한다. 예를 들면, 신용장에 "Negotiations under this credit is restricted to xxbank"의 문언이 삽입되어 있다.

4) 매입허용여부에 따라

매입신용장(Negotiation L/C)이란 신용장에 의해서 발행되는 어음이 매입될 것을 전제로 하여 어음발행인은 물론이고, 어음의 배서인(Endorser)이나 어음의 선의의 소지인(Bona-Fide Holder)에게도 지급을 확약하고 있는 신용장을 말한다.

이에 반하여 지급신용장(Straight L/C)은 신용장에 의한 환어음의 매입여부에 대해서는 아무런 명시가 없이 신용장개설은행 또는 그가 지정하는 은행에 환어음을 제시하면 지급하겠다고 확약하고 있는 신용장이다.

5) 결제시기에 따라

일람불신용장(Sight L/C)이라 함은 신용장에 의하여 발행되는 어음이 지급인에게 제시되면 즉시 대금이 지급되는 일람불어음(Sight Draft)인 경우를 말하고, 기한부신용장(Usance L/C)이란 신용장에 의해서 발행되는 어음이 지급인에게 제시된 후 일정한 기간이 경과한 후에 지급받는 기한부어음(Usance or Time Draft)인 경우를 말한다.

6) 상환청구가능여부에 따라

상환청구가능신용장(With Recourse L/C)이란 수익자가 발행한 환어음이 부도(Unpaid)가 났을 때 그 부도어음의 소지인이 그것의 발행인인 수익자에게 상환을 청구할 수 있는 신용장을 말하며, 그렇지 못한 것을 상환청구불능신용장(Without Recourse L/C)라 한다.

그런데 실제로 부도된 환어음의 상환청구가 가능한지의 여부는 각국의 어음법상의 문제이며, 우리나라의 어음법에서는 부도어음의 상환청구권을 인정하고 있으므로[10] 우리나라에서 발행된 환어음이 부도된 경우에는 부도어음의 소지인이 어음발행인에게 당연히 상환청구권을 행사할 수 있다.

7) 양도허용 여부에 따라

양도가능신용장(Transferable L/C)이란 신용장상에 'Transferable'의 명시가 있는 신용장으로서 신용장을 수취한 최초의 수익자가 제3자에게 신용장의 전부 또는 일부를 양도할 수 있도록 허용하고 있는 신용장이다. 신용장의 양도는 1회에 한하며, 분할선적이 허용된 경우 분할양도가 가능하다. 따라서 양수받은 제2수익자는 복수로 존재할 수 있으나 제2수익자가 제3수익자에게 재양도할 수 없다.

8) 기한부어음의 사용방법에 따라

외상신용장은 수출지에서 선적서류를 받는 방법에 따라 연지급신용장(Deferred Payment L/C)과 인수신용장(Acceptance L/C)으로 구분할 수

---

10) 우리나라 어음법 제9조(발행인의 책임) 참조.

있다. 전자는 통상 수출상이 환어음을 발행하지 않으며, 선적서류를 연지급은행에 제시할 때에 연지급은행이 수출상에게 지급확약서를 발행하고 서류를 인수한다. 그러나 후자인 경우에는 수출상이 인수은행을 지급인으로 표시한 인수용 환어음을 발행하고, 인수은행이 인수어음의 뒷면에 인수표시를 하는 경우를 말하며 수출상은 환어음의 만기일이 도래하기 전에 인수 표시된 기한부어음을 타 은행에 제시하여 할인매입을 하는 것이 가능하다.

2. 특수신용장(Special Credit)

1) 구상무역 신용장

(1) Back to Back L/C

한 나라에서 일정액의 수입신용장을 발행할 경우 그 신용장은 수출국에서 동액의 수출신용장을 개설하고 오는 경우에만 유효하다는 조선이 붙이있는 신용장이다.

(2) Escrow L/C

수입상이 수입신용장 개설 시에 신용장의 한 조건으로 그 신용장에 의해 발행되는 어음의 매입대금은 수익자에게 지급되지 않고 수익자 명의의 기탁계정(Escrow Account)에 기탁하여 두었다가 그 수익자가 원신용장개설국으로부터 수입하는 상품의 대금결제에만 사용하도록 규정한 신용장을 말한다.

(3) Tomas L/C

수출입 양측이 서로 동액의 신용장을 개설하는 데, 한 쪽은 먼저 신용장을 개설하고 상대측은 동액만큼 일정기간 후에 신용장을 개설하겠다는 보증서를 발행하는 것을 상대방으로부터 받은 신용장의 발효조건으로 하는 신용장이다.

2) 보증신용장

보증신용장(Stand-by L/C)이란 통상적인 수출입대금의 결제를 목적으로 하는 신용장이 아니고 금융이나 보증을 위하여 발행되는 특수한 조건의 무화환신용장이다.

예를 들면 우리나라의 미국지사가 현지의 외국은행에서 운영자금의 융자를 받거나 우리나라로부터 수입하기 위하여 수입신용장을 개설할 경우, 또는 현지에서 입찰보증(Bid Bond)이나 계약이행보증(Performance Bond) 등이 필요한 경우, 서울 본사에서 거래은행에 의뢰하여 미국지사가 거래하는 은행 앞으로 그 은행을 수익자로 하는 Stand-by L/C를 개설하게 된다. 그러면 이 Stand-by L/C를 받은 은행은 그것을 곧바로 이용하는 것이 아니고 그것을 담보로 하여 신용장개설, 융자 등을 해준다.

3) 전대신용장

전대신용장(Red Clause L/C)이란 수출상이 수출에 따른 수출물품의 생산·가공·집하·선적 등에 필요한 자금을 수입상이 미리 융통해 주기 위해서 선적 전에 매입은행으로 하여금 일정한 조건하에 신용장금액의 일부를 수익자 앞으로 전대하여 줄 것을 허용하고 있는 신용장이다.

이 신용장은 수출전대를 허용하고 있는 문언이 일반적으로 적색으로 인쇄되어 있기 때문에 Red Clause L/C라고 하며, 또한 수입상의 구매대리인(Beneficiary)이 여러 군데에서 상품을 구입하여 이들을 합쳐 포장해서 수입상에게 선적한다하여 Packing Credit이라고도 한다.

4) 회전신용장

회전신용장(Revolving L/C)이란 동일한 거래처와 동일한 물품을 계속적으로 거래할 경우 거래할 때마다 매번 신용장을 개설하려면 개설의뢰인측은 많은 시간과 비용이 들게 되며, 또한 거래예상액 전액을 한꺼번에 개설한다면 너무 과중한 자금 부담이 생기므로 이런 경우 일정한 기간 동안 일정한

금액의 범위 내에서 신용장금액이 자동적으로 갱신되는 신용장을 말하는데, 이를 Self-Continuing L/C라 한다.

그런데 이 신용장이 실제로 갱신되는 데에는 누적적 방법(Cumulative Method)과 비누적적 방법(Non-Cumulative Method)이 있는 데, 전자는 갱신될 때 미사용 잔액이 있으면 그 잔액이 그대로 누적되는 방식이고, 후자는 그 잔액이 누적되지 않는 방식이다.

5) 내국신용장

내국신용장(Local L/C)은 수출상이 수출국내에서 수출물품 또는 수출용 원자재를 구매하기 위하여 자기가 외국으로부터 접수한 원신용장(Master or Original L/C)을 담보로 하여 또는 D/P나 D/A수출계약서를 근거로 하여 수출국내의 외국환은행에 의뢰하여 개설되는 신용장을 말한다.

내국신용장의 수익자는 수출상에게 수출물품 또는 수출용 원자재를 공급하는 자이며, 표시통화는 수출국의 통화이고, 개설의뢰인은 수출국내에서 수출물품 또는 수출용 원자재를 구매하려고 하는 수출상이며, 개설은행은 수출국내에 있는 수출상의 거래은행이다.

제3절 화환신용장통일규칙

1. 화환신용장통일규칙의 의의

신용장통일규칙(Uniform Customs and Practice for Documentary Credits)이란 신용장업무를 취급할 때 지켜야 할 제반사항 및 해석의 기준을 규정한 국제규약이다. 1933년 Wien에서 개최된 제7차 국제상업회의소(I.C.C.)에서 처음으로 신용장통일규칙이 제정되었으며, 그 후 1951년 제1차 개정, 1962년 제2차 개정, 1974년 제3차 개정, 1983년 제4차 개정, 1993년 제5차 개정을 거쳐 현재 사용하고 있는 것은 제6차 개정(2007년 개정)으로서 2008년 1월1일부터 시행되었다.

이 통일규칙은 민간단체인 I.C.C.가 정한 규칙에 불과하므로 이 규칙 자체가 법률적인 구속력이 있는 것은 아니고 다만 I.C.C.는 각국의 은행이 이 규칙을 채택하도록 권고하는 입장에 있다. 그러나 다행히 대부분의 국가에서 이 규칙을 채택하고 있으며 우리나라는 전체 은행이 이 규칙을 채택하는 단체채택방법을 취하고 있다. 따라서 신용장에는 당해거래에서 야기되는 모든 문제는 2007년에 개정된 신용장통일규칙에 의거한다는 내용의 문언이 다음과 같이 인쇄되어 있다.

> Unless otherwise expressly stated herein, this credit is subject to the "Uniform Customs and Practice for Documentary Credits(2007 Revision), International Chamber of Commerce, Publication No. 600."

2. 제6차 화환신용장통일규칙

제6차 개정 화환신용장통일규칙의 주요 개정내용을 제5차 화환신용장통일규칙과 비교하여 정리하면 다음과 같다.

1) 주요 개정내용

첫째, 조문을 기존의 49조에서 39개조로 통폐합하여 대폭 단축하였다.

둘째, UCP가 임의규칙이란 의미를 더욱 분명히 하기 위하여 종전의 "화

환신용장을 위한 통일관습 및 관례"란 표현을 그대로 존치하되, 당사자가 준거문언을 둔 경우에만 적용된다는 것을 더욱 분명히 하기 위하여 규칙을 의미하는 'Rules'란 표현을 제 1조에 명시적으로 추가로 삽입하였다.

셋째, 종전의 제 2조에서 신용장의 사용방법을 지급, 환어음의 인수, 매입으로 규정하고 있던 것을 일람지급, 연지급, 환어음의 인수 및 매입으로 나누되, 일람지급, 연지급, 환어음의 인수를 모두 포함하는 상위의 새로운 개념으로 'Honour'란 용어를 새롭게 정의하여 채택하였다.

넷째, 기존의 매입의 정의를 '환어음의 가액을 공여'란 표현을 '환어음 및 선적서류를 사는 것'이라고 명시함으로써 매입은행이 수익자에게 매입대전을 제공하는 것이 신용장의 대금의 지급이 아닌 일종의 여신의 제공임을 더욱 분명히 하였다. 즉, 매입은행이 개설은행으로부터 신용장의 대금의 지급을 받기 이전에는 신용장의 거래가 끝난 것이 아님을 더욱 분명히 한 것이다.

다섯째, 내용이 불분명하여 논란의 여지가 있는 다음의 표현을 삭제하였다.

- 합리적인 주의를 기울여(Take Reasonable Care)
- 합리적인 기간 동안(Within Reasonable Time)
- 지체 없이(Without Delay)

2) 세부 개정내용

(1) 기간 계산표현의 변경

선적기간과 관련해 'To', 'Until', 'Till', 'From'이 사용된 경우에는 언급된 일자를 기간 계산에 포함시키고 'After'가 사용된 경우에는 언급된 일자를 기간 계산에 포함시키지 않도록 규정하고 있었으나 이를 변경하여 'After'는 물론 'From'도 언급된 일자를 제외하도록 변경하였다(UCP 600 제3조).

(2) 제2의 통지은행을 새롭게 규정하였음

통지은행이 신용장을 수익자에게 통지하거나 이미 통지를 행한 신용장의 조건변경을 위하여 다른 은행의 서비스를 이용하는 경우에, 다른 은행인 제2의 통지은행을 통하여도 신용장을 통지하거나 조건변경의 통지를 할 수 있도록 허용하였다. 이러한 경우에 제2의 통지은행도, 제1의 통지은행과 마찬가지의 의무를 갖는 것으로 규정하였다. 즉 제2의 통지은행은 신용장을 통지할 때 신용장의 외견상 진정성을 확보하기 위하여 합리적인 주의를 기울여야 한다(UCP 600 제9조).

(3) 지정은행의 서류발송의무를 신설함

종전의 조항에는 없던 지정은행의 서류발송의무를 새롭게 규정하였다. 즉, "지정은행이 서류의 제시가 신용장의 조건과 일치한다고 결정하고 지급이나 인수를 하거나(Honor) 혹은 매입을 하는 경우에는 당 지정은행은 확인은행이나 개설은행으로 선적서류를 반드시 발송하여야 한다."는 조항을 신설하였다.

(4) 취소가능신용장 삭제

실무적으로 취소가능신용장은 거의 의미를 갖지 못하는 것이 국제적인 상관습이었다. 따라서 취소가능의 언급과는 무관하게 신용장은 모두 취소불능으로 간주되도록 변경되었다. 그러나 극히 예외적으로 러시아, 오만, 볼리비아 등의 국가에서는 강행규정으로 "신용장의 취소 가능 여부에 대해 아무런 언급이 없으면 취소가능신용장으로 간주한다."고 강행법적으로 규정하고 있으므로 이러한 국가에서는 여전히 취소가능신용장이 존재할 수도 있다는 사실에 유의해야 한다.

(5) 문면상이란 표현의 축소적용

종전의 UCP500의 많은 조항에 산재하던 "문면상"이란 표현인, 'On Its Face'나 'On Their Face'란 표현을, 오직 선적서류심사기준인 제14조에서만 남겨두고 제14조를 제외한 모든 조항에서는 삭제했다.

(6) 연지급신용장에도 할인 허용규정 신설

'환어음이 발행되지 않는 연지급신용장에 따라 수익자가 제시한 서류를 지정받은 은행(Nominated Bank)이 할인해 신용장 대금을 지급할 수 있다'는 규정이 신설되었다. 이 규정은 우리나라 은행들도 강력하게 요구했던 내용으로 즉, 연지급은행도 만기 이전에 선지급이나 구매를 할 수 있도록 허용하는 것이다.

(7) 선적서류 심사기간의 단축

개설은행과 지정은행의 서류 심사 최대 기간이 서류 접수 다음 날을 기산일로 하여, 종전의 7영업일에서 5영업일로 단축되었다. 특히 화환신용장의 선적서류검토기간도 단축이 되는 것이 일반적이며, 특히 무화환신용장인 Standby L/C는 단순한 채무불이행을 심사하는 것에 불과한 것이므로 불과 수 시간 이면 검토가 충분한 것이 현실임을 반영한 것이다. 또한 'Reasonable Time'이란 용어를 신용장통일규칙에서 삭제하였나. 또한 개설은행과 확인은행은 서류검토를 위해 5영업일이 주어지지만(UCP 600 제14조) 개정 UCP600의 제15조에서는 개설은행 또는 확인은행이 제시가 일치한다고 결정하였을 때는 대금을 지급해야 한다고 규정하고 있다.

(8) 일치성 기준 명확화

수익자가 제시한 선적서류의 내용이 이른바 경상(鏡像)의 법칙(Mirror Image Rule)과 같이 모든 선적서류가 똑 같이 일치하여야 하는 것은 아니며 제시된 선적서류 상호간에 서로 모순되지만 않으면 신용장에 일치한 서류를 제시한 것으로 간주한다고 제14조 d항은 규정하고 있는 바, 이는 ISBP 24항과 62항, 대부분의 국가의 국제분쟁관련 소송의 판례 및 중국 최고인민법원 신용장 분쟁을 반영한 규정이다.

(9) 서류와 무관한 조건의 무시

신용장의 조건은 추상성에 따라 오직 서류만을 근거로 지급을 검토하는 것이므로, 서류와의 관련성을 찾을 수 없는 조건은 무시하도록 규정하였다. 즉, 모든 신용장의 조건은 오직 서류로만 언급명시를 하여야 하며, 특히 실무적으로는 서류의 발행자를 명시하는 것이 가장 중요하다. 은행은 물론 서류와 무관한 조건이 신용장에 명시된 경우에도 이를 무시한다.

(10) 수하인과 착하통지처상의 개설의뢰인의 주소

운송 서류상에 기재된 수하인(Consignee)과 착하통지처(Notify Party)의 개설의뢰인의 주소는 신용장의 것과 일치해야 하지만 신용장이 아닌 기타의 경우에는 주소가 동일 국가 내의 것이면 신용장의 주소와 반드시 일치해야 할 필요는 없다. 수익자와 개설의뢰인의 연락처와 관련된 사항(전화번호, 텔렉스 번호, 이메일 주소 등)은 무시한다(UCP 600 제14조).

(11) 제3자 서류의 인정 범위 확대

UCP500에서는 운송증권 상의 송하인과 수익자의 이름이 다른 이른바 제3자 발행선하증권에서만 허용하던 것을 송하인명이 기재되는 모든 선적서류상의 송하인과 수익자가 다른 것을 허용하는 것으로 그 인정 범위를 확대하였다.

(12) 지급거절 통지횟수 제한 및 하자서류의 반송권한

종전에는 지급거절의 통지의 횟수에 대한 명시가 없고 단지 "은행 또는 수익자에게" 통지한다고만 규정하던 것을 "지정을 근거하여 행동하는 지정은행, 만약 있다면 확인은행 또는 개설은행은 지급 및 인수(Honour)나 매입을 거절하는 경우에는 그러한 취지를(to the Effect) 한 번만(a Single Notice) 통지하여야만 한다(Must). 또한 하자서류를 보관중이라고 통지한 이후에는 언제라도 선적서류를 반송할 수 있다."는 조항을 신설하였다. 따라서 첫번째의 지급거절 통지만 유효한 것으로 인정되고 그 이후의 것은 무시된다.

(13) 출발지와 목적지의 용어의 변경

UCP500에서 “적재항, 적재공항, 적재장소”에서 “양륙항, 양륙공항, 양륙지”까지로 규정하고 있던 내용을 UCP600에서는 “발송, 수탁, 선적지”에서 “최종목적지”까지로 변경하였다.

(14) 선적일자를 명문화

International Standard Banking Practice 78항을 반영, 선적선하증권에서 선하증권의 발행일자와 본선적재부기일자가 다른 경우 본선적재부기일자를 선적일자로 간주한다.

(15) 신용장에 명시된 선적항이 선하증권 수탁지란에 기재된 경우

신용장에 명시된 선적항이 선하증권 수탁지란에 기재된 경우 신용장에서 명시한 선적항에서 선적되었다는 본선적재부기와 적재 선박명이 기재되었다면 수리될 수 있는 것으로 개정되었다.

(16) 용선계약 선하증권 상의 도착항 변경

신용장상에서 도착항을 특정 지리적 지역, 몇 개의 항구로 정한 경우에 도착항을 특정 항구로 기재하지 않고, 특정 지리적 지역이나 몇 개의 항구로 기재하는 것도 허용하도록 변경되었다.

(17) 임의적인 무고장 문언

운송서류의 무고장 문언을 의미하는 ‘Clean’이란 문언이 필수적으로 기재될 필요는 없다는 문언을 기재하였다. 따라서 ‘Clean’이란 문언의 기재여부는 임의사항이 되었다.

(18) 운임선지급표현

운임선지급과 관련하여 오직 ‘Prepaid’와 ‘Prepaid’만을 명시적인 선지급을 허용하고 기타의 표현은 선 지급을 허용하지 않는 것으로 명시하고 있던 규정에서 'Freight Prepay Able'과 'Freight to be Paid'는 선지급을 명시하는 것으로 될 수 없다는 표현을 삭제하였다. 따라서 운임의 선지급을 의미하는 다양한 표현이 허용되게 되었다.

(19) 보험서류 발행자확대(수임자), 보험부보금액의 명시, 보험담보구간

보험서류 발행자 자격에 대리인과 유사한 수임자(Proxy)를 추가하였다. 특정사항에 대하여서만 본인을 대리하는 수임자를 포함하였다. 즉, 종전의 보험자, 보험업자, 또는 이들의 대리인이외에도 수임자도 보험서류를 발행하고 서명할 수 있는 권한을 갖는 것으로 하였다.

또한 기존에는 "보험서류는 신용장상의 통화와 동일하여야 한다."라고만 규정하던 조항에서 더 나아가 '보험서류에는 보험부보의 금액을 표시하도록' 새롭게 추가적으로 규정하였다.

그리고 보험서류에는 보험자의 위험담보구간을 "최소한 보험서류의 담보구간은 신용장에 명시된 수탁 혹은 선적지에서 양륙 혹은 최종목적지까지 이어야 한다."고 추가적으로 규정하였다.

3. 전자적 제시를 위한 화환신용장통일규칙 및 관례에 관한 새로운 추록(-UCP)

1) 제정배경 및 주요내용

오늘날 무역대금 결제수단으로서의 신용장은 국제매매 당사자 간에 은행으로 하여금 대금지급확약기능과 금융기능을 수행하게 함으로써 국제무역거래를 원활히 수행하는데 크게 이바지하고 있다. 신용장은 오랜 역사를 가지고 사용되어 왔으나 국가마다 다른 상관습과 제도로 인하여 상거래 상 혼란과 분쟁이 끊임없이 야기되어 왔다.

이에 각국의 은행들과 무역업자들은 국제적으로 통일성을 갖춘 신용장통

일규칙의 출현을 갈망하게 되었으며 이에 따라 국제상업회의소(ICC)는 1933년 이른바 오늘날의 "화환신용장통일규칙 및 관례"(Uniform Customs and Practice for Documentary Credits: UCP)를 제정하게 되었다. 그동안 UCP는 무역관습의 변화에 부응하기 위해 1951년, 1962년, 1974년, 1983년, 1993년에 각각 약 10년을 주기로 개정되었고 또다시 2007년 국제상업회의소 간행물번호 600(UCP 600)에 의하여 여섯 번째로 개정하여 현재까지 적용되고 있다.

특히 1993년에 제정된 UCP 500은 현재 신용장의 준거와 해석기준으로 무역계에 널리 사용되고 있으나 정보통신기술의 발달과 전자상거래의 확산으로 국제무역거래에서도 전자무역거래시대가 도래하게 됨에 따라 2000년 5월 24일 파리에서 개최된 국제상업회의소 은행기술실무위원회(은행위원회)에서는 UCP 500과 종이신용장에 상응하는 전자적 자료처리에 있어 가교역할이 필요함을 확인하고 기술적 변화들을 수용한 UCP를 보완하여야 할 필요성이 제기되었다. 국제상업회의소는 관련분야의 전문가로 구성된 작업반 구성하고 그간 각국 국내위원회의 의견들을 참조하여 18개월에 걸친 작업반의 집중적인 노력의 결과 전자적 제시를 위한 화환신용장통일규칙 및 관례의 새로운 추록 즉, "eUCP"를 제정하게 되었으며, 2002년 4월부터 범세계적으로 적용되고 있다.

이러한 eUCP는 UCP의 개정이 아니고 UCP의 추록으로 UCP와 함께 사용되면서 신용장거래에서 종이문서에 상응하는 전자적 제시를 위하여 필요한 규칙들을 제공하고 있다. eUCP는 완전히 전자적으로 제시하거나 또는 종이문서와 전자적 제시를 혼용할 수 있도록 하고 있다. 비록 관행이 발전되고 있다할지라도 전적으로 전자적 제시만을 제공하는 것은 현재로서는 비현실적이며, 더욱이 완전한 전자적 제시로의 변화를 촉진시킬 수도 없는 현실을 고려하여 eUCP는 기술발전에 따라 개정 버전이 나올 수 있도록 하고 있다.

2) eUCP의 적용

신용장이 전자문서 또는 종이와 전자문서를 혼용하는 것을 허용하도록 하기 위해서는 eUCP를 신용장 본문에 명시적으로 삽입하여야 한다.

eUCP 제정으로 지금까지 종이문서를 기반으로 하는 신용장거래가 전자상거래 시대의 전자무역거래에 부응할 수 있도록 전자문서 등 전자적 제시를 통하여 무역대금결제가 이루어지게 되는 획기적인 전기를 마련하게 되었다.

3) eUCP의 주요내용

(1) 전자적 제시를 위한 화환신용장통일규칙 및 관례의 추록(eUCP)은 전자기록 자체의 또는 종이문서와 결합된 제시에 적용할 목적으로 화환신용장통일규칙 및 관례(1993년 개정 국제상업회의소 간행물번호 500)(UCP)를 보충하도록 하고 있다.

(2) eUCP는 신용장이 eUCP에 따른다는 명시가 있는 경우 UCP의 추록으로 적용하기 때문에 eUCP 버전(현재 1.0)을 반드시 명시하여야 한다. eUCP에 준거하는 신용장은 UCP의 적용을 명시하지 아니하더라도 UCP를 적용할 수 있다. 다만 eUCP가 적용되는 경우, 그 조항은 UCP의 적용 조항에 우선하여 적용된다.

(3) 현재 UCP에 사용되는 용어에서 eUCP 신용장에 적용하기 위하여 문서, 전자기록, 전자기록의 제시장소, 전자주소, 전자서명, 포맷 및 수신에 대한 의미를 정의하고 있다.

(4) eUCP 신용장이 제시를 허용함에 있어 전자기록은 전자기록의 제시장소를 또한 종이문서는 종이문서의 제시장소를 명시하도록 하고 있다.

(5) eUCP 신용장하에서 전자기록의 제시 및 종이문서의 제시는 제시되어지는 eUCP 신용장과의 동일성을 반드시 확인하여야 하며 이와 같은 동일성 확인을 하지 아니한 제시는 수신되지 아니한 것으로 취급된다.

(6) 은행이 영업을 하고 있으나 약정된 유효기일 또는 제시되어야 할 최종일에 전송된 전자기록을 은행의 시스템에서 수신 할 수 없을 경우, 은행은 영업이 종료된 것으로 간주하며 전자기록을 수신할 수 있는 다음 첫 은행영업일까지 연장된다. 또한 인증될 수 없는 전자기록은 제시가 완료되지 아니한 것으로 간주된다.

(7) 전자기록이 외부의 시스템에 하이퍼링크(hyperlink)를 포함하거나 또는 전자기록이 외부시스템을 참조하여 심사되어질 경우 하이퍼링크에 있는 전자기록 또는 관련시스템은 심사가 이루어진 전자기록으로 간주된다.

(8) 서류심사기간은 수익자의 완전한 통지가 수신된 은행영업일의 다음날 은행영업일에 개시된다. 발행은행, 확인은행 등 지정은행이 전자적 제시에 대한 거절통지를 행한 경우 발신된 거절통지일자로부터 30일 이내에 거절통지의 당사자로부터 회신 받지 못하는 경우 문서제공자에게 반송하지 아니 하고 모든 종이문서를 반송할 수 있고 아무런 책임 없이 적절하다고 간주되는 방법으로 전자기록을 처분 할 수 있다.

(9) 전자기록의 하나 또는 그 이상의 원본과 사본의 제시를 요구하더라도 eUCP 신용장의 모든 요구는 하나의 전자기록 제시로 충족될 수 있도록 하고 있다.

(10) 전자기록이 특정한 발행일자가 없으면 송신일자는 발행일자로 간주되며 수신일자는 다른 어떠한 일자가 분명하지 않으면 송신일자로 간주된다.

(11) 운송을 명시하고 있는 전자기록이 선적 또는 발송 일자를 명시하고 있지 아니할 경우, 전자기록의 발행일자는 선적 또는 발송 일자로 간주된다.

(12) 발행은행, 확인은행 등이 수신한 전자기록이 변형될 경우에는 은행은 제시자에게 그 전자기록의 재 제시를 요구할 수 있다.

(13) 은행은 전자기록의 외관상 진정성을 점검함으로써 전자기록에 대한 송신자의 신원, 정보의 출처, 또는 문자에 대하여 아무런 의무를 부담하지 아니하도록 면책규정을 설정하고 있다.

제4절 신용장 관련서류

1. 서류의 개요

1) 서류의 중요성

신용장은 독립성과 추상성에 의거한 서류상의 거래이므로 매입은행 및 개설은행은 수익자가 제시한 서류의 심사만으로 신용장대금의 지급여부를 결정하게 된다.

2) 서류의 종류

신용장과 관련한 서류는 크게 나누어 기본서류와 부속서류로 구분되는 바, 기본서류는 화환신용장의 경우 어떠한 종류의 신용장이든 필수적으로 요구하는 서류를 말하며 일반적으로 가격조건이 FOB, FCA, FAS, CFR, CPT 등일 때는 환어음, 상업송장, 운송서류가 이에 해당하고 가격조건이 CIF, CIP 등일 때는 상기서류 이외에 보험서류가 추가된다.

부속서류는 상기서류 이외에 신용장관련 기타 서류 즉, 포장명세서, 원산지증명서, 영사송장, 세관송장, 검사증명서, 용적·중량증명서 등이 이에 해당되는 데, 일반적으로 부속서류는 신용장상에 명문규정으로 특별히 요구하고 있을 경우에 한하여 해당서류를 갖추면 된다.

2. 기본서류

1) 환어음(Bill of Exchange : Draft)

(1) 환어음의 개념

환어음이란 채권을 갖고 있는 채권자가 채무를 지고 있는 채무자에게 "특정의 지급기일에 일정한 금액을 자기 또는 제3자에게 무조건으로 지급할 것"을 위탁한 유가증권으로서 일종의 지급지시서(Payment Order)이다.

(2) 환어음의 당사자

환어음의 기본적 당사자는 발행인, 지급인, 수취인의 3자이다.

① 발행인(Drawer)

발행인은 환어음을 발행하고 그 어음에 서명하는 자이며, 수출상과 같은 채권자가 발행한다.

② 지급인(Drawee)

지급인은 환어음에 명시된 일정한 금액, 즉 환어음금액을 그 어음의 지급기일(만기일)에 수취인이나 그의 지시인에게 지급할 것을 위탁받은 자이다. D/P 또는 D/A거래에서는 수입상이 지급인이 되며, L/C거래에서는 은행이 지급인이 된다. 즉, 화환신용장에 의거하여 수출상이 발행하는 환어음의 경우에는 1993년 신용장통일규칙이 개정(제5차 개정)된 이후부터는 개설의뢰인은 지급인이 될 수 없으며 은행(개설은행 또는 개설은행의 환거래은행)만 지급인이 될 수 있다.[11]

---

11) 신용장 통일규칙 제9조 a항 후단 :
"A credit should not be issued available by Draft(s) on the Applicant."

③ **수취인(Payee)**

수취인은 환어음금액의 지급을 받을 자 또는 「지급을 받을 자」를 지시한 자이다. 수취인은 개설은행의 거래은행 즉, 매입은행이 되는 것이 일반적이다.

(3) 환어음의 종류

① **일람불어음**

일람불어음(Sight Bill)은 그것이 지급인(Drawee)에게 제시되는 날이 만기일인 환어음이다. 이 어음의 만기는 “At Sight”라는 문언으로 어음의 문면에 표시된다.

② **기한부어음**

환어음 발행 후 일정기간이 경과한 후 지급되는 환어음이다. 기한부어음은 어음이 지급인에게 제시된 날로부터 일정한 기간이 지난 후에 만기가 되는 일람후정기출급(어음에 At 30 Days After Sight로 표시)과 어음이 발행된 후 일정기간이 지난 후 어음금액이 지급되는 일부 정기출급(어음에 At 30 Days After Date로 표시) 등이 있다.

BILL OF EXCHANGE

Seoul, Korea

No ①

② July 23, 2014

AT ③ 60 DAYS AFTER SIGHT OF THIS ORIGINAL BILL OF EXCHANGE (DUPLICATE UNPAID)

PAY TO THE ORDER OF ······································④ Korea Exchange BANK

························· ⑤ US$ 11, 190.-

THE SUM OF ⑥ SAY US DOLLARS ELEVEN THOUSAND ONE HUNDRED AND NINETY ONLY

VALUE RECEIVED AND CHARGE THE SAME TO ACCOUNT OF ⑦ *OKAMOTO IND. INC. 3-27-12 HONGO BUNKYO - KU TOKYO JAPAN*

DRAWN UNDER LETTER OF CREDIT NO	DATED	ISSUED BY
⑧ *LC 032/904901*	⑨ *JAN. 7, 2014*	⑩ *THE FUJI BANK LTD. TOKYO JAPAN*

TO ⑪ THE FUJI BANK LTD
NEW YORK BRANCH
NEW YORK N. Y. USA. ⑫ ______________________________

외양 32A-1 외국환어음 (210×100) 2매1조 백상지 100g/m2 ('94.7 개정)

▍그림 7-3 ▍ 환어음 예시

2) 상업송장(Commercial Invoice)

상업송장은 수출물품의 선적을 마친 수출상이 수입상 앞으로 작성·발행하는 물품대금의 청구서이자 선적물품에 관한 명세서이다.

수출상측에서 본다면 상업송장은 수출대금의 회수에 필요한 주요서류일 뿐만 아니라 수출통관의 수속에 필요한 서류이다. 한편 수입상측에서 본다면 상업송장은 수입물품에 관한 명세서이며, 수입통관을 위한 필수적인 서류이다.

3) 운송서류(Transportation Documents)

운송서류란 운송할 물품의 적재, 발송, 복합운송을 위한 수탁 등을 증명하는 서류로서 선하증권(Bill of Lading : B/L), 항공화물운송장(Airwaybill : AWB) 등이 있다.

4) 보험증권(Insurance Policy)

보험증권이란 보험계약의 성립과 그 내용을 증명하기 위하여 계약의 내용을 기재하고 보험자가 기명날인 또는 서명하여 보험계약자에게 교부하는 증서를 말한다. 이러한 보험 증권은 Incoterms 2010의 CIF, CIP 조건 등에 한하여 대금결제를 위한 기본서류이다.

① SELLER DAESUNG INDUSTRIAL CO., LTD. Manufactures, Exporters & Importers 146-1, SOOSONG-DONG, CHONGRO-KU C.P.O. BOX 7917, SEOUL, KOREA	⑦ INVOICE NO. AND DATE DS - 960123 JULY. 20,2014 ⑧ L/C NO. AND DATE LC0232/904901 JAN. 7, 2014
② CONSIGNEE TO ORDER OF THE FUJI BANK LTD. TOKYO	⑨ BUYER (IF OTHER THAN CONSIGNEE) OKAMOTO INDUSTRIES INC. 3-27-12 HONHGO BUNKYO-KU TOKYO, JAPAN
③ DEPARTURE DATE JULY. 20, 2014	⑩ OTHER REFERENCES AS Per P/O No. DIC-96-007 DATED MAY. 30, 2014
④ VESSEL/FLIGHT BROWN 709E ⑤ FROM BUSAN, KOREA ⑥ TO YOKOHAMA, JAPAN	⑪ TERMS OF DELIVERY AND PAYMENT CIF YOKOHAMA, JAPAN AT 60 DAYS AFTER SIGHT

⑫ SHIPPING MARKS	⑬ NO. & KIND OF PKGS	⑭ GOODS DESCRIPTION	⑮ QUANTITY	⑯ UNIT PRICE	⑰ AMOUNT
C/NO. 1-1-300		AUTOMOBILE TUBES			
ITEM : AUTO TUBE					
SIZE :	SIZE	VALVE			
Q'TY :	550-13	TR13	2,100PCS	@US$1.80	US$3,780.00
	600-14	TR13	3,900PCS	1.90	7,410.00
TOTAL :			6,000PCS		US$11,190.00

****

C.P.O. Box : 7917 SEOUL Cable Adress : FONECA SEOUL Telex Code : DESCO K24416 Telephone No. : 735/5671 733/8194	⑱ SIGNED BY

▌그림 7-4▌ 상업송장 예시

SHIPPER *DAESUNG INDUSTRIAL CO., LTD. C.P.O. BOX 7917, SEOUL, KOREA*	B/L NO. **WINNERS MARINE S.A**
CONSIGNEE *TO ORDER OF THE FUJI BANK LTD. TOKYO*	② RECEIVED IN APPARENT GOOD ORDER AND CONDITION UNLESS OTHERWISE STATED HEREIN, THE TOTAL NUMBERS OR QUANTITY OF CONTAINERS OR PACKAGES OR UNITS ENUMERATED BELOW FOR TRANSPORTATION FROM THE PORT OF LOADING TO THE FINAL DESTINATION SUBJECT TO THE TERMS THEREOF
NOTIFY PARTY *OKAMOTO INDUSTRIES INC. 3-27-12 HONGO BUNKYO-KU TOKYO, JAPAN*	
① PLACE OF RECEIPT / PORT OF LADING *BUSAN, KOREA*	(SEE TERMS OF CARRIAGE AND OTHER TERMS ON REVERSE)

OCEAN VESSEL	VOYAGE NO.	PORT OF DISCHARGE	FINAL DESTINATION
BROWN	*709E*	*YOKOHAMA JAPAN*	

CONTAINER NO.	SEAL NO. MARKS & NOS	DESCRIPTION OF GOODS	G R O S S WEIGHT	MEASUREMENT
③ *C/NO. 1-1-300*		*6,000 PCS OF AUTOMOCILE TUBES*	*1,750KGS*	*15.3CBM*

ITEM : AUTO TUBE
SIZE :
Q'TY :

" FREIGHT PREPAID "
" L/C NO. : LC 0232 / 904901 "

KMTU9037689 / 23578

//

TORAL NUMBER OF CONTAINERS
OR PACKAGES (IN WORDS)

FREIGHT & CHARGE	REVENUE TONS	RATE	PER	PREPAID	COLLECT

④ FREIGHT PREPAID AT	⑤ FREIGHT PAYABLE AT	⑥ PLACE OF ISSUE
TOTAL PREPAID	NO. OF ORIGINAL B/L	⑦ DATE OF ISSUE

LADEN ON BOARD THE VESSEL DATE : BY ⑧____________________	ARIRANG SHIPPING CO., LTD. BY ⑨____________________

▌그림 7-5▐ 선하증권 예시

② ASSURED(S). ETC. *DAESUNG IND. CO., LTD.*

① POLICY NO.

③ REF. NO.
L/C No. : LC 0232 / 904901
INVOICE No DS - 960123

⑥ CLAIM, IF ANY, PAYABLE AT/IN
BEAVERY ANTENO & MARKETING
SERVICES PTE.,M LTD.
UKERY BLDG., SENDA STREET
P.O. BOX 327 TOKYO JAPAN
CLAIM ARE PAYABLE IN

④ AMOUNT INSURED HEREUNDER
*US$ ****************** 12,309.00*
(US$ 11,190.00×110.0%)

⑦ SURVEY SHOULD BE APPROVED BY :
SAME AS ABOVE

⑧ LOCAL VESSEL OR CONVEYANCE

⑨ FROM (INTERIOR PORT OR PLACE OF LOADING)

⑤ Conditions and Warranties
* *ICC(A)*
* *WAR CLAUSES*
* *SRCC CLAUSES*
* *CLAIMS PAYABLE IN JAPAN IN THE CURRENCY OF THE DRAFT.*

⑩ SHIP OR VESSEL CALLED THE
BROWN 709E

⑪ SAILING ON OR ABOUT
JULY. 20, 2014

⑫ AT AND FROM
BUSAN, KOREA

⑬ TRANSHIPPED AT

⑭ ARRIVED AT
YOKOHAMA JAPAN

⑮ THENCE TO

⑯ SUBJECT-MATTER INSURED
6,000 PCS OF AUTOMOBILE TUBES
SUBJECT TO THE FOLLOWING CLAUSES AS PER BACK HEREOF
□ INSTITUTE CARGO CLAUSES SPECIFIED ABOVE
□ ON-DECK CLAUSES
□ SPECIAL REPLACEMENT CLAUSE (APPLYING TO MACHINERY)
□ INSTITUTE CLASSIFICATION CLAUSE
MARKS AND NUMBERS AS PER INVOICE NO. SPECIFIED ABOVE

⑰ PLACE AND DATE SIGNED
IN SEOUL, KOREA

⑳ ~ ㉑ IMPORTANT
PROCURE IN THE EVENT OF LOSS OR DAMAGE FOR WHICH UNDERWRITERS MAY BE LIABLE LIABILITY OF CARRIERS, BAILERS OR OTHER THIRD PARTIES ....
INSTRUCTION FOR SURVEY
.. ..
DOCUMENTATIONS OF CLAIMS

⑱ NUMBER OF POLICES ISSUED
IN DUPLICATE

CONDITION
NOTWITHSTANDING ANYTHING CONTAINED HEREIN OR ATTACHED HERETO TO THE CONTRARY, THIS..............................
THIS INSURANCE DOES NOT COVER ANY LOSS OR DAMAGE TO THE PROPERTY ....
WE, SAFETY MARINE & FIRE INSURANCE CO., LTD. HEREBY AGREE, IN CONSIDERATION OF THE PAYMENT.................................

FOR SAFETY MARINE & FIRE INSURANCE CO., LTD.
BY ⑲ ______________________________

▌그림 7-6▐ 해상보험 증권 예시

3. 부속서류

1) 포장명세서(Packing List)

포장명세서는 선적물품의 포장 및 포장단위별 물품명세, 순중량, 총중량, 화인(Shipping Mark), 포장 개수 등을 기재한 상업송장의 부속서류로서 수출업자가 수입업자 앞으로 작성하는 서류이다.

2) 원산지증명서(Certificate of Origin : C/O)

원산지증명서는 수출물품의 원산지의 국가, 즉 원산국(原産國)을 증명하는 서류를 말한다. 우리나라의 경우에는 대한상공회의소, 세관에서 원산지증명서를 발급하고 있다.

① SELLER *DAESUNG INDUSTRIAL, CO., LTD.* *Manufactures, Exporters & Importers* *146-1, SOOSONG-DONG, CHONGRO-KU,* *C.P.O. BOX 7917, SEOUL, KOREA*	⑦ INVOICE NO. AND DATE *DS-960123* *JULY. 19, 2014*
② CONSIGNEE *TO ORDER OF THE FUJI BANK LTD. TOKYO.*	⑧ BUYER (if other than consignee) *OKAMOTO INDUSTRIES INC.* *3-27-12 HONGO BUNKYO-KU* *TOKYO JAPAN*
③ DEPARTURE DATE *JULY. 20, 2014*	⑨ OTHER REFERENCES * *L/C NO. : LC 0232 / 904901.*
④ VESSEL/FLIGHT *BROWN 709E* ⑤ FROM *BUSAN, KOREA*	
⑥ TO *YOKOHAMA JAPAN*	

⑩ SHIPPING MARKS	⑪ NO. & KIND OF PKGS	⑫ GOODS DESCRIPTION	⑬ Q'TY NET WEIGHT	⑭ GROSS WEIGHT	⑮ MEASU REMENT

C/NO. 1-1-300 *AUTOMOBILE TUBES*

ITEM : AUTO TUBE

SIZE :	*SIZE*	*VALVE*	*CARTONS*			
Q'TY : 550-13	*TR13*	*105CTNS*	*2,100PCS*	*1,281KGS*	*1,537KGS*	*4,840CBM*
600-14	*TR13*	*195CTNS*	*3,900PCS*	*2,730KGS*	*3,276KGS*	*8,989CBM*
TOTAL :		*00CTNS*	*6,000PCS*	*4,011KGS*	*4,813KSG*	*13.829CBM*

****

C.P.O. Box : *7917 SEOUL*
Cable Adress : *FONECA SEOUL*
Telex Code : *DESCO K24416*
Telephone No. : *280/2050*
733/8194

⑯ SIGNED BY

| 그림 7-7 | 포장명세서 예시

1. SELLER *DAESUNG INDUSTRIAL CO., LTD.* *C.P.O. BOX 7917,* *SEOUL, KOREA*	ORIGINAL CERTIFICATE OF ORIGIN ISSUED BY THE KOREA CHAMBER OF COMMERCE & INDUSTRY SEOUL, REPUBLIC OF KOREA 원 산 지 증 명 서 대 한 상 공 회 의 소
2. CONSIGNEE *TO ORDER OF THE FUJI BANK LTD. TOKYO.*	4. BUYER (if other than consignee) *OKAMOTO INDUSTRIAL INC.* *3-27-12 HONGO BUNKYO-KU* *TOKYO JAPAN*
3. PARTICULARS OF TRANSPORT (where required) *FM : BUSAN, KOREA TO : YOKOHAMA JAPAN* *BY : BROWN 709E ON : JULY. 20, 2014*	5. COUNTEY OF ORIGIN *Republic of Korea* 6. INVOICE NUMBER AND DATE *DS-960123 FEB. 19, 2014*

7. SHIPPING MARKS	8. NUMBER AND DESCRIPTION OF GOODS KIND OF PACKAGES :		9. GROSS WEIGHT OR OTHER QUANTITY
C/NO. 1-1-300	*AUTOMOBILE TUBES*		
ITEM :	*AUTO TUBE*		
SIZE :	*SIZE*	*VALVE*	
Q'TY :	*550-13*	*TR13*	*2,100 PCS*
	600-14	*TR13*	*3,900 PCS*
	TOTAL :		*6,000 PCS*
	" L/C NO. : LC 0232/904901 "		
//			//////////////////////////

10. OTHER INFORMATION

THE KOREA CHAMBER OF COMMERCE & INDUSTRY HEREBY CERTIFIES, ON THE BASIS OF RELEVANT INVOICE AND OTHER DOCUMENTS, THAT THE ABOVE MENTIONED GOODS ORIGINATE IN THE COUNTRY SHOWN IN COLUMN 5.

THE KOREA CHAMBER OF COMMERCE & INDUSTRY

▌그림 7-8▐ 원산지증명서 예시

3) 영사송장(Consular Invoice)

영사송장이란 ① 수입국에서 수입관세의 탈세, 외화도피, 덤핑 등을 방지하기 위하여, 또는 ② 수출국 소재의 수입국 공관의 사증료 수입을 증대시키기 위하여, 수출국에 주재하고 있는 수입국의 영사가 작성하거나 사증(Visa)을 해주는 송장을 말한다.

4) 세관송장(Customs Invoice)

세관송장이란 수입국에서 과세가격의 결정, 덤핑판정, 수입통계 등의 목적으로 수입물품의 수입 통관 시에 제출을 요구하는 송장을 말한다. 미국, 캐나다, 호주, 뉴질랜드 등의 국가에서는 세관송장의 제출을 요구하고 있다.

5) 검사증명서(Inspection Certificate)

검사증명서란 수출물품의 선적에 앞서 정부검사기관이나 그 지정기관 또는 수입상 지정의 검사기관이나 검사자가 수출물품의 품질의 양호여부, 수출국 또는 수입국의 법규 등에의 적합여부를 검사하고서, 그 결과를 증명하기도 하고 품질의 등급을 정하여 이를 증명하는 서류를 말한다.

6) 중량·용적증명서(Certificate of Weight and Measurement)

중량·용적증명서란 수출물품의 선적에 앞서 공인검량인(Public Weigher)이 물품의 순중량, 총중량 및 용적을 계량하여 발급하는 증명서를 말한다.

Chapter 08

운송계약실무

제1절 해상운송의 개요

1. 해상운송의 특징

국제운송은 주로 해상운송으로 이루어지고 있으며 효용이 낮은 장소에 있는 물품을 효용이 높은 장소로 이동시켜 줌으로써 물품의 효용을 극대화시키는 경제적 활동 또는 물품의 효용을 창출하는 생산행위이다. 해상운송의 특징을 살펴보면 다음과 같다.

1) 대량운송

해상운송의 가장 현저한 특징은 화물의 대량운송이다. 한 번에 대량의 화물을 운반할 수 있는 운송수단으로는 선박을 필적할 만한 운송수단이 없다.

예를 들어 비교적 대량운송을 수행한다는 철도의 경우 20톤 화차 30량을 연결하더라도 겨우 600톤에 지나지 않는다. 이에 반해 50만 톤의 원유를 일시에 1척의 선박으로 운반할 수 있고 수천대의 자동차를 일시에 운송할 수 있는 해상운송이야말로 대량운송의 대명사라 할 수 있다.

2) 저렴한 운송비

해상운송은 한 번에 대량수송이 가능하므로 해상운송비는 다른 운송수단인 철도·항공 등의 운송비와 비교할 때 매우 저렴하다고 할 수 있다. 철도 및 도로와 같이 막대한 투자를 요구하지 않을 뿐 아니라, 고속으로 운항해야 하는 항공기처럼 극도로 정밀한 것을 요구하지 않기 때문에 상대적으로 운송원가가 낮아서 저렴한 운송서비스를 창출해 내고 있다.

3) 원거리운송수단

원거리운송이 반드시 해상운송만의 요건은 아니지만 흔히 해운이 5대양 6대주로 상징되듯이 대부분의 해상운송이 대륙을 잇는 장거리운송에 이용되고 있다. 물론 항공기에 의한 항공운송 또한 주로 장거리운송에 사용되고 있다는 점에서 해상운송과 공통성을 지니고 있다고 할 수 있다.

4) 자유로운 운송로

철도·자동차와 같이 일정한 통로의 제약을 받지 않고 바다라는 천연의 통로를 자유로이 이용할 수 있다는 것도 해상운송의 중요한 특징 중의 하나로 지적할 수 있다.

5) 국제성

해상운송의 국제성(global industry)이란 외국의 항만에 선박이 자유롭게 출입할 뿐만 아니라 해운시장이 국제적으로 형성되어 각국 간에 자유경쟁을

할 수 있는 분위기가 조성되어 있음을 의미한다. 이는 철도나 자동차가 주로 국내만을 활동무대로 하고 있음에 비추어 해상운송과 항공운송은 국제성을 지니고 있다.

6) 저속성

항공기, 자동차, 기차에 비해 상당히 느린 편이다. 상선(merchant ship)의 경우 가장 빠르다는 고속 컨테이너선의 속도가 겨우 48노트에 불과한 실정이다. 속도가 느리기 때문에 다른 운송수단에 비해 운임이 저렴해서 경쟁력을 유지할 수 있다. 즉 항공운송이 고속성을 이유로 높은 운임을 요구하는데 반해 해상운송은 저속(low speed)을 기초로 하여 낮은 운임을 요구하고 있다.

2. 정기선운송

1) 정기선운송의 특징

정기선(liner, liner boat, regular liner)은 정기항로에 취항하고 있는 선박을 말하며, 정해진 항구와 항구 사이를 정해진 운항일정(schedule)에 따라 항해하고 있다. 정기선은 컨테이너 화물전용의 컨테이너선과 그렇지 않은 재래선으로 분류 하는데 주요한 정기항로에는 대부분 컨테이너선이 투입되며, 정기선을 운항하는 해운업자를 정기선해운업자(liner company)라 한다. 정기선운송(liner shipping)은 무역화물을 운송할 때에 정기선을 이용하는 것을 말하는데, 주로 완제품이나 반제품 등의 일반포장화물(general cargo)을 운송한다. 현재 포장화 되고 단위화된 무역화물의 대부분은 정기선운송을 통해 이루어지고 있다.

정기선 운송의 특징은 다음과 같다.

첫째, 엄격한 운송계획에 따라 특정한 항로와 항만을 계속 반복해서 규칙적으로 운항하며,

둘째, 불특정 다수 화주의 소량화물, 여객, 우편물 등의 수송을 주요 대상으로 하고,

셋째, 예정되고 고정된 항로(route)에 따라 사전에 책정된 운임률(tariff)과 운항일정(schedule)으로 화물이 많든 적든 적하품이 있든 없든 취항한다.

특히 정기선은 평등한 서비스를 제공하고 있으며 주로 개품운송의 형태를 취하고 있다.

정기선은 운송품의 다소에 상관없이 운송을 하므로 고정비용이 많이 소요되어 부정기선에 비하여 일반적으로 운임이 높다. 선박회사들은 세계 각국의 항로에 정기선(liner)을 취항시키고 있다.

정기선에 선적되는 일반화물은 일반적으로 정량화물(clean cargo)과 조잡화물(rough cargo)로 분류된다. 정량화물은 포장이 잘 되고 그 내용물도 청결, 건조한 것으로서 다른 화물과 혼재 또는 접촉하여도 다른 화물을 손상시킬 우려가 없는 화물을 말하며 조잡화물은 오염, 융해, 악취를 발산할 우려가 있는 화물로서 더러운 화물(dirty cargo), 먼지 나는 화물(dusty cargo), 냄새나는 화물(smelled cargo) 등이 이에 속한다.

2) 개품운송계약

개품운송계약(contract of affreightment in a general ship)은 운송회사가 다수의 화주로부터 화물을 개별적으로 집화·인수하여 화물운송계약을 각 화주와 개별적으로 체결하는 것을 말한다. 운송회사는 여러 화주로부터 소량화물을 개별적으로 인수하여 선박에 혼적(混積)하게 되므로 주로 정기선을 이용한다.

정기선 운송의 운송계약은 소량의 화물을 운송하려는 화주가 다수인 관계로 송화인 또는 그 대리인이 운송회사 또는 그 대리점 등에 개별적으로 운송을 신청하여(shipping request) 운송인이 이것을 승낙함으로써 주로 불요식으로 운송계약(freight booking note 또는 fixture memo)이 성립되나 용선계약의 경우에는 용선계약서가 별도로 작성된다. 이러한 운송계약의 증거로 선하증권(Bill of Lading : B/L)이 통상 발행된다.

3) 정기선의 운임

(1) 정기선운임의 구성

정기선 운임은 항로와 취항선박에 따라 기본적으로 적용되는 기본운임(basic rate)과 화물의 형상, 항만사정, 화물의 특수성, 항해 여건상의 사유 등에 따라 부과되는 할증료(surcharge) 및 기타 추가요금(additional charge) 등으로 구성된다.

기본운임은 재래화물선(conventional ship), 컨테이너선(container ship), RO/RO선(Roll on/ Roll off Vessel : RORO Vessel), LO/LO선(Lift on/Lift off Vessel : LO/LO Vessel) 등 취항선박과 항로 또는 화물의 특성, 운송코스트, 운임부담력, 화물의 종류, 재질 등에 따라 품목별로 차등 부과되는 기본요금이다. 최근에는 화물품목에 관계없이 '1 컨테이너 당 얼마'라는 식으로 책정하는 품목별 무차별운임(freight all kinds rate)이 보편화되고 있다.

할증료는 항로별로 기본운임의 몇 %로 정하거나 컨테이너 당 또는 톤당 일정액을 정하여 공시하는 형식이며, 일반화물보다 무거울 때 부과하는 중량할증운임(heavy life surcharge), 부피가 크거나 길이가 길 때는 용적 및 장척할증료(bulky/lengthy surcharge), 도착항의 항만사정이 선박으로 혼잡할 때는 체선할증료(congestion surcharge), 선적 시에 목적항을 2개로 정했다가 본선 출항 후 1개항을 도착항으로 선택할 때 적용하는 선택항할증료(Optional Surcharge) 등이 있다.

또한 통화의 환율변동에 따른 환차손을 하주에게 부담하는 통화할증료(CAF), 유류가격의 인상으로 발생하는 손실을 보전하려는 유류할증료(BAF)도 있다.

(2) 정기운임의 책정방법

운임은 화물의 모양, 성질 등에 따라 산정되며 그 기준은 일단 운송인에게 유리한 쪽으로 책정하는 특징이 있다. 부정기선 운임은 중량을 기준으로 하고, 정기선 운임은 운송인에게 중량기준이 유리하면 중량을 적용하고 부피(용적)가 유리하면 용적을 적용한다.

화물의 중량기준(weight basis)은 용적(부피)이 작지만 중량이 높은 화물, 예컨대 철강제품이나 화학제품 등은 중량을 기준으로 운임을 책정한다. 한편 중량을 Long Ton(2,240lbs=1,016kg), Short Ton(2,000lbs=907kg), Metric Ton (2,204lbs=1,000kg)등 세 가지 톤 중에서 어느 것을 사용하느냐 하는 것은 선적지역이나 항구의 관행 또는 화물종류에 따라 각각 다르지만 실무상 Metric Ton이 보편화되어 있다.

화물의 부피를 기준(measurement basis)으로 운임을 책정하는 것은 부피가 큰 화물을 대상으로 하여 부피(용적)를 기준으로 Feet(cft), Cubic Meter (CBM) 단위로 한다.

화물의 포장명세서(Packing List : P/L)나 선적요청서(Shipping Request : S/R) 등에 W/M(Weight/ Measurement)이라고 표기되는데, 중량과 용적 중에 어느 쪽이든 높은(큰) 톤수가 운임산정의 기준이 된다.

보석이나 예술품, 희귀품과 같이 고가상품은 상품가격의 2~5%정도의 할증료를 추가하여 운임을 책정하는 종가운임(ad valorem freight)이 적용된다.

컨테이너 운송은 컨테이너 내부에 넣는 화물의 양(부피)에 상관없이 무조건 컨테이너 하나당 얼마라고 하는 박스 레이트(box rate)를 적용하여 운임체계를 단순화시키고 있다.

(3) 운임의 유형

해상운임은 지급시기에 따라 선불운임(freight prepaid, CIF 또는 CFR)과 후불운임(freight collect, FOB), 부과방법에 따라 종가운임, 최저운임 (minimum all kinds rate) 및 무차별운임(freight all kinds rate), 운송인(선주)의 입장에서 선적과 양륙비를 부담하는 Berth Terms(B/T), Free In and Out(FIO), Free In(FI), Free Out(FO) 등이 있다.

그 외에 하주가 계약한 수량보다 실제 적게 적재함으로써 사실상 선적을 하지 않고도 부담하게 되는 부적운임(不適運賃 : dead freight), 부두사용료(Wharfage), 터미널화물처리비(Terminal Handling Charge : THC), 중량할증운임(heavy lift surcharge), 체선할증료(port congestion surcharge), 유류할증료(Bunker Adjustment Factor : BAF), 통화할증료(Currency Adjustment Factor : CAF), local area에서 main port지역까지의 운송에 따른 port local freight, Demurrage charge(체선료), Detention Charge[12](지체료) 등 다양한 명분으로 부과하는 운임이 있다.

3. 부정기선운송

1) 부정기선운송의 특징

부정기선(tramper)은 일정한 항로나 화주를 한정하지 않고 화물이 있을 때 마다 또는 선복의 수요가 있을 때마다 또는 화주가 요구하는 시기와 항로에 따라 화물을 불규칙적으로 운송하는 선박의 형태를 말한다. 정기선은 화물이 선박을 찾아오는 운송구조를 이루고 있는데 반해 부정기선(tramper)은 화주의 요청에 의하여 언제나 어떤 항로에서 화물이 있으면 선박이 화물을 찾아가는 운송구조를 이루고 있다.

부정기선을 이용할 때 화주는 운송업자와 용선계약(charter party)을 체결하는데, 용선계약에는 선복의 전부를 빌리는 전부용선계약(whole charter party)과 선복의 일부만을 빌리는 일부 용선계약(partial charter party)이 있다.

전부용선계약에는 항해용선계약과 정기용선계약으로 분류되며, 항해용선계약의 체결은 ① 선복확보를 위한 조회 → ② 선복확보를 위한 확정오퍼 → ③ 반대오퍼와 수락 → ④ 선복확약서 등의 절차로 진행된다.

12) 하주가 허용된 시간(free time)이내에 반출해간 컨테이너를 지정된 선사의 CY로 반환하지 않을 경우 지불하는 비용을 말한다.

① 선복을 위한 조회(inquiry for ship's space) : 수출업자(송하인)가 수출물품을 운송하는 선박을 수배할 때 흔히 해운 중개업자 또는 용선중개인(charter broker)을 통하여 화물상태에 따른 적절한 선박 중개를 의뢰하면 중개인은 운임과 같은 용선조건을 선박회사에 조회하는데 이것을 조회(inquiry)라 한다.

② 선복을 위한 확정오퍼(firm offer for ship's space) : 수출업자(송하인)로부터 조회신청을 받은 선박회사는 화주가 요구하는 여러 가지 조건을 검토하여 조건에 합당하면 화주에게 구속력 있는 용선계약을 체결할 것을 신청하는데 이 신청서가 확정오퍼(firm offer) 이다.

③ 반대오퍼(Counter offer)와 수락 : 선박회사가 제시한 확정오퍼(firm offer)의 조건에 대하여 화주가 일부 수정 또는 변경하여 선박회사에게 다시 제시하거나(반대 청약) 그대로 수용하여 수락하는 절차를 취한다.

④ 선복확약서(fixture note) : 선박회사가 제시한 신청서(firm offer)의 유효기간 내에 화주가 수락하거나 화주가 반대로 제의한 반대오퍼를 선박회사가 수락하면 용선계약이 성립되어 선복확약서를 작성한다.

선복확약서에 이어 작성되는 용선계약서(charter party : C/P)에는 당사자인 선박회사, 화주, 중개인이 각각 서명되어 있어야 하고 각자가 한 통씩 보관한다.

부정기선의 특징을 요약하면 다음과 같다.

첫째, 고정된 운항일정과 항로가 없으므로 항로의 자유선택이 가능하며,

둘째, 곡물, 광석, 원목, 비료와 같은 산화물(bulk cargo)과 일반원료공급을 주요대상으로 하고 있으며,

셋째, 운임이 그 당시의 수요와 공급에 의하여 선주와 화주 사이에 협의로 결정되는 특징이 있다. 계절적인 화물의 동태, 경기변동, 국제정세 등이 운임을 결정하는 요소가 되고 화주가 선박회사로부터 선복(ship's space)의 일부 또는 전부를 빌리는 계약(용선계약)으로 운송된다.

2) 용선운송계약

용선운송계약(contract of carriage by charter party)은 송화인이 선박회사로부터 선복의 전부 또는 일부를 빌려 주로 곡물, 석탄, 원목, 광석 등과 같은 특수화물을 운송하는 부정기선의 계약이다. 개품운송계약과는 달리 서면의 용선운송계약서(Charter Party : C/P)를 작성하는데 이는 선박의 전부 또는 일부를 빌리는 전체용선운송계약(whole charter)과 일부용선운송계약(partial charter)으로 구분되고, 일정한 항해 또는 기간을 단위로 빌리는 항해용선계약(voyage charter, trip charter), 나용선운송계약(裸傭船運送契約, bareboat charter)과 정기용선(time charter)계약으로 구분된다.

항해용선계약은 선적항(1항 또는 여러 항)으로부터 양륙항(1항 또는 여러 항)까지의 항해단위로 화물수송을 의뢰하려는 화주(용선자)와 선주(운항업자)사이에 체결되는 단독운송계약으로서 운임계산은 실제 선적량을 기준으로 하는 것이나 그 변형적 계약으로서 선복용선(lump-sum charter)[13]과 일당용선(daily charter)[14]이 있다.

나용선계약은 선박임대차(demise charter)계약의 일종으로서 선주가 선박 자체만을 일정기간 용선자에게 대여하고 임차인인 용선자가 선장 이하 전 선원의 임면·지휘·감독을 담당함으로써 선박을 점유하는 계약을 말한다. 이 계약은 당사자간에 특별한 자금관계가 존재하거나 또는 선주가 용선자의 운항능력, 관리능력 및 경험 등에 대하여 믿을 수 있는 경우에 흔히 체결되는 계약이다. 근래에 우리나라는 외국 선박을 나용선해서 우리나라의 선원과 장비를 갖추어 다른 나라에 재용선(sub-charter)을 많이 하고 있는데 이는 국민의 고용력을 높이는데 크게 기여하고 있다.

---

13) 선복용선(lump-sum charter) : 항해를 X항에서 Y항으로 특정하는 점에 있어서는 항해용선계약과 다를 바 없으나, 운임을 선적량에 따라 계산하지 않고 실제 선적량과는 관계없이 1항해에 대한 운임을 포괄적으로 약정하는 계약을 말한다. 따라서 이 선복운임(lump-sum freight)의 산정은 용적톤 또는 중량톤으로 표시된 적재능력에 대하여 일정한 운임률을 곱한 액수를 기준으로 하는 것이 보통이다.

14) 항로가 험준하여 1항해에 소요되는 일수를 미리 확정짓기 어려울 때에 선주의 손실을 방지하기 위하여 24시간을 계산단위로 체결되는 운송계약이다

정기용선계약은 선주가 선원을 승선시킨 상태로 감항능력이 있는 선박을 빌려주는 방법으로 용선자는 기업조직을 확대하지 아니하고 선박의 수급사정에 따라 용선하며 용선료는 적재화물의 종류나 양에 관계없이 본선의 적재중량톤수에 대하여 지급하는 계약방식을 말한다.

개품운송계약과 용선운송계약의 일반적인 차이점을 정리해 보면 <표 8-1>과 같다.

▌표 8-1▐ 개품운송계약과 용선운송계약의 비교

	개품운송계약	용선운송계약
형 태	선사는 다수의 화주로부터 위탁받은 개개화물의 운송을 인수한다.	선사는 특정의 송화인과 특약하여 선복을 빌려 주어 운송을 인수한다.
선 박	정기선(Liner)	부정기선(Tramper)
화 주	불특정 다수	특정 화주
운송화물	잡화와 같은 비교적 작은 화물	대량 화물(원유, 철광석, 석탄, 곡물 등)
계 약	선하증권(Bill of Lading : B/L)	용선계약서(Charter Party : C/P)
운 임 률	공시운임률(신고운임률)	수급관계에 의한 시세
*운임조건	Berth Term(Liner Term)	FI, FO, FIO

* 운임조건 : 해상운송계약을 체결할 때 선적비용과 양륙비용을 누가 부담하느냐, 즉 하역비용부담에 따라 Berth Term, FI, FO, FIO 등의 조건이 있다.
Berth Term : 선적비용·양륙비용 모두 선주가 부담
FIO(Free in & out) : 선적비용·양륙비용 모두 하주가 부담
FI(Free in) : 선적비용은 하주가 부담하나 양륙비용은 선주가 부담
FO(Free out) : 선적비용은 선주가 부담하나 양륙비용은 하주가 부담

2) 부정기선의 운임

부정기선의 운임은 운송대상화물의 많고 적음 또는 선복의 수급관계에 따라 결정된다. 즉, 화물은 많은데 선박(선복)이 부족하거나 전쟁 등에 기인한 대량물자수송이 불가능 하다면 운임이 높게 책정될 것이고, 화물은 적은데 선박(선복)이 넉넉하다면 운임은 낮게 책정될 것이다. 그리고 우회항로에 의한 선복의 여부나 기후이변이 발생하여도 운임책정에 영향을 미치게 되는데 부정기선의 운임종류는 다음과 같다.

(1) 선복운임(lump sum freight)

운임을 운송품의 개수, 중량 또는 용적을 기준으로 계산하지 않고 선복(ship's space) 또는 항해를 단위로 하여 포괄적으로 책정하는 계약을 선복계약이라고 하고 이 경우에 지급되는 운임을 선복운임(lump sum freight)이라 한다.

(2) 비율운임(pro rate freight)

비율운임은 선박이 항해 중 불가항력, 기타 원인에 의하여 항해의 계속이 불가능하게 되어 운송계약의 일부만을 이행하고 화물을 인도한 경우에 그때까지 운송한 비율에 따라 선주가 부과하는 운임을 말하며 항로상당액운임(distance freight)이라고도 한다.

(3) spot운임

계약 직후 아주 짧은 기간 내에 선적이 개시될 수 있는 상황에서 선박에 대해 지불하는 운임을 spot운임이라 하고, 특정의 항로를 반복-연속하여 항해하는 경우에 약정한 연속항해의 전부에 대하여 적용하는 운임을 연속항해운임이라 한다. 반면에 장기운송계약 운임에 있어서는 몇 년간에 몇 항차라든가, 몇 년간에 걸쳐 연간 몇 만톤 이라는 계약을 체결할 때 적용하는 장기계약운임이라 한다.

(4) 부적운임(dead freight)

부적운임 또는 공적운임은 용선할 때 일정량의 운송화물을 계약하였는데 용선자(하주)가 그 계약수량 전부를 선적하지 못하였을 때 선적하지 않은 화물량에 대해 부담하는 운임으로 일종의 위약금이라 할 수 있다.

(5) 일대용선 운임장기계약 운임

본선이 계약 지정선적항에서 화물을 적재한 날로부터 기산하여 계약지정 양륙항까지 운송하여 화물을 인도 완료할 때까지의 운송 사용일자를 기준으로 1일당 얼마로 용선료율을 정하여 부과하는 운임을 일대용선 운임(daily charter rate)이라 한다.

3) 선박의 정박기간(laydays, laytime)

정박기간(laydays, laytime)이라는 것은 용선계약에서 화주가 계약화물의 전량을 완전히 적하 또는 양하하기 위하여 본선을 선적항 또는 양륙항에 정박시킬 수 있는 기간을 말하는데 이는 화물의 종류, 양륙지의 상황 및 관습 등을 고려하여 약정된다.

(1) 관습적 조속 하역(Customary Quick Dispatch: C.Q.D.)

일반적으로 C.Q.D. 조건이라고 약칭되며, 그 항구의 관습적 하역방법 및 하역능력에 따라 가능한 한 조속한 하역을 하는 것을 약정하는 것인데 일정한 기간을 정하지 않는다. 불가항력에 의한 하역작업이 불가능한 날짜는 정박기간에서 제외되나 일요일과 공휴일을 하역일로 계산하는 문제와 야간작업은 특약이 없는 한 그 항구의 관습에 따른다. 또 1일 하역능력의 기준 수량 등에 대하여 분쟁을 초래하는 경우가 종종 있으니 유의하여야 한다.

(2) Running Laydays

작업이 개시된 날로부터 끝날 때까지 선박의 경과일수로 보고 정박기간을 정하는 방법인데 우천·파업 기타 불가항력 등에도 불구하고 모두 정박기간에 계산되며 일요일과 공휴일도 특약이 없는 한 정박기간에 계산된다. 이 Running Laydays의 계산은 1일의 하역량으로 총 적재량을 나눈 일수로 표시되며, 1일 하역량은 대개 석탄 1일 몇 톤, 목재 1일 몇 B/M 등 1일의 표준 하역량이 표시된다.

(3) Weather Working Days(W.W.D.)

이것은 하역이 가능한 기후 하에서만 작업일로 정박기간을 정하는 방법으로 현재 가장 많이 사용되고 있다. 눈이나 비바람이 부는 날은 물론 계산되지 않으나, 화물에 따라서 어떤 기후 하에서 하역이 가능할 수도 불가능할 수도 있는 애매한 경우에는 선장과 화주의 협의로 어넌 날씨(weather)가 'workable weather'인가를 결정한다.

원래 일요일과 공휴일은 작업일이 아니므로 정박기간에서 제외된다. 특히 'Sundays and Holidays Excepted (even if used)'(SHEX)라고 기재된 경우에는 일요일과 공휴일에 작업을 하였어도 정박기간에 계산되지 않는다. 그러나 'Sundays and Holidays Excepted unless Used'라고 기재되면 일요일과 공휴일에 하역한 것은 정박기간에 계산된다.

W.W.D.의 정박기간 표시 방법은 Running Laydays와 마찬가지로 1일의 하역량을 얼마로 정하고 일정한 기간으로 기재된다. 하역이 끝나면 실제 사용한 정박일수를 기재한 Laydays Statement를 작성하여 선장과 화주가 서명하는데, 이 Statement에 의해서 약정했던 정박기간 이내에 하역작업을 마치지 못하면 체선료[15](Demurrage charge)를 부담하여야 하고, 약

15) 화주가 약정한 본선의 정박기간내에 선적 또는 하역이 완료되지 않아 이들이 완료될 때까지 약정기간 이상 본선을 정박하게 할 경우에 화주가 선박회사에 지불하는 요금을 말한다. 이 체선요율은 미리 결정하여 용선계약서에 기재한다. 이 요금은 예정 이상의 정박으로부터 발생하는 선박경비, 항비, 기타 경비의 증액 또는

정한 정박기일 만료 이전에 하역이 완료되면 그 단축된 시간에 대해서 선주가 화주에게 조출료(dispatch money)[16]를 지급한다.

▌표 8-2▌ 정기선과 부정기선 운송의 비교

구 분	정기선(Liner)	부정기선(Tramper)
운항형태(Sailings)	규칙성·반복성	불규칙성
운송인(Carrier)	보통운송인(common carrier) 공중운송인(public carrier)	계약운송인(contract carrier) 전용운송인(private carrier)
화물(Cargo)	이종화물(heterogenity)	동종화물(homogenity)
화물가치(Value)	고가	저가
운송계약(Contract)	선하증권(Bill of Lading)	용선계약서(Charter Party)
운임 (Freight rate)	동일운임(동일품목/상이한 화주), 운임표(tariff) 작성, 운임동맹	선박의 수요 및 공급에 의해 결정(자유운임)
서비스(Service)	화주의 요구에 따라 조정	수요 및 공급에 의해 결정
선박(Ship)	고가, 구조 복잡	저가, 구조 단순(벌크선)
조직(Organization)	대형조직(본사 및 해외점소)	소형조직
화물집하	영업부직원 (salesman or solicitor)	중개인(ship (cargo) broker)
여객(Passenger)	제한적으로 취급(car-ferry)	전혀 취급하지 않음

다음 항해 준비의 지장으로부터 발생하는 손실의 보상 등을 내용으로 한다.

16) 선박이 특정항구에 입항하여 계약된 정박기간보다 빨리 하역작업을 끝내면 선박회사측이 화주측에 지급하게 되는 일종의 장려금으로 체선료(demurrage charge)에 반대되는 개념이며, 또 같은 기간이었으면 조출료는 체선료의 1/2밖에 되지 않는다.

제2절 해상운송절차와 선하증권

1. 해상운송절차

1) 해상운송절차의 개요

수출업자는 약정된 기일 이내에 선적을 하기 위해 운송회사와 접촉하기에 앞서 다음 사항을 기본적으로 이해하고 있어야 한다.

첫째, CIF(또는 CFR) 가격조건일 때는 매도인이 선박수배를 하여야 하고, FOB 가격조건일 때는 매수인이 선박을 수배할 의무가 있다. 상품의 수량·종류에 따라 운송 선박이 다르므로 일반 완제품, 기계류 등과 같이 포장된 개품은 일반 잡화선 또는 컨테이너 전용선을 수배하고 쌀, 옥수수, 밀 등의 곡물이나 광석, 석탄 등의 산화물(bulk cargo)은 곡물, 광석류 운반 전용선을 수배해야 한다.

둘째, 운임은 통상 해당물의 중량과 용적을 비교하여 많이 산출되는 톤수를 운임의 기준으로 삼고(이를 revenue ton이라고 함) 있으므로 정기선(liner)과 부정기선(tramper)에 대한 운임율 그리고 운임동맹 가맹 선사들의 운임적용 기준과 화물별 운임율, 통상 기본요금과 제할증료(CAF, BAF) 및 취급수수료(THC), 공과금 등을 파악하여 하주가 지불하는 총운임이 얼마인지를 미리 산출해야 한다. 정기선이 취항하지 않는 지역으로 화물을 보내고자 할 때에는 일반 잡화의 경우보다 충분한 사전기간을 두고 선박회사와 접촉을 시작해야 한다. 정기선은 선적일자(L/C상의 shipment date) 기준 약 2주전에 그리고 부정기선은 가급적 1~2개월 전 부터 선박을 물색하기 시작하여야 유리한 입장에서 선박을 수배할 수 있다.

셋째, 정기선은 별도로 운송계약서를 작성하는 것이 아니고 선박회사에서 정형화된 양식인 선하증권을 발급함으로써 운송계약에 갈음하고 있으므로 선하증권 뒷면에 인쇄되어 있는 당사자 간의 권리·의무약관 내용을 정확히 숙지할 필요가 있다. 그러나 부정기선은 용선계약서(charter party)가 작성되고 이에 의거 선하증권이 별도로 발급된다. 그러므로 화물수량의 표시, 선적일시, 하역일시, 체선료 또는 조출료 관계에 대한 당사자 사이의 충분한 합의를 거쳐 계약서를 작성하여야 후일의 분쟁을 피할 수 있다. 가급적 전문가나 경험자의 조언을 받는 것이 좋다.

2) 선적절차

국제운송의 대상이 되는 화물이 포장을 할 수 없는 산화물(bulk cargo)이냐 또는 일반포장화물을 넣은 컨테이너 화물이냐에 따라 선적절차는 약간의 차이가 있다. 통상적으로 혼재화물이나 일반화물(개품)의 선적은 다음과 같은 과정으로 이루어진다.

수출자(shipper) 또는 그 대리인이 수출통관 신고와 동시에 선박회사(또는 대리점)에게 선적요청서(S/R: shipping request)를 제출하고, 선박회사(운송인)는 이를 승낙 또는 인수하면 수출자에게 운송계약 예약서(Freight booking notice)를 교부 한다.

정기선에 선적하는 일반화물의 대부분이 소량화물이기 때문에 본선적재비용과 선박의 도착항(목적지)에서 하역비를 운임에 포함하여 운송비를 지급하나 부정기선에 선적하는 산재화물은 수출자 또는 수입자와 운송인이 부두에 장치하고 전용시설을 고려[17]하여 직접 선적 또는 하역할 수 있어 운송비를 선적비용, 순수운송비, 하역비용 등 3가지로 각각 분류해서 자신에게 유리한 운송비로 약정할 수 있다.

선적대상물품(수출화물)이 보세지역으로 반입되어 세관으로부터 수출신고필증을 교부받은 다음 선박회사의 지정장소에서 세관의 검수인(tally-men)에 의한 화물의 실체에 대한 점검과 함께 화물개수의 확인 및 손상유무에 대한 선박회사 소속점검자(measurer or weighter)로부터 검수-검량을 받아 화물의 용적 또는 중량표에 의거 운임을 책정하게 된다. 통관사나 운송업

17) Berth Terms, FIO, FI, FO 중에서 선택하여 결정

자는 수출자를 대리하여 화물검수에 입회한다.

화물이 본선에 반입되면 선박운항책임자인 일등항해사가 선장을 대리하여 선박회사가 선장 앞으로 발급한 선적지시서(shipping order : S/O)와 화물을 대조하면서 화물을 수취한 다음 선창 내에 적재한다. 그리고 일등항해사는 화물수취증거로 본선수취증(Mate's Receipt : M/R)을 수출회사에게 발급해 준다.

만약 선적화물 중 일부가 부족하거나 손상을 입었다면 그러한 내용이 본선수취증의 비고란(Remarks)에 기재되고, 아무런 하자 없이 적재되었다면 비고란에 아무런 언급 없이 발급되는데 이는 사고선하증권(Foul B/L or Dirty B/L) 또는 무사고선하증권(Clean B/L)을 구분하는 기준이 된다. 본선수취증 비고란에 하자표기가 있다면 수출자는 화물보상장(Letter of Indemnity : L/I)을 운송회사에 제시하고 무사고선하증권을 발급받아야 서류매입은행(네고은행)에서 수출대금을 정상적으로 수령할 수 있다.

수출통관18) ⇒ Shipping Request(S/R)발행하여 운송회사에 제출 ⇒ 운송계약 예약서 수령 ⇒ 내륙운송 ⇒ 수출신고필증 제시19) ⇒ 화물검수 ⇒ Shipping Order(S/O)에 의한 본선수취증(M/R) 수령 ⇒ Shipped B/L 발급 ⇒ 선적통지20)

❙ 그림 8-1 ❙ 선적절차 흐름도

그러나 산재화물의 수출통관이나 내륙운송 등은 일반화물의 정기운송과 비슷하지만 대부분의 산재화물은 부정기선(tramper)을 이용해 수출물품을

18) 선적을 하기 전 통관절차를 밟는 게 원칙이나 일반적으로 선적과 통관이 동시에 이루어지는 경우가 많다.

19) 수출물품이 선적항에 도착하면 선박회사에 수출신고필증을 제시하고, 선박회사는 수출신고필증의 진위 여부를 확인한 후, 수출물품을 인도 받게 된다.

20) 선적이 완료되면 수출상은 이를 즉시 수입상에게 통보함과 동시에 선하증권의 사본을 수입상에게 보낸다.

운송하게 되며, M/R(Mate's Receipt) 대신에 부두인수증 (D/R : Dock Receipt)[21] 또는 Received B/L을 발급 받은 후에 다시 무사고선하증권을 발급받는 과정을 밟는다.

운송회사는 물품을 본선에 적재완료하기 이전이기 때문에 수출상을 상대로 Shipped B/L이 아닌 단순히 물품을 인도받았다는 사실을 확인하는 Received B/L을 발급하게 된다. 이러한 Received B/L은 매입서류로서의 기능이 없으므로 물품이 본선에 적재 완료된 후 On Board B/L을 발급받아 은행에 제시하게 된다.

---

21) 컨테이너 화물이나 산재화물의 경우, 본선에 적재를 하기 이전 부두에서 물품을 인도받는 게 일반적이기 때문에 M/R(본선수취증)이 아닌 부두인수증을 발급한다.

Mate's Receipt

H S K

HANSEATISCHES SEEFRACHTENKONTOR G.M.B.H. HAMBURG
Durchwahi Nr. 334/336 13. June 2014.

GOODS RECEIPT

Received in apparent good order and condition on board
the MV "BORCHNUNG" the under mentioned goods for shipment
from Hamburg to Instanbul.
Received from Firma Kunzchemie, Hamburg

K.C.H.
Istanbul
1/20 20 drums Potassium Ferricyanide 1100 kos

Hochachtungsvoll
Hanseatisches Seefrachtenkontor
G. m. b. H.

P. Strauss

▌그림 8-2▌ 본선수취증

LETTER OF INDEMNITY

20 .

s. s./M.V. Voy. NO. Sailed

Dear Sirs

In consideration of ① your handing us clean Bill of Lading for our shipment by the above vessel as described below the mate's receipt at which bears the following clause :

We hereby undertake and agree to pay on demand any claim that may thus arise on the said shipment and/or the cost of any consequent reconditioning and generally to indemnity ② yourselves and/or agents and/or the owners of the said vessel against all consequences that may arise from your action.

Further, should any claim arise in respect of this goods, we hereby authorize you and/or agents and/or owners of the vessel to disclose this Letter of Indemnity to the underwriters concerned.

Yours faithfully.

Bs/L. No.

Marks & Nos.	No. of Pkgs	Description	Destination

※ 선적화물에 하자가 있음에도 불구하고 무사고선적서류를 발행받고자 할 때에 송화인이 발행하며 운송회사에 차입함.

❙ 그림 8-3 ❙ 파손화물보상장

3) 하역절차

수입자는 수출자로부터 선적통지를 받으면 선박회사나 그 대리점에 조회(문의)하여 본선의 입항일자를 확인하여야 한다. 운송회사도 선박이 수입지 항구에 도착하면 선하증권에 기재되어 있는 착하통지처(Notify party : 대부분 수입자)에 본선도착을 통보하고 화물인수를 요청한다. 항구의 통관관행과 하역시설에 따라 수입자는 본선이 부두에 접안하거나 부두에서 일정한 거리밖에 정박하는 경우에는 부선에 이적된 후 일정한 시간 이내에 해당항구 항만청에 적하목록이나 필요한 서류를 첨부한 입항계(ship entry)를 제출하고 수입통관절차를 이행하여야 한다.

수입자는 은행에 관련서류를 정리하면서 세관에 수입신고를 하고 화물인수절차를 밟는다. 선하증권이 지시식이면 최종 수하인이 배서를 한 다음 선하증권을 선박회사에 제출하고 화물인도지시서[22](Delivery order : D/O)를 발급받아 이를 제시하고 화물을 인수한다.

22) 선주 또는 이를 대리하는 책임자가 본선 선장 또는 화물소재지의 현장책임자 앞으로 작성하는 문서로서 이 서류를 제시하는 자에게 기재화물을 인도하라는 문서이다.

DELIVERY ORDER

No. 107

4th July 2014.

To The Superintendent of London Warehouses Ltd.
PLEASE DELIVER TO Alexander Productions or Order
the undermentioned Goods,
ex Ship Mustansir Rotation No. 6640L
Charges to be paid by consignee

Marks and Numbers	Quantity	Description
M M M M M M	One case SPECIMEN	Photographic spools

Per pro
NATIONAL WESTMINSTER BANK LIMITED

Chesil Beach

Office or Branch Manager

Ⅰ그림 8-4Ⅰ 인도지시서

2. 선하증권

1) 선하증권의 의의

선하증권이란 화주와 운송회사 사이에 해상운송계약에 의하여 운송회사가 운송물을 수령 또는 선적한 후 발행하는 유가증권[23]이다. 운송회사가 화주로부터 의뢰 받은 운송화물을 선박에 적재 또는 선적을 위하여 그 화물을 수령한 사실을 증명하고 이것을 도착지에서 일정한 조건하에 수화인 또는 그 지시인에게 인도할 것을 약정한 유가증권이다. 따라서 선하증권의 문면에 기재된 물품의 권리를 나타내는 물권증권이라 할 수 있으므로 선하증권의 이전은 소유권(property, ownership)을 이전하는 것과 같아 선하증권을 소유하는 것은 물품을 소유한 것과 같다.

화주는 물품을 인수받기 위해서는 선하증권을 제시하여야 하며, 물품의 처분은 선하증권에 의하여만 가능하다. 한편, 선하증권의 적법한 소지인은 그것과 상환하여 그 증권 상에 기재된 물품의 인도를 청구할 수 있고, 배서에 의하여 누구에게든 매도하거나 양도할 수 있으므로 채권적 성격과 유통증권의 성격을 가지고 있다.

2) 선하증권의 성질

선하증권은 법률상 요인증권, 요식증권, 문언증권, 유통증권, 처분증권, 상환증권 등의 성질을 자지고 있다.

(1) 요인증권

선하증권은 운송계약에 선박회사가 운송화물을 수령·선적하였다는 전제(원인)하에 선하증권을 발급하기 때문에 요인증권이다. 어음이나 수표와는

---

23) 유가증권이란 재산적 가치가 있는 재산권을 표창하는 증권으로서 그 권리의 발생·행사·이전에 있어서 증권의 소지를 필요로 하는 것으로 창고증권과 화물상환증이 있다.

달리 운송계약이라는 전제하에 화물이 운송물로서 수령하였다고 하는 원인이 있어야 한다. 따라서 운송화물을 수령 또는 선적하지 아니하고 이러한 원인 없이 발행한 선하증권은 무효이다.

B/L은 실제로 도난, 연착 또는 분실 등에 대비하기 위하여 동시에 2통 이상을 한 조(one set)로 하여 발행된다. 우리나라 상법에는 이중 한 통의 소지자가 양륙항에서 화물인도를 요구하여도 선장은 그 인도를 거부하지 못한다고 규정하고 있다. 그러나 B/L 한 통과 상환으로 화물이 인도되면 나머지 B/L은 무효가 된다는 문언이 기재되어 있다.

(2) 요식증권

선하증권은 선박의 명칭, 국적, 톤수, 운송물의 종류, 개수, 기호 및 기타를 기재하고 발행자가 기명·날인하는 법정의 형식(상법 제814조)을 요하는 요식증권[24]이다. 따라서 부실기재의 선하증권을 소지하는 자는 정당한 운송화물의 청구권자가 될 수 없다.

(3) 유통증권

선하증권은 화물을 대표하는 유가증권으로 배서 또는 인도에 의해 소유권이 이전되는 유통증권이다. 따라서 증권을 선의로 유상으로 취득한 자는 양도의 권리에 하자가 있어도 완전히 권리를 취득할 수 있다.

(4) 처분증권

선하증권은 운송화물을 대표하는 대표증권이고 소지인이 선박회사에 화물의 인도를 청구할 수 있는 채권증권이며, 운송화물에 관한 처분은 반드시 선하증권을 사용해야 하는 처분증권이다.

---

24) 상법 제814조에 의하면 선하증권에는 헤이그규칙에 따라 화물명세와 선박의 명칭, 화물의 외관상태, 화물의 송하인과 수하인, 선적항과 양륙항, 운임, 발행일자, B/L의 발행통수 등 필수기재사항(11가지)을 기재하고 운송인이 기명·날인하도록 규정하고 있다.

(5) 상환증권

증권과 상환하지 않고는 채무의 이행을 할 필요가 없는 증권을 말한다. 상법 제129조는 증권과 상환하지 않으면 운송물의 인도를 청구할 수 없다고 규정하고 있다.

(6) 문언증권

선하증권을 작성한 경우 운송에 관한 사항 중 선박회사와 증권소지인에 관한 사항은 선하증권에 기재한 바에 의하는 문언증권이다. 따라서 증권 상에 기재되지 않은 사항을 가지고 선의의 취득자에 대하여 대항할 수 없다.

3) 선하증권의 종류

선하증권은 선장 또는 선주의 대리인으로서 정당한 권한을 부여받은 자가 서명한 화물수취증(receipt of goods)으로서 송하인과 운송인(선주)사이에서 협정된 운송계약을 나타내는 증거서류이다. 따라서 선하증권에 기재된 물건을 화체하는 권리증권(document of title)으로서 선하증권을 소지한 자는 증권에 기재된 물건을 임으로 처분할 수 있다.

이러한 특성을 지닌 선하증권의 종류는 다음과 같이 다양하게 구분되고 있다.

(1) 선하증권 양식에 따라

선하증권(Bill of Lading : B/L)의 앞뒤 양면에 화주와 운송인의 책임과 의무에 대한 권리규정(약관)이 기입되어 있는 정식선하증권(Long Form B/L)과 약관이 없는 약식선하증권(Shot Form B/L)으로 구분된다. 약식선하증권은 문언기록상의 번거로움을 피하기 위해 B/L 뒷면에 약관기재를 생략하고 앞면에 꼭 필요한 내용만 기입한 것을 말하며, 분쟁이 발생할 경우에는 Long Form B/L에 따른다고 명시하면 은행에서 정상적으로 수리될 수 있다.

(2) 선적여부에 따라

선하증권은 운송인이 운송화물을 본선에 선적여부에 분류하는 방식으로 화물을 본선에 선적완료한 후에 발행되는 증권을 선적선하증권(Shipped B/L 또는 On-Board B/L)이라 하고, 단지 선적을 위해 화물을 수령했다는 사실을 입증하기 위해 발행되는 것을 수취선하증권(Received B/L)이라 한다. On Board나 Shipment라고 하면 미국에서는 선박·기차·자동차 등에 적재한다는 뜻으로 해석되기도 하지만, 영국에서는 반드시 선박(vessel)에 적재한다는 뜻으로 그 의미를 분명히 하고 있다.

수취선하증권(Received B/L)은 화물을 선적할 선박이 화물을 적재하기 위하여 항구 내에 정박 중이거나 아직 입항하지는 않았으나 선박이 지정된 경우에는 선박회사가 화물을 수령하고 부두창고에 입고한 후 선적 전에 발행하는 선하증권이다. Received B/L에 On Board Notation[25)]가 있으면 선적선하증권과 동일한 효력을 가지게 된다.

(3) 하자표시 유무에 따라

B/L상에 화물이 손상되었다거나 모자란다거나 아무런 하자표시가 없는 것을 무고장선하증권(Clean B/L)이라 하고 하자표시가 있는 선하증권을 고장선하증권(Dirty B/L 또는 Foul B/L)이라 한다. 선적 당시 화물의 포장상태나 수량 등에 어떤 결함 또는 이상이 있을 경우 이러한 사실이 본선수취증(Mate's Receipt : M/R) 비고란에 기재되어 있는 경우에는 고장선하증권(Dirty B/L)이 발행되고, 비고란에 아무것도 기재되지 않고 증권에 "shipped on board in apparent good order and condition"이라고 표시되어 발행

---

25) 이것은 선박회사가 수취선하증권을 발행한 후 그 화물을 실제로 선적하였을 때에는 B/L 뒷면에 '화물이 몇 월 며칠 본선에 적재되었음을 증명함(We certify shipment has been loaded on board, date)'이라는 문언을 기재하고 책임자가 이에 서명한다. 이와 같이 수취 후 선적하였다는 취지를 기재한 선적표시(on board notation, on board endorsement)가 있는 것을 선적(배서)선하증권〔on board notation (endorsement) B/L〕이라고 하여 실질적으로 선적선하증권과 동일한 효력을 가진다.

되는 증권을 무사고선하증권이라 한다.

신용장조건으로 특별히 허용하고 있는 경우를 제외하고 은행은 고장선하증권을 수리할 수 없으므로 화물송하인은 무사고선하증권을 발급받기 위해 신속하게 사전조치를 하여야 한다.

만약 완전한 화물과 교환이 어렵거나 시간적 여유가 없으면 파손화물보상장(Letter of Indemnity: L/I)을 선박회사에 제공하여 선하증권의 비고란에서 사고 문언을 없애도록 요구하여 Clean B/L을 발급 받도록 해야 한다. 선박회사는 이 L/I만 있으면 파손화물에 대해서 책임을 지지 않으며 보험회사도 역시 책임을 지지 않고 L/I를 발급한 화주가 책임을 진다.

(4) 수화주 표시에 따라

B/L의 Consignee(수하인)란에 수하인의 이름이 기재된 기명식 선하증권(Straight B/L)이라 하고, Consignee란에 송하인의 지시인(Order of Shipper = Order)으로 표시되어 있으며 지시식 선하증권(Ordcr B/L)이라 한다. 그리고 B/L의 Consignee란에 'Bearer'로 기입되어 있으면 소지인식 선하증권(Bearer B/L)이라 하나 운송물에 대한 확실한 담보확보를 위해 거의 사용되지 않고 있는 실정이다.

기명식 선하증권은 화물을 특정인에게 인도하라는 뜻이 기재된 선하증권이므로 원칙적으로 양도가 불가능하기 때문에 무역화물에는 거의 이용하지 않고 이삿짐 또는 개인의 물품을 반송하는 경우에 많이 이용되고 있는 실정이다.

복합운송에서 Master B/L이 본선 도착일자 보다 늦게 작성되어 제시되면 복합운송인(forwarder)이 발행한 House B/L에 의거 선하증권 없이 화물을 운송하는 결과가 되어 화물의 소유권은 수화인이 송하인과 공동 또는 송화인에 우선하여 가지게 된다[26](상법 제812조, 제140조2항).

따라서 해상운송비에 대한 이자부담을 줄이기 위해 또는 환율인상에 따른

---

26) 선하증권 발행 없이 해상으로 운송되는 화물의 소유권은 운송 중에는 송하인에게 있으나 목적지에 도착한 다음에는 송하인과 수하인이 동일한 권리를 가지며, 도착 후 수하인이 화물의 인도를 청구한 때에는 수하인의 권리가 송하인에 우선한다. 대법원 2003.10.23.선고 2001다72296판결[손해배상]내용 참조.

환차익을 얻기 위해 선적선하증권을 늦게 발행하는 것은 상품대금을 한 푼도 받지 못하고 화물을 상대방에게 인도하는 위험을 초래하는 대단히 위험한 일이다. 그리고 복합운송증권 또는 House B/L을 발급받은 수출자(송하인)는 추후 화물이 목적지에 도착된 다음 화물에 대한 소유권확보를 위해 화물수취인을 주의해서 지정하여 증권에 명시(흔히 신용장개설은행 또는 은행의 지시인으로 명시)할 필요가 있다.

(5) 운송구간에 따라

국내 영해를 벗어나 국내의 항구와 외국의 항구사이의 해양운송에 대해 발행되는 운송증권을 해양선하증권(Ocean/Marine B/L)이라 하고, 국내 연안운송에 대해 발행되는 운송증권을 연안선하증권(Local/Domestic B/L)이라 한다. 신용장에서 해양선하증권을 요구하고 있는 조건에서 복합선하증권을 제시하면 수리거절 된다.

(6) 발행인에 따라

운송업을 전문으로 하고 있는 운송회사(Shipping Company)가 운송중개인인 포워더(Forwarder)에게 발행한 운송증권을 Master B/L 또는 Carrier B/L이라 하고, 포워더가 화주에게 발행하는 운송증권을 포워더 선하증권(Forwarder B/L 또는 House B/L)이라 한다.

(7) 기타 선하증권

① 통과선하증권

통과선하증권(through B/L)이란 운송화물을 목적지까지 운송하는데 선주가 다른 선박을 이용하는 경우나 육운과 해운을 이용하여 운송할 경우 최초의 운송업자가 전 구간에 대하여 일괄 운송책임 지는 것으로 발행하는 선하증권을 말한다.

② 복합운송선하증권

복합운송선하증권(combined transport B/L)이란 수출국의 화물인수장소로부터 수입국의 인도장소까지 육상·해상·항공 중 적어도 두 가지의 다른 운송방법에 의해 협동일관수송(intermodal transportation) 되는 경우에 발행되는 선하증권이다. 그리고 이는 종래의 운송방식과는 달리 'Door to Door Transportation'을 본질로 하는 컨테이너 화물에 사용된다.

③ 적색선하증권

적색선하증권(red B/L)은 보통의 선하증권과 보험증권을 결합시킨 것으로서 이 증권에 기재된 화물이 항해 중에 사고가 발생하면 이 사고에 대하여 선박회사가 보상해 주는 선하증권이다. 이 경우 선박회사는 모든 Red B/L 발행분을 일괄부보하게 되므로 손해부담은 보험회사가 진다. 그러나 운임에 보험료가 추가되므로 결과적으로 보험료도 송화인이 부담하게 된다. 선하증권에 부보 내용을 표시하는 문언이 붉은 색으로 되어 있기 때문에 Red B/L이란 이름이 붙게 된 것이다. 이 선하증권은 원래 보험에 대한 인식이 낮았던 시대에 동남아의 여러 항구에서 구미 제국의 선주들에 의해 이용되었으나 보험제도가 널리 보급되어 있는 오늘날에는 거의 이용되고 있지 않다.

④ 환적선하증권

환적선하증권(transshipment B/L)이란 운송경로의 표시에 있어 도중의 환적을 증권면에 기재한 선하증권을 말한다. 환적은 화물의 손상을 초래케 하고 지연도착의 원인이 될 뿐만 아니라 환적비용이 발생할 우려가 있기 때문에 신용장면에 Transshipment Prohibited라는 문언을 기재하여 환적을 금지하고 있다.

⑤ 기한경과선하증권

기한경과선하증권(stale B/L)이란 처음부터 Stale B/L로서 발행된 것이 아니고 선적 후 정당하다고 인정되는 기간(발행 후 3주가 경과)이 경과한 후에 은행에 제시된 선하증권이라 하여 서류가 상했다는 의미를 나타내는 증권을 말한다.

신용장통일규칙 제47조에 선하증권 또는 기타 운송서류의 발행일로부터 지급·인수 또는 매입을 위하여 서류를 제시할 때까지의 일정기간을 반드시 명시하여야 한다. 이러한 제시기간이 신용장상에 명시되어 있지 않은 경우 선하증권 또는 기타의 운송서류가 발행일로부터 21일이 경과한 후에 매입은행에 제시되면 은행은 신용장상에 'Stale B/L Acceptable'이란 조항이 있는 경우를 제외하고는 수리를 거절한다.

⑥ 유통선하증권과 유통불능선하증권

운송회사가 발행한 선하증권 중에서 은행 등에 제시하여 유통될 수 있는 증권을 유통선하증권(Negotiable B/L)이라 하고, 그 외의 증권을 유통불능선하증권(Non-Negotiable B/L)이라 한다.

⑦ 전자식 선하증권(Electronic Bill of Lading)

전자식 선하증권은 오랜 기간 동안 무역거래에서 주종을 이루었던 종이선하증권(Paper B/L)의 문제점과 이를 보완하기 위하여 유럽 일부지역에서 사용되는 비유통성 해상운송장(non-negotiable sea waybill)의 문제점을 극복하기 위해 사용되었다.

기존의 선하증권은 화물상환증권이므로 선하증권을 소지하지 않고서는 선박회사에 화물을 청구할 수 없으므로 L/G라는 편법이 나타났으며, 비유통성 해상운송장은 매우 제한적인 거래에서만 사용될 뿐 아니라 선하증권과 비교하여 수하인의 지위가 불확실하고 운송중의 물품전매가 이루어지는 거래에 있어서는 사용될 수 없었다.

따라서 해상운송장이 사용될 수 없는 경우에 권리증권의 기능을 하면서 서류를 신속하게 수하인에게 인도할 수 있는 방법에 기인하여 최근에 개발된 것이 전자식 선하증권이다.

4) 선하증권에 관한 국제규칙

산업혁명 이후 국제무역이 증가하면서 화물을 해상으로 운송하는 과정에서 운송당사자들은 화주와 운송인 사이에 발생하는 비용 및 위험에 대한 의무를 확실하게 규정하는 국제통일규칙을 제정하여야 한다는 인식을 하게 되었다. 그 결과 주로 운송인의 입장에서 운송인의 의무, 면책조항, 손해배상 등 운송인의 상품운송체계에 관한 내용을 규정하는 통일규칙이 1924년 헤이그규칙(Hague Rules)이다.

(1) 헤이그 규칙(Hague Rules, 1924)

1921년 헤이그에서 개최된 국제법협회(International Law Association : ILA)에서 선주, 화주, 은행 및 보험회사들이 ICC가 제시한 선하증권에 관한 통일약관을 선하증권에 삽입하여 사용하자는 결의를 하자 선주들의 반발로 무산되었다. 그 후 1924년 브뤼셀에서 개최된 해상법에 관한 국제회의(International Conference on Maritime Law)에서 국제해사법위원회가 1921년의 통일약관을 수정하여 제시한 내용을 승인한 16개 조문[27]으로 구성된 것을 헤이그규칙이라 한다.

동 규칙의 일부 내용은 미국의 1936년 해상운송법(US Carriage of Goods by Sea Act)과 일본 및 우리나라의 상법에 반영되기도 하였다.

(2) 헤이그-비스비 규칙(Hague-Visby Rules, 1968)

헤이그 규칙이 1924년에 제정된 후 국제운송환경과 여건변화를 수용하고 Hague Rules의 결함을 보완하기 위하여 스톡홀름(Stockholm)과 비스비(Visby)에서 토의를 거쳐 헤이그 규칙을 일부 수정하는 내용의 17개 조문을 1968년 2월 Brussel에서 「1924년 선하증권 통일조약을 개정하기 위한 의정서(protocol to amend the international convention for the unification of certain rules of law relating to bills of lading)」이란 명칭으로 채택

27) 16개 조문 중 제3조에는 운송인은 선박의 항해능력과 화물의 적재에 관한 의무, 제4조에는 운송인의 면책규정과 손해배상책임 등에 관한 내용으로 되어 있다.

되어 유효하게 된 규칙을 헤이그-비스비 규칙(Hague-Visby Rules, 1968)이라 한다.

동 규칙에는 규칙의 적용범위의 확장, 선하증권의 법적효력, 운송인의 책임 및 면책내용, 운송인의 구상권 등에 관한 규정으로 되어 있다.

(3) 함부르크 규칙(Hamburg Rules, 1978)

Hague Rules이나 Hague-Visby Rules은 선진국의 선주의 권리를 위주로 제정되었다는 개발도상국들의 불만과 개정하여야 한다는 주장이 유엔무역개발위원회(UNCTAD)에서 강하게 대두되자 1972년부터 개정 작업을 하여 1978년 3월 Hamburg에서 개최된 유엔총회에서 채택된 것을 함부르크 규칙이라 한다. 함부르크 규칙은 총 40개 조문으로 구성되어 유엔에서 채택되었기 때문에 범세계적으로 구속력이 있으며, 1992년 11월 1일부터 해상운송에 관한 국제규칙으로 발효되어 현재 국제운송에 준거법으로 적용되고 있다.

(4) 로테르담 규칙(Rotterdam Rule, 2009)

UN총회는 2009년 9월 23일 해상운송화물의 손실과 손해에 관한 새로운 국제협약인 '국제해상운송계약에 관한 UNCITRAL 조약(United Nations Convention on Contracts for the International Carriage of Goods Wholly or Party by sea)' 일명 로테르담 규칙을 채택하였다.

동 규칙에 따라 운송인 책임제한액은 헤이그-비스비 규칙, 함부르크 규칙뿐만 아니라 미국 행상물품운송법(COGSA)의 책임제한액을 넘어서게 되며, 또한 운송인의 항해과실면제조항 폐지, 선박의 감항성 전 항해구간 확대 등 전통적으로 인정되어 왔던 운송인의 면책조항이 폐지되었다.

제3절 항공운송

1. 항공운송의 특징

해상운송은 대량의 화물을 저렴한 운임으로 수송할 수 있다는 점에서 국제운송의 주축을 차지하고 있는 것이 현실이지만 최근에는 항공수송의 비중이 매년 증가하고 있는 실정이다. 그 이유는 첫째, 경제의 질적 발전에 따라 부가가치가 많은 제품이 늘어나면서 비싼 운임을 지급하더라도 국제무역을 할 경우 충분히 채산성이 있다고 인식하게 되었고, 둘째, 1970년대 점보제트기 등 대형여객기와 화물전용기의 국제선취항으로 한꺼번에 대량화물을 고속으로 수송할 수 있어 운임의 하락과 신속한 운송이 가능하게 되었고, 셋째, 1980년대에 와서 Sea/Air/Land 또는 Air/Land 등의 일관수송체제의 정비가 진전됨에 따라 안전운송이 가능하게 되어 신속-안전-경제적 운송을 필요로 하는 수요자의 욕구를 충족시키고 있기 때문이다.

항공화물수송의 특징은 무엇보다도 야행성,[28] 편도성, 비계절성, 신속성 등으로 요약된다. 그 중에서 고속수송인데, 세계 주요 도시의 공항이 정비되어 내륙지역까지의 직송범위가 확대되고, 동시에 컨테이너 수송체제가 개발되어 적재·하역이 간편화되어 화물의 손상율이 뚜렷하게 감소한 것도 그 요인이라 할 수 있다. 고속수송은 금리, 즉 자금 부담을 감소시키고 손상율의 감소는 보험율을 내리게 하였다. 따라서 이러한 이점을 최대한으로 살린 상품, 예컨대 활선어(꽃게), 식료품, 동식물, 패션 제품, 고급 잡화, 정밀기기, 납기가 촉박한 전기 또는 고가부품 등의 항공수송에 대한 의존도가 급격하게 증가되었다.

28) 송이버섯이나 생물과 같이 생명이나 신선도를 유지해야 할 상품을 생산지에서 소비지까지 밤낮을 가리지 않고 운송하여 24시간 이내에 소비자에게 배달하는 항공운송시스템이다.

2. 항공운송계약과 절차

항공운송에 있어서도 해상운송과 마찬가지로 개품운송계약 및 항공기전세계약(charter)이 있다. 개품운송계약의 경우 통상 국제항공운송협회(International Air Transport Association : IATA)의 국제통일운임에 따르는데, Charter 운송에서는 협정운임이 없고 각 항공회사가 정부의 승인을 얻어 운임을 설정하고 있다.

항공화물의 운송계약은 항공회사 또는 그 대리점을 통하여 체결하는 경우와 혼재업자(混載業者)인 운송대리점을 통해서 체결하는 경우가 있다. 혼재업자는 여러 화주로부터 소량화물을 수집하여 대량화물로 만들어 운임이 소량화물의 운임보다 싼 대량화물 운임률로 항공회사 또는 그 대리점과 운송계약을 체결하여 그 차액을 수취하는 업자이다. 항공회사는 화물을 항공기에 적재하고 항공화물상환증(Airway Bill : AWB)을 발행한다.

항공운임에는 ① 최저요금(minimum charge), ② 일반화물운임률(general cargo rates), ③ 컨테이너 단위요금(bulk utilization charge), ④ 특정품목운임률(specific commodity rates), ⑤ 품목분류운임률(commodity classification rates) 등이 있다.

최저운임은 일정 중량(보통 45kg)에 미달되는 화물에 적용되는 것으로서, 소정의 최저중량에 적용되는 정액운임이다. 일반화물운임은 일정한 특별품목 이외의 보통화물로서 컨테이너에 적입이 안 된 화물에 적용된다. 컨테이너 단위요금은 컨테이너에 적입된 화물에 적용된다. 특정품목운임률은 특정구간에 계속적으로 반복하여 운송되는 특정품목에 대해 일반품목보다 요율을 낮추어 적용함으로써 항공운송 이용을 촉진하는데 목적이 있다. 품목분류운임률은 일정한 지역 간 또는 지역을 통과하는 일정품목에 적용되는 할증 또는 할인운임률로서 귀중품, 정기간행물(신문, 잡지), 비동반 수화물, 생동물, 사체 등에 적용된다.

| 표 8-3 | 항공사 대리점 및 혼재업자의 업무대조표

내 용	Agent	Forwarder (Consolidator)
1. 통관수속시설	항공사소유 통관수속시설 사용	자체 통관수속시설 이용
2. 운송약관	항공사 약관에 준함	자체 약관에 준함
3. 수하인	매 건당 Consignee가 됨 (Master AWB)	Break Bulk Agent가 Consignee가 됨(Break Bulk Re-forwarding)
4. 이 익	IATA 5% 커미션이나 기타 수수료를 받는다.	항공운임 중량절감에 의한 하주 수령금과 항공지불운임과의 차액을 이익으로 하거나 IATA 5% 커미션을 받는다.
5. 항공사와의 관계	항공사 Master AWB 사용	자체 House AWB 사용

화주(대부분 수출업자)는 항공화물운송대리점이나 혼재업자를 통하여 해당 항공사에 화물운송을 의뢰하는데 통상적으로 지정된 양식의 S/R (shipping request)에 기재사항을 기입한 후 지정된 항공편의 예약을 하고 화물을 운송대리점에게 인도한다.

화물을 운송대리인의 보세창고로 반입시킨 상태에서 지정된 검량·검수업체로부터 검사를 받고, 세관으로부터는 통관절차를 밟아 수출면장을 받는다. 통관절차를 마치면 운송대리인으로부터 항공화물운송장을 발급받는다.

3. 항공화물운송장

항공화물운송장(Air waybill : AWB)은 항공운송인 송화인으로부터 수령한 화물을 항공기를 이용하여 목적지까지 운송하겠다는 계약을 입증하는 서류로서 해상운송에서 발급되는 선하증권과는 유사한 점이 있으나 법률적인 효력에서는 상당한 차이가 있다. 화물을 신속하게 운송하는 항공운송은 선박으로 운송되는 해상운송에 비하여 운송기간이 짧아 운송 중에 있는 화물을 양도할 필요성이 없다. 1920년대의 해상운송기간은 매우 길어 운송도중에 시세변동이나 수요시기를 놓치는 경우 새로운 수요자에게 서류에 의해 양도되도록 유통을 목적으로 하는 유가증권으로서 법적권리를 부여할 필요가 있었다. 따라서 장시간 소요되는 해상운송화물을 운송 중에 당사자의 필요에 따라 매매될 수 있도록 하기 위하여 선하증권 자체를 매매의 대상으로 인정해 준 것이지만 신속한 운송이 가능한 항공운송증권에 대해서는 유가증권으로 인정해야 한다는 필요성이나 당위성을 느끼지 않고 있는 실정이다. 그리고 항공운송증권은 화물을 항공기에 적재한 상태에서 발행되는 것이 아니고 대부분 항공운송대리인에게 인도한 상태에서 발행되는 수취증명서로 발급될 수밖에 없는 실무상의 문제가 있다.

▌표 8-4▐ 항공화물운송장과 선하증권의 차이

항공화물운송장(Air Waybill)	선하증권(Bill of Lading)
• 유가증권이 아닌 단순한 화물운송장 • 비유통성(Non-Negotiable) • 기명식 • 수취식(창고에서 수취하고 AWB 발행) • 수려증권(受戾證券)이 아님 • 송하인이 작성	• 유가증권 • 유통성(Negotiable) • 지시식(무기명식) • 선적식(화물은 본선에 선적후 B/L 발행) • 수려증권(受戾證券) • 선박회사(운송인)가 작성

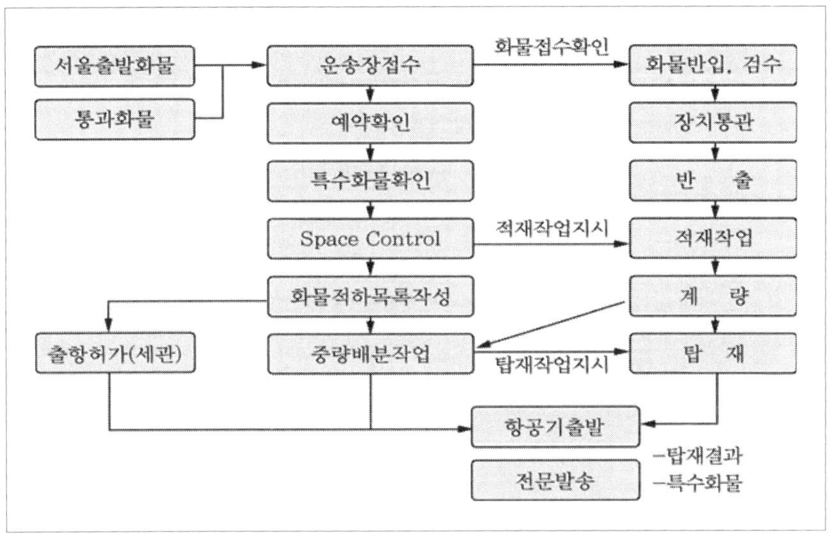

Ⅰ그림 8-5Ⅰ 수출항공화물의 흐름

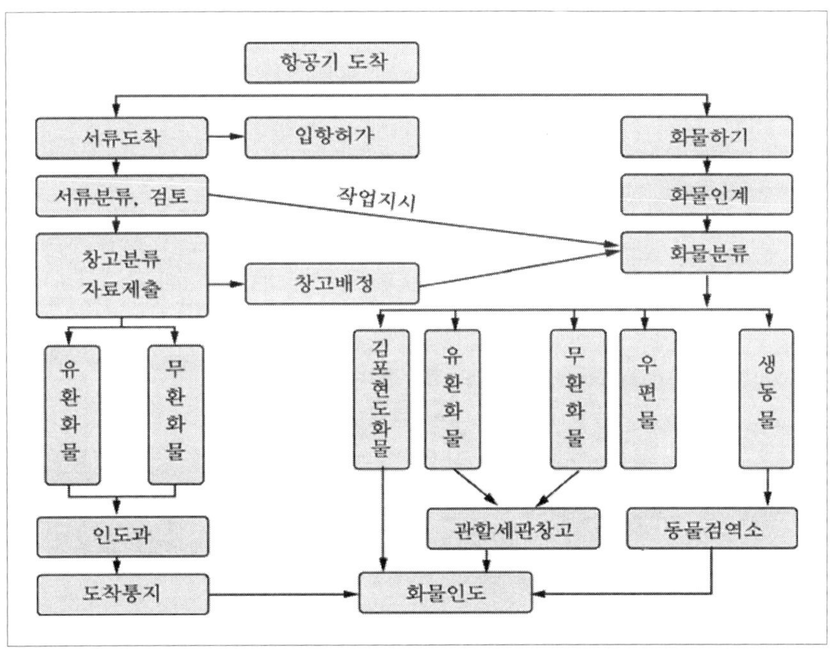

Ⅰ그림 8-6Ⅰ 수입항공화물의 흐름

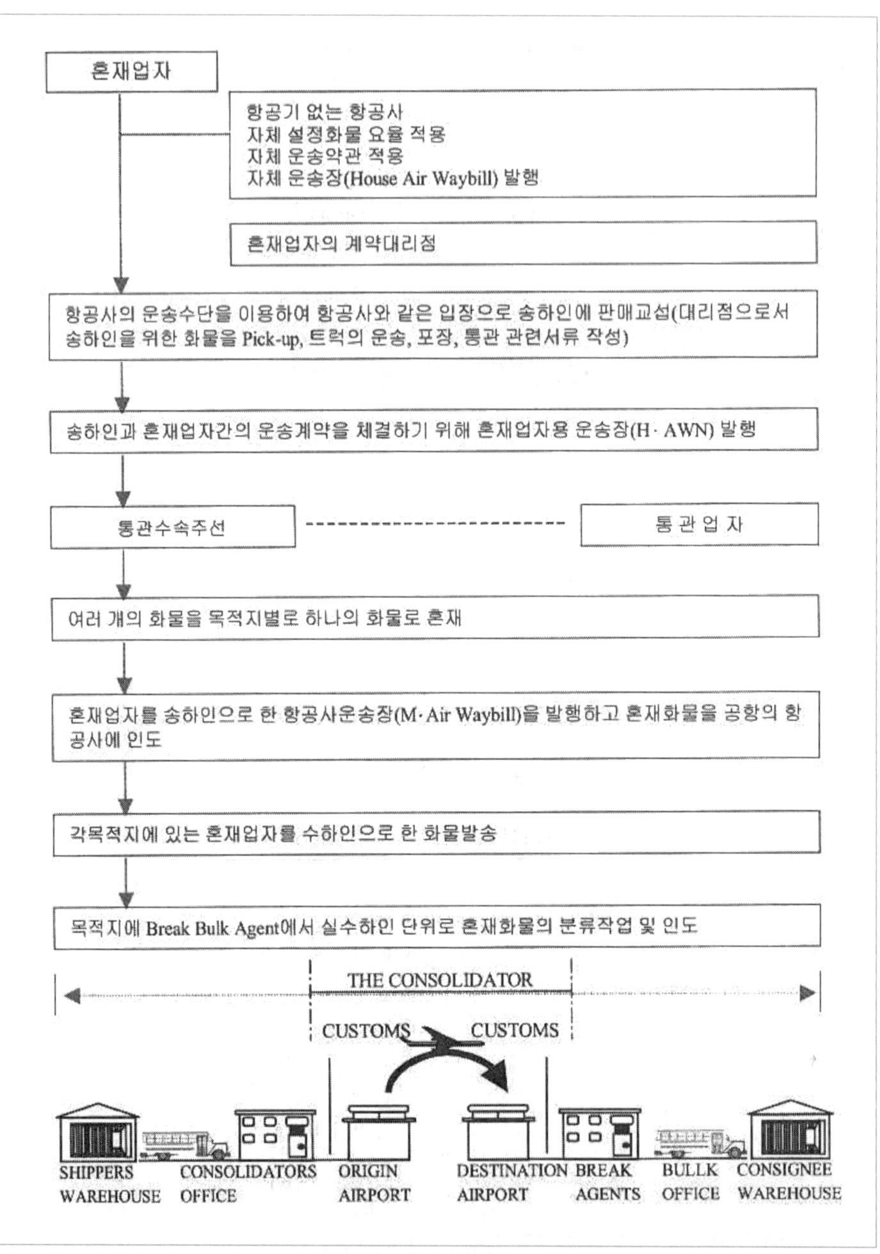

▌그림 8-7▐ 항공화물 혼재업자 업무 절차 도해

그러나 선하증권은 화물이 선박에 반드시 선적·완료된 후에 발행되기 때문에 선적사실이 입증된다. 이러한 관계로 항공운송증권은 유가증권으로 법적 효력을 인정받지 못해 선하증권처럼 배서(endorsement)로 타인에게 양도되지 못하고 송화인이 직접 작성하여 항공사에 교부하는 형식을 취하고 있다. 선하증권은 반드시 운송회사(선박회사)가 작성하여 교부하도록 하고 있다.

그러므로 송화인(수출회사)이 항공운송증권을 작성할 때는 화물수취인(Consignee)은 반드시 신용장 개설은행 앞으로 작성하고 화물착하통지처(Notify party)도 신용장 개설은행 앞으로 작성하여야 운송화물에 대한 담보를 확보할 수 있다. 왜냐하면 항공운송증권(또는 항공선하증권)은 유가증권이 아니기 때문에 화물수취인이나 착하통지처를 수입회사 앞으로 작성하면 수입상은 상품대금을 결제하지 않고도 화물을 마치 일반 항공화물을 찾아가듯이 찾아갈 수 있다. 수출화물에 대한 담보를 수입회사가 결제하기 전까지는 매도인 또는 신용장 개설은행이 가지고 있도록 하는 조치가 필요하다.

제4절 컨테이너와 복합운송

1. 컨테이너

1) 컨테이너의 의의와 장단점

(1) 컨테이너의 의의

컨테이너(container)는 일정한 분량의 물품을 운송하기 위한 하나의 용기로서 1920년 미국의 철도운송에서 활용되었다가 세계 제2차 대전 중 미군의 군수물자를 해상으로 수송하는데 이용되어 그 유용성을 인정받게 되었다. 그 후 고속도로에 의한 트럭운송의 활성화로 화물운송시장을 급격히 잠식당하고 있던 미국의 철도회사가 그 타개책으로 피기백(piggy back)[29]을 개발하였고, 1956년 미국의 시랜드사(Sea Land Service Inc.)가 선박갑판을 개조하여 60개의 컨테이너를 싣고 뉴욕과 휴스턴 사이를 배선한 것이 상업적 컨테이너 운송의 발판이 되어 현재 20ft, 40ft, 35ft, 45ft 등의 길이로 규격화되어 있다.

컨테이너란 물적유통(physical distribution)[30]부문의 포장, 수송, 하역, 보관 등 모든 과정에서 육지·바다·항공로로 경제성, 신속성, 안전성을 최대한으로 충족시키면서 화물의 환적 없이 일관 운송을 실현시키는 혁신적인 운송도구를 말한다.

컨테이너 운송은 세계경제의 성장과 함께 교역량의 증대에 따른 원활한 수송을 위하여 화물운송의 고도화, 전문화, 대형화에 기여하고 있다. 특히 컨테이너 출현으로 매도인의 문전에서 매수인의 문전까지 화물을 운송시킬 수 있는 Door to Door Service라는 획기적인 복합일관수송이 가능하게 되어 화주와 선박회사에 제반 편의를 제공하고 있다.

따라서, 컨테이너는 화물을 보다 능률적이고 경제적으로 수송하기 위해 규격화한 용기로서 프레이트 컨테이너(freight container) 혹은 카고 컨테이너(cargo container)라고 불리 우며 강철, 알루미늄, 경합금, 섬유강화플라스틱(FRP), 목재, 합판 등의 재료로 구성되어 있고 취급화물 종류에 따라 일반용, 액체용, 자동차용, 냉동용, 보온용 등 여러 종류로 분류된다.

---

29) Trailer on Flat Car(TOFC)이 정식명칭이며, 1926년 미국의 Chicago North Shore & Milwakee Railroad사가 Less than Car Load(LCL)의 서비스 개선을 위해 시작한 데서 유래하는 것으로 차량(trailer)을 화차 위에 올려 수송하는 것이다.

30) 물적 유통이란 마케팅의 'Physical Distribution'에서 그 기원을 찾아볼 수가 있으며, 1922년 클라크(F.E. Clark)에 의해 처음 사용된 용어이다.

(2) 컨테이너 운송의 장단점

컨테이너는 물적 유통과정에서 화물을 옮겨 싣는 불편이 없어 일반적으로 화주, 선박운송업자, 도로운송업자, 철도운송업자, 항공운송업자에게 만족을 주고 있다.

① 경제성

화물포장비, 해상운임, 육로수송비, 창고비, 하역비, 인건비, 사무비 등을 절감시키고 보험료도 컨테이너에 의한 수송의 경우 안전도가 높기 때문에 보험조건이 완화되어 이를 절약할 수 있다.

② 신속성

컨테이너는 화물을 개별적으로 운송수단에 선적 또는 양륙하는 번거로움 없이 일정한 크기의 용기에 의한 운송이므로 날씨에 관계없이 작업이 가능하여 운송시간을 단축할 수 있고 사무절차의 간소화에 따른 업무의 능률화를 기할 수 있다.

③ 안전성

안전하고 견고하며, 밀폐된 컨테이너에 의해서 화물이 운반되므로 하역작업 및 수송에 있어서 파손 및 도난의 염려 없이 운송작업을 전천후로 할 수 있다.

그러나 컨테이너 운송에 필요한 여러 가지의 기구를 준비하는 데는 거대한 시설자금이 필요하고, 규격화되지 않은 화물은 이용하기가 곤란하다. 그리고 컨테이너 상당부분이 갑판에 선적되므로 갑판적재의 화물에 대한 높은 할증보험료가 적용되기 쉽다.

2) 컨테이너 터미널의 시설

(1) 컨테이너 터미널의 의의

컨테이너 운송의 가장 중요한 목적 중의 하나가 운송하고자 하는 화물을 완전히 규격화하여 운송단계에서의 화물취급을 종래의 인력중심에서 기계화함으로써 운송시간의 단축과 노력을 적게 하는데 있다. 항만의 부두는 화물의 하역기능에 따라 주로 재래선이 입출항하는 재래부두와 컨테이너선이 입출항하는 컨테이너 전용부두로 분류된다. 그리고 컨테이너 전용부두에는 컨테이너만을 취급할 수 있는 선적 및 하역시설과 장비를 구비한 고도의 전문적인 전용대합실이 있어야 하는데 이러한 취급장소를 컨테이너 터미널(Container Terminal : CT)이라 한다.

(2) 컨테이너 터미널의 시설

컨테이너 터미널은 컨테이너선이 자유로이 입·출항할 수 있는 충분한 수심과 안벽시설이 구비되어 있어야 하며, 컨테이너 선적과 양륙에 관련된 여러 가지 기기 및 시설이 비치되어야만 한다. 이에 컨테이너 터미널은 최소한 ㉠ 안벽, ㉡ 에이프론, ㉢ 마샬링 야드, ㉣ 컨테이너 화물조작장, ㉤ 컨테이너 야드 사무실, ㉥ 정비소, ㉦ 컨테이너 야드, ㉧ 컨테이너 야드 출입문 등의 제반 시설을 갖추어야 유기적인 활용을 기대할 수 있는데 그 중에서 중요한 시설은 다음과 같다.

① 안벽(Berth, Quay, Pier)

컨테이너선을 접안시키는 곳을 안벽이라 하는데 안벽은 컨테이너선이 만적 시에도 충분히 안전하게 부상할 수 있을 정도로 간만의 차에 관계없이 수심유지가 필요한 부두시설이다.

② Apron

부두 안벽에 접한 부분으로서 고가 이동기중기(gantry crane)가 설치되어 있으며, 컨테이너 화물의 선적·양화 등의 작업이 이루어지는 장소이다.

③ Marshalling Yard

본선 입항 전에 미리 계획된 목적지별 또는 선내 적치계획(stowage plan)

에 따라 선적예정 컨테이너를 쌓아두기 위한 장소로서 에이프론과 인접해 있다. 컨테이너 터미널(CT) 운영의 중심을 이루며, 양륙된 컨테이너를 화주의 요구에 따라 인도해 줄 수 있도록 배치해 놓은 장소이다. 즉, 컨테이너선이 입항하기 전에 선적할 컨테이너를 하역순서에 따라 정렬시키고 동시에 컨테이너선으로부터 양륙되는 컨테이너에 필요한 장소를 준비하는 곳이다. 컨테이너의 규격에 맞춰 바둑판의 눈금처럼 구획선을 표시하고 있는데 이 구획선을 슬로트(slot)라 한다.

④ Storage Yard

선적을 기다리고나 양륙되어 수하인에게 전달되기 전에 컨테이너를 장치해 두는 장소를 말한다.

⑤ Container Freight Station(CFS)

CFS란 선박회사나 그 대리점이 선박할 화물을 화주로부터 인수하거나 양하된 화물을 화주에게 인도하기 위하여 지정한 장소이다. 한 화주의 화물이 컨테이너 한 개를 완전히 채울 수 있는 대량화물(Full Container Load Cargo : FCL화물)은 화주의 공장 또는 창고에서 컨테이너에 적재되어 CY로 직접 반입되어야 하지만, 컨테이너 한 개를 완전히 채울 수 없는 소량화물(Less than Container Load Cargo : LCL화물)은 다른 소량화물과 함께 혼적(Consolidation)할 수밖에 없으므로 이러한 소량화물을 다수의 화주로부터 수령하여 동일목적지별로 정리·분류한 다음 한 개의 컨테이너에 적입(stuffing, vanning)하도록 정한 특정의 장소를 Container Freight Station(CFS)이라 한다. 이러한 소량화물을 LCL Cargo 또는 CFS Cargo라 하고, 작업하는 사람을 CFS Operator, 소량화물을 알선하고 CFS를 운영하는 자를 Forwarder(Consolidator)라 한다.

⑥ Container Yard(CY)

광의로 Apron과 Marshaling Yard, Storage Yard를 포함한 Container

Terminal을 가리키지만 협의로는 컨테이너를 보관·인수·인도하는 장소를 말한다. 즉, 한 개의 컨테이너에 완전히 채울 수 있는 분량의 화물(Full Container Load Cargo : FCL Cargo)은 선박회사나 그 대리점이 화주로부터 직접 인수하거나 양륙된 컨테이너를 화물이 들어 있는 상태로 화주에게 인도해 주기 위하여 지정된 장소다. CY Cargo는 육·해·공의 일관협동운송체제로 생산자로부터 소매상에 이르기까지 컨테이너를 중도에서 개폐하지 않아 Door to Door Service가 가능하다.

⑦ Control tower

본선의 하역작업이나 CY 내의 컨테이너 배치가 본부의 계획이나 지시대로 이루어지도록 통제, 감독하는 기능을 수행하는 곳이다.

⑧ Gate

터미널 내외로 컨테이너의 반출입이 이루어지는 장소로서 내륙 운송업자와 컨테이너 부두 관리자 사이에 컨테이너에 대한 관리책임이 전환되는 장송이다.

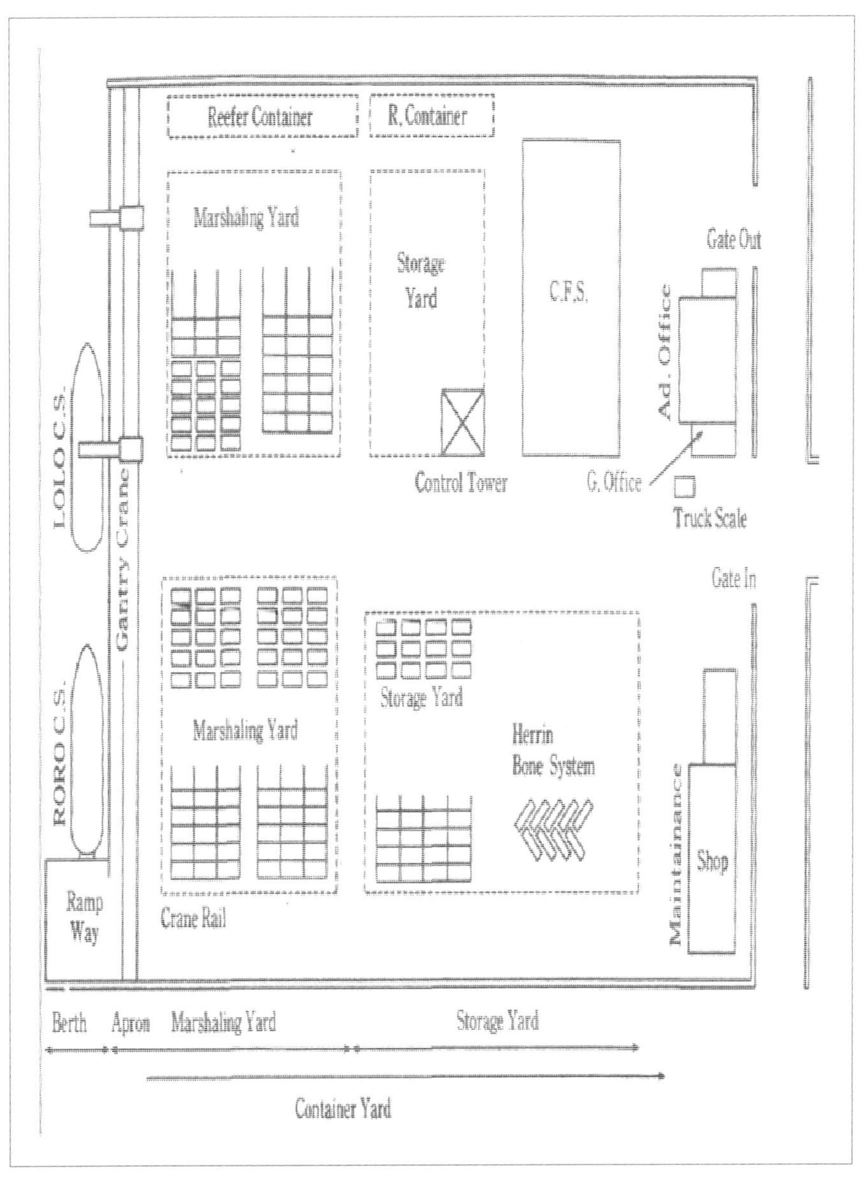

▌그림 8-8▐ 컨테이너 터미널의 구조

3) 컨테이너 화물의 운송형태

컨테이너 화물의 운송형태는 화물의 분량, 목적지, 수집방식 및 운송형태의 범위에 따라 다르며, 운송형태에 따라 운임구조 및 책임한계 등이 다르다.

(1) CFS/CFS(LCL/LCL) 운송

운송대상이 소량화물이므로 선적항의 CFS로부터 목적항의 CFS까지 컨테이너에 의해서 운송하는 방법으로서 가장 초보적인 이용방법이다. CFS/CFS 운송은 Pier to Pier 또는 LCL/LCL 운송이라고도 부르며 다수의 송화인과 다수의 수화인에게 소량화물을 수송하는 운송체제로서 운송인은 선적항과 목적항 간의 해당 해상운임만을 징수하고 이에 따른 운송책임도 선적항 CFS에서 목적항 CFS까지로 제한된다.

(2) CFS/CY(LCL/FCL) 운송

운송인이 지정한 선적항의 CFS에서 목적지의 CY(Container Yard)까지 컨테이너로 운송하는 화물운송형태로서 운송인이 다수의 송화인들로부터 화물을 인수받아 하나의 수화인에게 운송하는 방법이다.

(3) CY/CFS(FCL/LCL) 운송

CY/CFS 운송형태는 운송업자가 한 사람의 송화인으로부터 화물을 인수받아 다수의 수화인에게 화물을 운송하는 방법이다. 이 방법은 한 수출업자가 수입국의 여러 수입업자에게 일시에 화물을 운송하고자 할 때에 많이 이용된다.

(4) CY/CY(FCL/FCL) 운송

컨테이너의 장점을 최대한도로 이용한 운송방법으로서, 수출업자의 공장 또는 창고에서부터 수입업자의 창고까지(door to door) 육·해·공을 연결하는 컨테이너에 의한 일관운송형태로 수송되는 방법이다. 운송 도중에 컨테이너의 개폐 없이 운송되므로 신속성·안전성·경제성을 최대한으로 충족시키는 운송방법이다.

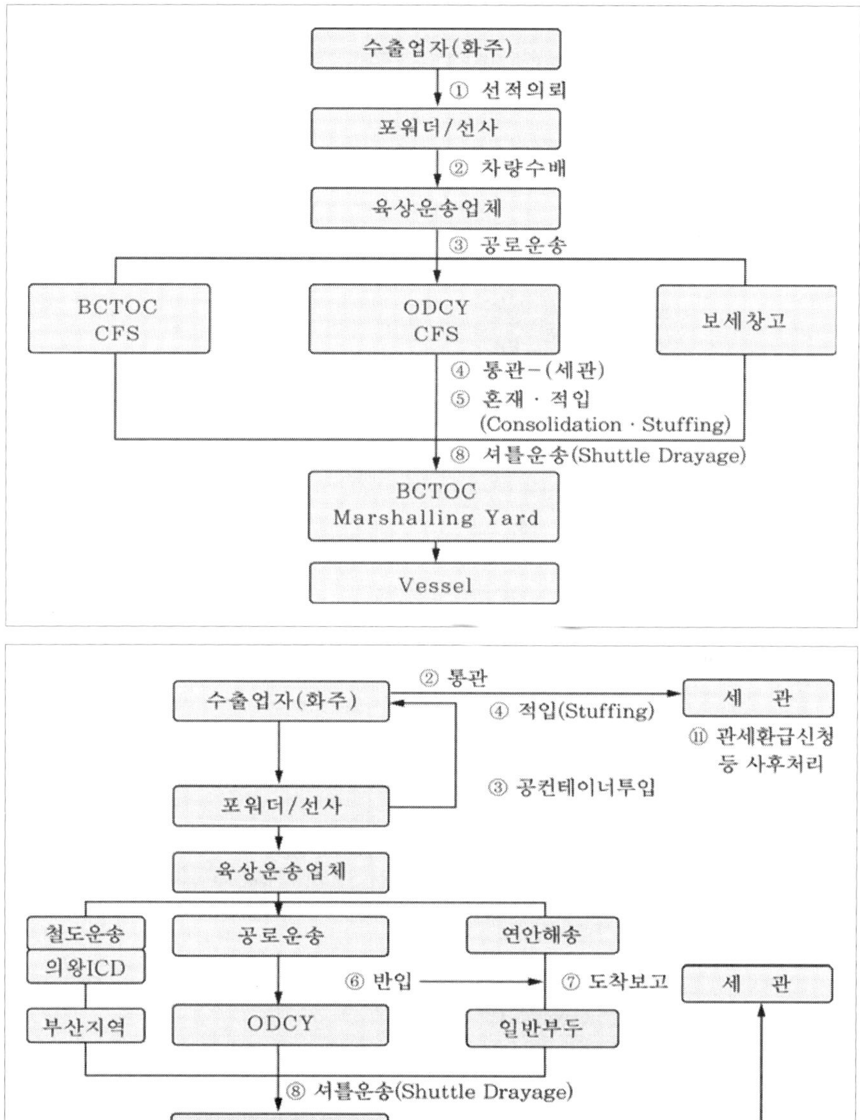

▌그림 8-9▌ 컨테이너 화물운송의 형태와 흐름

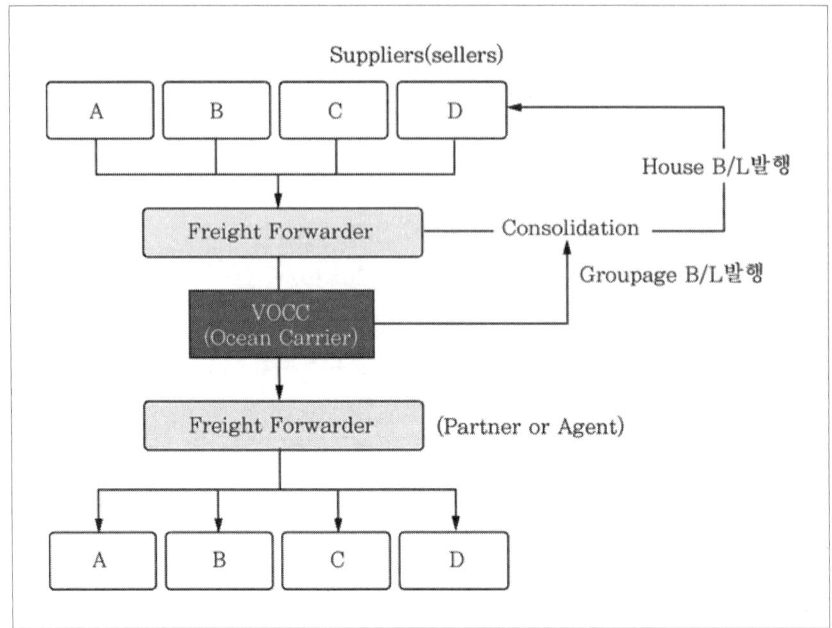

주 : 여기서 말하는 House B/L 및 Groupage B/L의 종류가 아니고, Groupage B/L이란 포워더의 혼재화물, 즉 FCL에 대해 1건으로 선사가 포워더에 발행하는 B/L을 말하며, House B/L이란 선사가 발행한 B/L(Master B/L)을 바탕으로 포워더가 하주별로 LCL건건마다 발행하는 B/L을 이렇게 부른다.

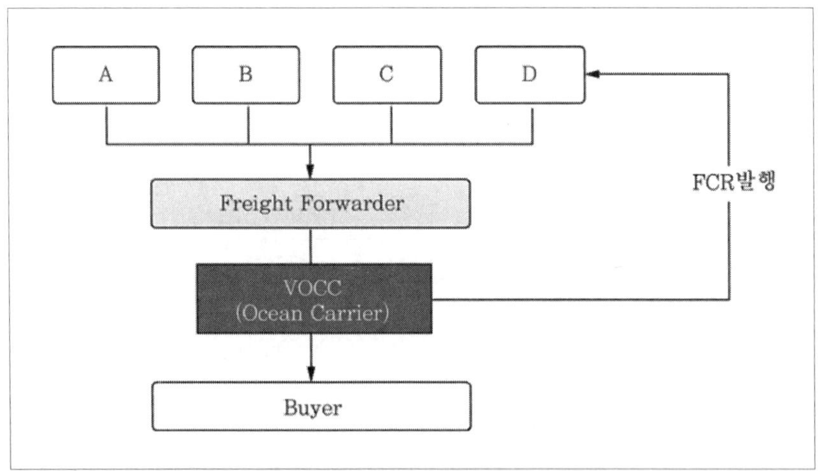

❙ 그림 8-10 ❙ Consolidation의 형태

2. 복합운송

1) 복합운송의 의의

복합운송(combined transport)[31]은 1960년대 컨테이너의 등장과 이후 컨테이너 전용선의 등장으로 부각되기 시작하여 오늘날에는 국제화물운송체계 있어 가장 보편화되어 있는 운송방법이다. 복합운송이란 특정화물을 해상운송·내수운송·항공운송·철도운송·도로운송과 같은 운송형태 중에서 두 가지 이상의 운송형태(운송수단)를 복합적으로 이용하여 출발지에서 최종목적지까지의 운송구간을 일관 수송하는 체제를 의미하며, 1980년 UNCTAD의 유엔국제물품복합운송조약[32]에서도 같은 취지로 정의하고 있다.

Door to Door운송을 목적으로 출발지에서 도착지까지의 일관운송을 특히 복합일관운송이라 부르고 있으며 화물포장의 간이화, 하역의 합리화, 수송의 정확·신속화, 화물사고의 감소, 비용의 절감 등 많은 이점을 가지고 있다. 그러나 항공운송에서 사용되는 컨테이너는 해상운송컨테이너와 나를 뿐 아니라 해상컨테이너는 자체무게가 많이 나가 항공운송에는 부적합하므로 육·해·공 일관운송의 실현은 많은 문제점에 부딪히고 있다.

2) 복합운송인과 운송책임

복합운송인은 자기의 명의와 계산으로 송화인과 운송계약을 체결하고 복합운송을 인수하는 당사자로서 운송인의 지위에서 복합운송증권을 발행하며, 전 운송구간의 운송과 화물의 멸실, 훼손 또는 지연으로 인한 손해에 대하여 책임을 지는 주체자로 Combined Transport Operator (CTO) 또는 International Transport Operator(ITO) 등으로 불리어 진다.

복합운송인은 두 가지 유형이 있다.

---

31) 미국에서는 Intermodal Transport, 유럽지역에서는 Multimodal Transport로 표기하고 있다.

32) UNCTAD, United Nations Convention on International Multimodal Transport of Goods, 1980, Article 1.

첫째, 운송수단을 운행하는 복합운송인이 있다. 운송수단을 보유한 운송인이 송화인과 복합운송계약을 체결하고 전 구간의 운송을 책임지는 운송인을 말한다. 선박 등의 운송수단을 보유하고 있는 운송인은 직접 운송구간의 일부를 운행하고, 다른 운송구간의 운송은 자기의 책임으로 해당 구간의 실제 운송인에게 하도급을 주어 전체 운송을 책임진다. 선박회사, 항공회사, 철도회사, 트럭회사 등이 이에 해당되는데 이 중 선박회사가 대표적인 복합운송인이다.

둘째, 운송수단을 운행하지 않는 복합운송인이 있다. 선박, 항공기, 트럭 등의 운송수단을 보유하지 않은 상태에서 송화인과 복합운송계약을 체결하고 자신이 전 구간의 운송을 책임지는 운송인으로 계약운송인형 복합운송인이라고 한다. 이들은 송화인에게는 운송인의 역할을 담당하지만 실제 운송수단을 보유하고 있는 실제운송인들에게는 송화인의 역할을 담당하게 된다. 따라서 이들에게는 화주로부터 받는 일괄운임과 실제 운송인에게 지불하는 운임합계의 차액이 수익이 된다. 운송수단을 보유하지 않으면서 복합운송업을 영위하는 예로는 ① 우리나라의 국제물류주선인, ② 미국의 무박운송인(Non-Vessel Operating Common Carrier : NVOCC), ③ FIATA의 Freight Forwarder 등이 있다.

복합운송에서의 운송인은 전 운송구간에 대하여 1인의 계약주체로서 규정하고 있으므로 그 외에 다른 운송인은 실제운송인(actual carrier)이라 할지라도 복합운송인을 위한 하청운송인 또는 이행보조자로서 분담구간에 대한 운송을 수행할 뿐이다. 일반적으로 화주로부터 화물을 수탁 받은 첫 번째의 운송인이 물품의 인수지점에서 인도지점까지 전 구간에 대한 운송책임을 지고 복합운송증권을 발행한다.

따라서 복합운송인은 ① 일괄운임[33]을 설정(Through Rate)하고 ② 일관선하증권을 발행(Multimodal Transport B/L)하며, ③ 단일운송책임(Single Carrier's Liability)을 진다는 특징이 있다.

복합운송책임의 인수방법은 이종책임원칙(network liability system)과

33) 복합운송인은 복합운송의 서비스 대가로 각 운송구간마다 분할된 것이 아닌 전 운송구간의 단일화된 운임을 설정한다.

동일책임원칙[34](uniform liability system)이 있다. 이종책임원칙은 손해가 발생한 구간에 적용되는 조약이나 법률에 따라서 그 책임의 범위가 달라지는 방법이다. 예를 들면 도로운송구간은 CMR(국제도로운송조약 1956), 철도운송구간은 CIM(국제철도운송조약 1970), 해상운송구간은 Hague Rules 1924, 항공운송의 경우는 Warsaw Convention 1929 등을 적용하여 책임범위를 정하게 됨으로 같은 화물의 손실이라 하더라도 어느 구간에서 사고가 발생하였는가에 따라서 책임범위가 달라질 수 있다.

우리나라에서는 복합운송업을 법률상 해상운송주선업(Freight Forwarder)이라고 하는데, 해상운송주선업자[35]는 소정의 자격을 갖춘 후 등록을 하여야 한다. 복합운송인은 소액자본으로 설립과 운영이 가능하기 때문에 난립하여 운송질서를 문란하게 할 위험이 많으므로 화주는 특별히 주의할 필요가 있다.

국제복합운송에는 이와 같은 복잡한 문제점이 발생하고 있기 때문에 이를 해결하기 위하여 ICC(국제상업회의소)는 1973년에 국제복합운송에 관한 통일규칙을 제정(1975년 개정)하여 국제복합운송주선업협회(FIATA)가 통일양식으로 채택한 FIATA B/L을 사용하도록 하고 있다.

해상운송주선업자(포워더)의 주요기능은 다음과 같다.

① 국제물류의 전반적인 컨설팅
② 운송계약의 체결 및 선복의 예약
③ 관계물류서류의 작성
④ 수출입통관 대행
⑤ 운임 및 기타비용의 입체
⑥ 포장 및 창고보관
⑦ 보험의 수배

34) 손해발생구간과 관계없이 일정한 원칙에 따라 동일한 책임을 지는 방법으로 포장단위당 920 SDR 또는 멸실된 화물의 Kg당 2.75 SDR 중 많은 금액을 책임한도로 하고 있다.
35) 자기 또는 자신의 대리인을 통하여 복합운송계약을 체결하고 송하인이나 복합운송업에 관여하는 운송인의 대리인 또는 주체로서 행위를 하고 또한 계약의 이행에 관한 채무를 부담하는 자를 망한다.

⑧ 화물의 집화, 분배, 혼재서비스
⑨ 관리와 분배업자
⑩ 시장조사

3) 복합운송증권

복합운송증권(Combined Transport Document : CTD)이란 선박, 철도, 항공기, 자동차에 의한 운송방식 중 적어도 두 가지 이상의 다른 운송방식에 의하여 운송물품의 수탁지와 인도지가 상이한 국가의 영역 간에 이루어지는 복합운송계약을 증명하기 위해서 복합운송인이 발행한 증권이다. 복합운송증권은 발행자인 복합운송인(Combined Transport Operator : CTO)이 증권에 기재된 화물의 종류, 수량, 상태 등을 수탁지로부터 목적지까지의 운송을 위하여 자기의 지배하에 수취하였음을 증명하는 공식적 물품수령증이지만 복합운송증권이 유가증권으로 인정될 수 있는지 여부는 그 발행형식에 따라 결정될 수 있다.

표 8-5 복합운송증권과 선하증권의 비교

구 분	복합운송증권	선하증권
운송구간	모든 복합운송구간	해상구간에 한정
증권형태	부지문언(unknown clause) “shipper’s load and count” “said by shipper to contain”	무사고선하증권(clean B/L)
발급시기	수취식	보통 선적식(수취식도 가능)
발행형식	유통식, 비유통식 가능	유통식

복합운송증권은 그 발행 이전에 이미 체결한 계약의 내용과 조건을 구체적으로 입증하는 운송계약증서이므로 유통성 복합운송증권은 수화인(consignee)의 배서(endorsement) 또는 인도(delivery)에 의하여 물품의 처분권이 주어지

는 물권증권(document of title)으로서 유가증권의 성격을 띠고 있다는 주장[36]도 있으나 신용장통일규칙 제26조에서는 은행이 복합운송증권을 수리할 때는 다소 까다로운 조건[37]으로 규정하고 있어 특별한 주의가 필요하다.

4) 주요 복합운송 경로

복합운송의 형태는 해륙복합운송, 해공복합운송, 육해공복합운송이 있다. 해륙복합운송은 대륙을 하나의 교량으로 이용하는 랜드브리지(land bridge) 방식이 이용되고 있다. 랜드브리지 서비스는 항로를 중심으로 한 해상운송 경로의 중간에 일부 대륙횡단경로를 운송구간으로 추가하여 환적 없이 일괄 운송함으로써 최종 목적지까지 두 가지 이상의 운송수단에 의하여 운송되는 방식이다.

(1) 해륙복합운송 경로

① 시베리아랜드브리지(Siberia Land Bridge : SLB)

시베리아횡단철도(Trans-Siberia Railway : TSR)를 이용한 시베리아 랜드브리지는 시베리아대륙을 교량으로 이용하여 극동과 유럽 및 중동지역을 해상·육상 또는 해상·육상·해상의 형태로 연결하는 복합운송시스템이다.

극동지역의 한국, 동남아, 호주 등과 유럽대륙과 스칸디나비아반도 및 중동지역을 극동에서 유럽 및 중동해 화물을 집화하여 러시아의 나호트카항이나 보스토치니항까지 컨테이너선으로 해상운송 한다. 그 곳으로부터 러시아, 한국, 일본, 유럽 등의 무박운송인(NVOCC)들이 제휴하여 시베리아횡단철도에 의해 육상운송 한다. 이후 다시 동구, 서구, 스칸디나비아반도, 지중해, 이란, 아프가니스탄 등지로 철도, 컨테이너선, 트럭 등으로 연결되는

36) United Nations Convention on International Multimodal Transport of Goods, 1980, Article 1 Paragraph 4, Article 10.
37) UCP 26조에는 신용장에 별도로 명시한 내용이 있으면 그에 따라야 하나 일반적으로 명칭에 관계없이 복합운송인의 자격, 물품발송, 선적항 등에 대하여 제한하고 있다.

국제복합운송의 한 형태이다.

② 차이나 랜드브리지(China Land Bridge : CLB)

중국대륙 횡단철도(Trans China Railway : TCR)를 이용하는 차이나 랜드브리지는 한국, 일본 등 아시아 화물을 중국의 강소성 연운항까지 해상으로 운송한 후 중국대륙을 동서로 관통하는 내륙운송의 동단기점에서 철도로 러시아 철도의 접점까지 운송한다. 거기에서 러시아 철도로 전환하여 폴란드, 독일 등을 거쳐 네덜란드 로테르담항까지 운송하는 경로이다.

▌표 8-6▌ CLB와 SLB 비교

구 분	경 로	거 리
CLB(연운항기점) TCR + TSR	극동아시아해상-연운항-TCR-TSR-로테르담	약 11,000km
블라디보스톡항 SLB(TSR)	극동아시아-해상-블라디보스톡항-TSR-로테르담	약 13,000km
해 상	극동아시아-해상(수에즈운하 경유)-로테르담	약 20,700km
	극동아시아-해상(파나마운하 경유)-로테르담	약 23,000km

③ 아메리카 랜드브리지(America Land Bridge : ALB)

미국 횡단철도를 이용한 아메리카 랜드브리지는 아시아와 유럽 간의 화물 운송의 경우 한국 등의 아시아국가 항구에서 미국의 서안항구까지는 해상으로 운송한 다음 철도로 미국 동안의 항구까지 운송하며 다시 해상으로 유럽의 항구까지 운송하는 방식이다.

• **미니 랜드브리지(Mini Land Bridge : MLB)**

극동에서 선적된 화물이 미국 태평양 서안항구에서 양륙되어 철도 등의 육상운송수단으로 북미대륙을 횡단하여 미국 대서양 연안의 동부 걸프지역 항구까지 운송되는 복합운송의 한 형태이다.

• **마이크로 랜드브리지(Micro Land Bridge : MCB)**

미니 랜드브리지가 미국의 동안항 또는 걸프연항인데 비하여 마이크로 랜드브리지는 목적지가 항구가 아닌 미국의 내륙지점이다. 극동에서 선적된 화물이 미국 태평양 서안항구에서 양륙되어 철도 등의 육상운송수단으로 북미대륙을 횡단하여 미국 내륙지점까지 운송되는 복합운송의 한 형태로 인테리어 포인트 복합운송(Interior point Intermodal : IPI)이라고도 한다.

(2) 해공복합운송 경로

① 북미 서해안 경유 유럽행 해공복합운송

아시아의 극동항구에서 선박으로 미국의 서해안이나 캐나다의 벤쿠버항까지 운송하고 화물을 양륙하여 공항까지 육상 운송한 다음 항공기로 유럽의 목적지까지 운송하는 것을 말한다.

② 북미 서부 경유 중남미행 해공복합운송

아시아의 극동항구에서 선박으로 북미 서부 또는 동남부 항구까지 운송하고 화물을 양륙하여 공항까지 육상 운송한 다음 항공기로 중남미까지 운송하는 것을 말한다.

③ 동남아시아 경유 유럽행 해공복합운송

아시아의 극동항구에서 선박으로 싱가폴 또는 홍콩까지 운송하고 화물을 양륙하여 항공기로 유럽까지 운송하는 것을 말한다.

▌표 8-7▌ 국제복합운송의 연결형태

명 칭	연결형태	내 용
Piggy-back	철도와 트럭	트레일러나 컨테이너를 철도의 무개화차(flat car)에 적재운송하는 방식
Fishy-back	해운과 트럭	트럭으로 운송된 컨테이너를 선박에 적재운송 방식
Birdy-back	항공과 트럭	트럭으로 운송된 컨테이너를 항공기에 적재운송 방식
Truck-air	트럭과 항공	트럭과 항공을 혼합 이용하는 운송방식
Rail-water	철도와 수운	철도를 구비한 특수선박에 기차를 적재하고 운송
Ship-barge	선박과 부선	내륙수로와 연안항구간의 해운을 혼합 이용하는 방식
Sea-air	해운과 항공	항공기와 선박을 혼합 이용하는 방식
Sky-rail	철도와 항공	철도와 항공기를 혼합 이용하는 방식
Pipe-line	-	국가 간 파이프라인을 설치하여 이용하는 방식

5) 복합운송에 관한 국제조약과 규칙

복합운송을 규율하는 국제규칙은 1975년 제정된 ICC복합운송서류 통일규칙, UN복합운송협약 및 1992년에 발효된 UNCTAD/ICC 복합운송서류에 관한 통일규칙 등이 있다. 이하에서는 이들 규칙의 적용과 내용을 나타내고 있다.

▌표 8-8▐ ICC, UN 및 UNCTAD 복합운송증권규칙 비교

Rules / 항목	ICC 국제복합운송통일규칙(1973)	UN 국제복합운송조약(1980)	UNCTAD/ICC 복합운송 증권규칙(1992)
적용범위	이 규칙에 의한 복합운송증권에 의거하여 체결된 복합운송계약에 적용됨.	복합운송인이 화물을 수취하는 지점 및 화물을 인도하는 지역 또는 "or"에 의해 연결되어 있는 경우 자국이이 조약의 체결국이 아니더라도 상대국이 체약국이면(반대의 경우도 포함)이 조약 적용됨.	이 규칙을 복합운송계약에 삽입 시키는 경우 이 규칙이 적용되며, 이 경우 단일운송계약 또는 복합 운송계약이냐에 관계없이 적용됨.
책임체계	Uniform System	Network System	Modified Uniform System
책임원액	과실책임원칙(다만, 운송인의 거증책임 있음)	좌 동	좌 동
배상금액 및 책임한도	1 package 또는 1 unit당 920SDR 또는 1kg당 2.75SDR 중 높은 금액. 컨테이너, pallet로 운송되는 경우의 포장수 등을 세는 방법은 Hague- Visby Rules와 Ham-burg Rules 동일함.	손해발생구간이 불명확한 경우에는 중량주의에 따라 1kg 당 30 Poincare franc을 한도로 하며, 손해발생구간이 판명된 경우는 각 구간에 적용되어야 하는 국제조약 또는 국내법에 따름.	복합운송인이 물품을 인수하기 전에 송하인이 물품의 종류와 가액을 통보하고 또한 이를 복합운송증권에 기재한 경우를 제외하고 매 포장당 또는 매 단위당 666.67SDR, 멸실 또는 손상 물품의 총중량에 대한 매 kg당 2SDR중에서 높은 쪽의 금액을 초과하지 않는 범위 내에서만 택임을 짐.

주 : 1) 책임원칙은 단일로 하지만 책임한도액은일정액 및 그 구간에 적용되는 강행법규에 의한 한도액 중 높은 쪽의 금액으로 한다.

2) 컨테이너 내분의 단위가 운송증권에 명시된 경우 내부단위를 책임한도액의 산정에 관한 단위로 보며, 복합운송이 해상 또는 내수의 운송을 포함하지 아니하는 경우에는 복합운송인의 책임은 멸실 또는 손상된 물품의 총 중량에 대한 매 kg당 8.33SDR을 초과하지 아니하는 금액으로 제한한다.

Chapter 09

해상보험실무

제1절

해상보험의 개요

1. 해상보험의 의의

1) 영국 해상보험법의 정의

⌛ 영국해상보험법(Marine Insurance Act, 1906) 제1조

> A contract of marine insurance is a contract whereby the insurer undertakes to indemnify the assured in manner and to the extent thereby agreed, against marine losses, that is to say the losses incident to marine adventure.

해상보험계약은 그 계약에 의해 합의된 방법과 범위 내에서 해상손해, 즉 해상사업에 수반하는 손해를 보험자가 피보험자에게 보상할 것을 인수하는 계약이다.

2) 한국 상법의 정의

상법(제693조)에서는 해상사업에 관한 사고로 인하여 생길 손해를 보상할 것을 목적으로 하는 보험으로 해상보험을 규정하고 있다.

2. 해상보험의 기원과 발전

1) 해상보험의 기원(모험대차설)

선박 또는 적하를 담보로 하는 대차로서, 돈을 빌린 선주 또는 화주는 항해가 무사히 종료되면 차용한 원금에 이자를 붙여 상환하여야 하지만, 선박이 항해 도중에 해난·해적 등의 해상사고로 인하여 전손이 된 때에는 원리금을 상환하지 않아도 되는 대차이다.

2) 해상보험의 발전

14세기경 르네상스 초기 이탈리아의 상업도시에서 해상보험이 생성된 후, 17세기경 이탈리아의 롬바르드인에 의하여 영국에 해상보험이 소개되었다. 1688년 개인보험업자인 Lloyd's의 생성으로 영국에서 해상보험이 비약적으로 발전하였다.

한편 우리나라에서 해상보험이 실시된 것은 한일합병 이후인 1922년 조선화재해상보험(현재의 동양화재보험)이다.

3. 해상보험의 기본용어

1) 보험계약의 당사자

(1) 보험자(Insurer)

보험자는 보험계약을 인수하는 자로서 보험계약자로부터 보험료를 받는 대신에 보험기간 중 보험사고가 발생할 경우 보험금을 지급하기로 약속한 자이다. 우리나라의 경우 보험 사업은 법인조직이 아니면 영위할 수 없으므로 보험자는 곧 보험회사를 가리킨다. 그러나 영국에서는 개인보험업자도 적지 않기 때문에 보험자를 보통 Underwriter라고 한다.

(2) 보험계약자(Policy Holder)

보험계약자는 자기 명의로 보험자와 보험계약을 체결하고 보험료를 지급하기로 약속한 자를 말한다.

(3) 피보험자(the Insured)

피보험자는 보험계약의 직접적인 당사자는 아니지만 피보험이익의 주체로서 보험계약에 의하여 보호되는 자, 즉 보험사고가 발생한 경우에 보험자로부터 손해의 보상을 받는 자를 말한다. 그리고 보험계약자와 피보험자가 동일한 경우를 '자기를 위한 보험'이라 하고, 서로 다른 경우를 '타인을 위한 보험'이라 한다. 예를 들면, CIF 조건의 경우 매도인이 매수인을 위해 부보하는 경우가 타인의 위한 보험에 해당된다.

2) 보험료와 보험금

(1) 보험료(Insurance Premium)

보험료는 보험자의 위험부담에 대한 대가로서 보험계약자가 보험자에게 지급하는 금전을 말한다. 보험료는 순보험료(Net Premium)와 부가보험료

(Loading Premium)로 구성되며, 이를 합하여 총보험료(Gross Premium)이라 한다.

(2) 보험금(Claims Paid)

보험계약에 따라 보험자가 피보험자(손해보험의 경우) 또는 보험수익자(인보험의 경우)에게 지급하는 금전을 말한다.

3) 보험금액과 보험가액

(1) 보험(가입)금액(Insured Amount)

보험사고로 인하여 소정의 손해가 발생한 경우에 보험자가 지급해야 할 금액 또는 그 최고한도의 금액으로서 보험계약을 체결할 당시에 보험자와 보험계약자간에 약정하는 것을 말한다.

(2) 보험가액(Insurable Value)

피보험이익을 금전으로 평가한 가액, 즉 사고가 발생한 경우에 피보험자가 입게 되는 손해액의 최고한도액을 말한다.

(3) 보험금액과 보험가액의 관계

① **전부보험(Full Insurance)**

보험금액과 보험가액이 일치하는 경우이다. 해상보험은 대부분 전부보험이다.

② **일부보험(Under Insurance)**

보험금액이 보험가액에 미달하는 경우이다. 일부보험의 경우에는 손해가 발생하면 보험자는 보험금액의 보험가액에 대한 비율에 따라 손해를 보상하는 데 이것을 비례보상의 원칙 또는 비례부담의 원칙(Pro Rata Regel)이라 한다.

③ **초과보험(Over Insurance)**

일부보험과 반대로 보험금액이 보험가액을 초과하는 경우이다.

④ **공동보험(Co-Insurance)**

하나의 위험이 복수의 보험자에 의해 각기 위험의 일부분씩 인수되는 경우이다.

⑤ **중복보험(Double Insurance)**

동일 피보험이익 및 동일 위험에 대하여 동일한 피보험자를 주체로 하여 수개의 보험계약이 존재하고 또 각 계약의 보험금액의 합계가 보험가액을 초과하는 경우이다.

4) 보험증권과 보험약관

(1) 보험증권

보험증권(Insurance Policy)이란 보험계약의 성립과 그 내용을 증명하기 위하여 계약의 내용을 기재하고 보험자가 기명날인 또는 서명하여 보험계약자에게 교부하는 증서를 말한다.

(2) 보험약관

보험약관(Insurance Clause)이란 보험자가 미리 작성한 보험계약의 내용을 이루는 조항, 즉 보험증권상의 각종 약속과 규정을 가리킨다. 보험약관에는 보통보험약관(General Clause)과 특별보험약관(Special Clause)이 있다.

5) 보험의 목적과 보험계약의 목적

(1) 보험의 목적물

보험의 목적물(Subject-Matter Insured)은 보험계약의 대상인 재화를 말한다. 즉 위험발생의 객체로서 화물·선박 및 이에 준하는 유체물이다.

(2) 보험계약의 목적

보험계약의 목적(Subject of Insurance)은 보험의 목적이 멸실 또는 손상됨으로써 경제적 손실을 입게 되는 피보험자와 그 보험의 목적 사이에 존재하는 이해관계를 말한다. 이러한 이해관계가 곧 피보험이익(insurable interest)으로서 "이익 없는 곳에 보험 없다"(No Interest, No insurance)는 말과 같이 피보험이익이 존재하지 않으면 보험은 성립하지 않는다. 따라서 피보험이익이 없는 보험계약은 도박에 지나지 않으며 무효이다.

6) 고지의무(Duty of Disclosure)

보험계약자가 보험계약을 체결할 때 보험자에 대하여 보험자가 보험의 인수여부 또는 계약내용의 결정에 영향을 미치는 모든 중요한 사실을 고지하지 않으면 안 되고, 또 중요한 사항에 대하여 부실하게 고지하여서는 안 된다.

우리나라 상법 제651조에는 보험계약자 또는 피보험자가 고의 또는 중대한 과실로 인하여 중요한 사항을 고지하지 아니하거나 부실고지를 한 때에는 계약을 해지할 수 있다고 규정하고 있다.

7) 담보(Warranty)

담보란 피보험자가 지켜야 할 약속으로서 구체적으로 피보험자가 특정한 일을 하거나 하지 않을 것을 약속하거나, 또는 특정한 조건을 구비할 것을 보증하는 것이다.

(1) 명시담보

담보의 내용이 보험증권에 기재되어 있는 담보이다.

(2) 묵시담보

담보의 내용이 보험증권에 기재되어 있지는 않으나 법률에 의하여 보험계약의 전제가 되고 있는 담보이다.

제2절 해상위험

1. 해상위험의 의의

해상보험의 대상이 되는 위험, 즉 피보험위험은 해상위험이다. 이것은 항해에 기인 또는 부수하는 위험으로서 해상고유의 위험, 화재, 해적, 선원의 악행 등의 위험이다.

2. 위험부담의 원칙

1) 포괄책임주의

해상보험계약에서 보험자가 부담하는 위험을 일체의 해상위험 또는 항해에 관한 일체의 사고로 하는 방식을 말한다. 그러나 실제로는 면책위험에 의한 손해는 부담하지 않는다. ICC(A) 조건이 여기에 해당된다.

2) 열거책임주의

해상보험계약에서 보험자가 부담하는 위험을 구체적으로 열거하고, 열거되지 않는 위험에 대해서는 보험자가 이를 부담하지 않는 방식을 말한다. ICC(B) 및 (C)조건이 여기에 해당된다.

3. 담보위험과 부담보위험

1) 담보위험

보험자가 부담하는 위험, 즉 그 위험으로 인하여 생긴 손해를 보험자가 보상할 책임이 있는 위험을 피보험위험 또는 부담위험이라 한다.

2) 부담보위험

담보위험이 아닌 위험을 부담보위험이라 한다. 부담보위험 중에는 명시적으로 담보하지 않는 면책위험과 원래부터 담보되지 않는 이른바 중성위험(비열거위험)이 있다.

제3절 해상손해

1. 해상손해의 개요

1) 해상손해의 의의

손해란 보험 목적물의 손상 또는 멸실로 인하여 피보험자이익이 소멸되거나 감소되는 것을 말한다. 즉 해상손해란 피보험자인 선주나 화주가 입는 경제적 불이익이다.

2) 해상손해의 종류

(1) 전 손

① 현실전손

보험의 목적이 실체적으로 멸실되었거나 본래의 성질이 상실되었을 경우이다.

② 추정전손

현실전손이 확실시되지만 그 증명을 할 수 없는 때 또는 물리적으로는 보험의 목적을 회수하거나 회복할 수 있어도 그 비용이 지나치게 많이 소요되어 채산성이 없는 때 법에 의하여 전손으로 간주하는 것이다.

(2) 분 손

① 공동해손

선박과 적하가 공동의 위험에 놓여 있을 때, 그 위험을 면하기 위하여 선박 또는 적하에 대하여 선장이 고의적으로 이례적인 처분을 하거나 또는 비용을 지출하는 것을 말한다.

② 단독해손

분손 중 공동해손이 아닌 손해를 말한다. 이것은 손해를 입은 자가 단독으로 부담하여야 하는 것이다.

(3) 비용손해

① 구조료

가. 순수구조료(임의구조료 : Voluntary Salvage Charge)

보험사고가 발생한 경우 계약에 의하지 않고 임의로 구조 한 자에게 해상법에 의거하여 지급되는 보수이다.

나. 계약구조료(Contract Salvage)

구조자와 피구조자간에 계약에 의하여 행할 때 지급되는 보수이다.

② 손해방지비용

피보험자 또는 그의 대리인이 합리적으로 지출한 비용에 한한다. 따라서 제3자에 의하여 지출된 비용은 손해방지비용이 될 수 없다. 적하보험의 경우 목적지 도착 전에 발생된 비용에 한하며 보험금액을 초과하여 지급이 가능하다.

2. 위부(Abandonment)

추정전손이 발생한 경우, 피보험자는 보험의 목적에 대한 모든 권리를 보험자에게 이전하고 보험금액의 전부를 청구할 수 있는 제도이다. 원래 피보험자가 보험금을 청구하기 위해서는 그 손해의 발생을 증명하여야 한다. 그러나 실제로 전손의 가능성이 결정적인 경우에도 그 사실을 증명하기가 곤란한 경우가 있다. 이와 같은 경우에 법률상 전손과 같이 보고 피보험자가 보험금액의 전부를 청구할 수 있도록 할 필요가 있다. 위부는 이러한 필요에서 인정된 벌률 상의 제도이며, 손해보험 가운데서도 해상보험에 특유한 제도이다.

3. 보험자대위(Subrogation)

1) 의의

보험에서 대위란 보험자가 보험금을 지급한 경우, 피보험자가 보험의 목적에 대해 가지는 권리 및 제3자에 대하여 가지는 권리를 피보험자를 대신하여 보험자가 취득하는 것을 말한다. 그런데 피보험자가 보험자로부터 보

험금의 지급을 받고도 보험의 목적에 잔존하고 있는 권리나 제3자에 대한 손해배상청구권을 그대로 갖고 있다면 피보험자는 부당한 이득을 보게 된다. 대위를 인정하는 이유는 이와 같은 부당이득을 방지하는 데 있다.

2) 종류

(1) 잔존물대위

보험의 목적의 전부가 멸실된 경우에 보험금액의 전부를 지급한 보험자는 그 목적에 대한 피보험자의 권리를 취득한다.

(2) 청구권대위(제3자에 대한 대위)

보험자가 손해보상을 한 때에 그 손해에 대하여 피보험자가 제3자에 대하여 가지는 권리를 보험자에게 이전하도록 하고 있다. 이것을 구상권대위라고도 한다.

제4절 해상보험증권과 적하보험 특별약관

1. 해상보험증권양식의 개정

해상보험증권양식의 모체는 1779년 1월에 제정된 Lloyd's S.G. Policy이다. 그러나 해상무역의 발달과 전쟁손해의 거대화에 따라 Loyd's S.G. Policy 만으로는 상인의 요구에 충분히 응할 수 없어서 여러 가지 특별약관을 추가하였다. 그런데 19세기 말경부터 개개의 특별약관을 묶어 일반적인 적하보험에 사용하는 특별약관을 표준화하고자 하는 운동이 일어났으며, 그에 따라 런던보험업자협회(I.L.U.)가 1912년 ICC(F.P.A.), 1921년 ICC(W.A.), 1951년 ICC(All Risks)를 제정하였다. 이 특별약관은 수차 개정되어 1963년에 개정되어 사용되어 왔다.

그런데 Lloyd's S.G. Policy는 고어체와 난해한 문장, 담보범위와 면책위험의 불명확성으로 많은 분쟁을 야기 시켜 동증권 및 특별약관이 대폭 개정되어 1982년 신협회적하보험약관인 ICC(A), ICC(B), ICC(C)가 제정되었다.

구협회약관하에서는 Lloyd's S.G. Policy가 계약의 중심이 되고 협회약관은 구증권을 보완하는 특성의 성격을 가지고 있었지만, 신약관하에서는 Lloyd's S.G. Polcy의 중요 조항을 협회약관에 포함시킴으로써 신협회약관이 계약의 중심이 되고, 보험증권은 단순히 보험계약의 성립만을 입증해 주는 서류에 불과하게 되었다.

2. 구협회적하보험약관

1) FPA(Free from Particular Average : 단독해손부담보조건)

FPA조건은 다음과 같은 해상위험을 담보하는 조건이다.

① 현실전손 및 추정전손

② 본선 또는 부선의 침몰, 좌초, 대화재로 인한 단독해손
(이 경우 면책비율이나 인과관계와 상관없이 보상한다.)

③ 선적, 환적, 하역 중의 매 포장 당 전손

④ 화재, 폭발, 본선 및 부선의 물품 이외의 물체와의 충돌이나 접촉으로 인한 단독해손

⑤ 피난항에서 적하의 양하에 정당하게 기인한 단독해손

⑥ 공동해손

⑦ 손해방지비용

⑧ 중간 기항항이나 피난항에서 양하, 창고보관을 위한 특별비용

2) WA(With Average : 분손담보조건)

FPA조건에서 담보하는 위험에 추가하여 해상고유 위험 중 하나인 악천후로 야기된 단독해손과 해상위험 중 투하나 강도로 인한 단독해손을 담보하는 조건이다.

WA 3% 조건은 단독해손이 화물가액의 3%를 초과한 경우에 한해 손해액 전액을 보상하는 조건이며, WA IOP 조건은 면책한도 없이 단독해손 전액을 보상한다.

3) AR(All Risk : 전위험담보조건)

전위험을 담보하는 조건이나 모든 손해나 멸실을 담보하는 것은 아니다. 약관상 규정된 면책사항을 제외한 위험으로 인해 발생한 손해를 담보하는 조건으로 적하보험 중 가장 범위가 넓다. 약관상 규정된 면책위험은 다음과 같다.

① 피보험자의 고의의 불법행위
② 통상의 누손, 중량 용적의 자연감소 및 자연소모
③ 보험의 목적의 고유의 하자 또는 성질
④ 운송지연
⑤ 포장 또는 준비의 불완전 또는 불충분
⑥ 전쟁위험
⑦ 동맹파업위험

상기 면책위험 중 상대적 면책위험인 전쟁과 동맹파업위험은 특별약관을 첨부하면 담보가 가능하다.

3. 신협회적하보험약관

1) ICC(A) 약관

이 약관은 보험의 목적의 멸실 또는 손상의 모든 위험을 담보한다. 다만 아래의 면책조항 제4조, 5조, 6조 및 7조에 규정한 위험은 제외한다.

(1) ICC 제4조 일반면책조항(General Exclusion Clause)

아래의 경우에는 보험자가 어떠한 경우에도 손해를 담보하지 않는 절대적 면책약관으로서 ICC(A)에서는 ①에서 ⑦까지, ICC(B) 및 ICC(C)에서는 ①에서 ⑧까지 면책하고 있다. 단, 제⑧의 면책위험은 ICC(B)와 ICC(C)에서는 추가보험료를 납입하면 특약에 의해 담보가 가능하다.

① 피보험자의 고의의 불법행위
② 보험의 목적의 통상의 누손, 중량 또는 용량의 통상의 손해, 또는 자연 소모
③ 포장 또는 준비의 불완전 또는 부적합
④ 보험의 목적의 고유의 하자 또는 성질
⑤ 지연으로 인한 손해
⑥ 선주 등의 파산
⑦ 원자핵무기의 사용
⑧ 제3자에 의한 의도적인 손상 또는 파괴

(2) ICC 제5조 불감항 및 부적합면책조항(Unseaworthiness and Unfitness Exclusion Clause)

이 조항은 감항묵시담보를 배제하는 특약이다. 즉 화주가 선박이 불감항 또는 부적합한 사실을 알면서도 화물을 그 선박에 적재하여 손해가 발생하였다면 보험자가 면책되지만, 알고 있지 못하는 경우에는 보험자는 권리를 포기하는 것으로 하고 있다. 따라서 현실적으로 선박이 불감항이라고 해도 피보험자가 선적 시에 그러한 사실을 알고 있지 않는 한 보험자로부터 보험금을 지급받을 수 있다.

(3) ICC 제6조 전쟁면책조항(War Exclusion Clause)

신협회적하약관에서는 명칭을 포획나포면책조항(F.C. & S Clause)에서 전쟁면책조항으로 변경하였으며, 「선전포고의 유무를 불문하고」라는 말이 삭제됨과 동시에 선전포고와 관계없는 전쟁과 유사한 형태의 위험인 내란이

나 혁명 등을 전쟁과 함께 면책위험으로 열거하였다. 그리고 유기된 기뢰, 어뢰, 폭탄 또는 전쟁무기를 새로운 면책위험으로 규정하고 있다.

한편 포획이나 나포 등의 위험을 열거하면서 ICC(A)에서 "piracy excepted" (해적행위제외) 라는 문구를 삽입함으로써 해적행위에 따른 포획이나 나포 등에 의한 손해는 전쟁위험이 아닌 해상위험으로 인한 손해로 보험자가 부담하게 되었다. 따라서 ICC(A)에서는 해적행위를 보험자가 당연히 담보하고, ICC(B) 및 (C)에서는 특약이 없는 한 담보하지 않는다.

(4) ICC 제7조 동맹파업면책조항(Strike Exclusion Clause)

신협회적하약관에서는 명칭을 스트라이크소요폭동면책조항(FSR & CC Clause)에서 스트라이크면책조항으로 간결하게 표시하였으며, 구약관에는 없었던「테러리스트 또는 정치적 동기에 의해 행동하는 자에 기인한 손해」를 신설하여 명확히 면책하고 있다.

2) ICC(B) 약관

본 약관은 아래에 명시되어 있는 위험만을 보험자가 담보하는 약관이다.

① 화재 또는 폭발

② 선박이나 부선의 좌초, 교사, 침몰 또는 전복

③ ~~육상운송용구~~의 전복 또는 탈선

④ 선박, 부선 또는 ~~운송용구~~와 물 이외의 다른 물체와의 충돌 또는 접촉

⑤ 피난항에서의 화물의 양하

⑥ 지진, 분화, 낙뢰

⑦ 공동해손희생

⑧ 투하 또는 파도에 의한 갑판상의 유실

⑨ 선박 등에 해수 등의 유입

⑩ 본선 또는 부선으로의 적재, 하역 중의 추락으로 인한 포장 당 전손

3) ICC(C) 약관

ICC(C) 약관은 상기 ICC(B)의 열거위험 중 ⑥ 지진, 분화, 낙뢰 ⑧ 파도에 의한 갑판상의 유실 ⑨ 선박 등에 해수 등의 유입 ⑩ 본선 또는 부선으로의 적재, 하역 중의 추락으로 인한 포장 당 전손은 담보하고 있지 않다.

4. 부가위험약관

ICC(B)와 ICC(C)는 열거책임주의를 취하고 있으므로 열거위험 이외의 위험에 대하여 보험의 보호를 받기 위해서는 특약을 필요로 한다. 이와 같이 특약에 의하여 추가보험료를 지급하고 특별히 담보하는 위험을 부가위험(Extraneous Risks)라 한다.

1) Theft, Pilferage and Non-Delivery(TPND)

Theft는 포장채로 훔치는 것이고, Pilferage는 포장내용물의 일부를 빼내는 것으로 좀도둑이라 한다. 한편 불착은 확인할 수 없는 사유로 포장단위의 화물이 송두리째 목적지에 도착하지 않는 경우를 가리킨다.

2) Rain &/or Fresh Water Damage(RFWD)

바닷물 이외의 민물에 젖어 발생하는 손해로서, 예를 들면 하역작업 중 비나 눈이 와서 젖거나 선박의 음료수가 선창에 침투하여 화물에 발생한 손해이다.

3) War/strike · riot · civil commotion(SRCC)

전쟁과 동맹파업으로 인한 손해를 담보하는 조건이다.

4) Breakage

파손으로 인한 손해를 담보하는 조건이다.

5) Contact with Oil and/or Other Cargo(COOC)

유류나 다른 화물과 접촉해 발생된 손해를 담보하는 조건이다.

6) Leakage and/or Shortage

보험 가입 화물의 누손, 화물의 수량, 중량 부족으로 인한 손해를 담보하는 조건이다.

7) Sweat & Heating

선창, 컨테이너 내벽에 응결된 수분에 접촉으로써 일어난 손해, 직접 화물이 표면에 응결한 수분에 의한 손해 및 이상 온도의 상승에 의해 화물이 입은 손해를 담보하는 조건이다.

8) Jettison & Washing Over-Board(JWOB)

해난 사고 시 갑판 상에 적재된 보험 가입 화물을 투하하거나 풍랑으로 유실된 손해를 담보하는 조건이다.

9) Hook & Hole

하역작업 중 갈고리에 의한 손해를 담보하는 조건이다.

10) Denting & Bending

외부적, 우발적 원인으로 화물에 발생한 구손 및 곡손을 담보하는 조건이다.

Chapter 10

무역보험실무

제1절

무역보험의 개요

1. 무역보험의 의의

무역거래에는 해상위험, 신용위험 등 무수한 위험들이 존재하는데, 무역보험이란 무역거래에 수반되는 여러 가지 위험 가운데서 해상보험으로는 구제될 수 없는 위험, 즉 수입상의 파산, 대금지급 지연 또는 거절 등의 신용위험과 수입국에서의 전쟁, 내란 또는 환거래의 제한과 같은 비상위험으로 인하여 무역업자, 생산업자 또는 수출자금을 대출한 금융기관 등이 입게 되는 불의의 손실을 보상함으로써 궁극적으로 무역진흥을 도모하기 위한 비영리정책보험이다.

그러므로 무역보험이 담보하는 위험은 신용위험, 비상위험, 기업위험의 세 가지 종류로 나누어 볼 수 있는데, 이러한 위험들은 우리나라 대외거래의 구조가 단순가공 수출에서 경공업제품의 수출로 그리고 플랜트 및 자본재와 중화학제품의 수출로 그 구조가 바뀌어 가고 그에 따라 지급여건도 단순한 신용장베이스로부터 D/A(Document Against Acceptance), D/P(Document Against Payment)조건 및 중장기 연불수출의 건수가 증가함에 따라 무역보험의 비중이 날로 커지고 있으며, WTO 출범 이후 정부의 직접지원을 강력히 규제함에 따라 무역보험과 같은 간접지원 방식으로의 전환이 불가피하게 됨으로써 그 중요성이 증대되고 있다.

2. 무역보험의 특징

무역보험은 타 보험과는 달리 다음과 같은 특성을 지니고 있다.

1) 정부주도의 보험

현실적으로 무역보험은 정부가 직영하거나 공기업체가 대행하기도 하고 민간 기업에 위임시켜 운영하기도 하지만, 그 어떠한 경우이든 무역보험운영기구는 정부가 직·간접으로 관여하고 궁극적으로는 정부책임 하에 비영리로 운영되는 것이 통례이다. 이와 같이 정부가 운영하는 이유는 ① 비상위험을 담보할 경우 보험사고 발생의 확률을 산정하기가 곤란하여 적정한 보험요율을 산정하기가 어려운 점과, ② 비상위험의 사고는 동시에 다수의 무역계약에 발생하고(위험의 동시다발성) 또한 규모도 크기 때문에 보험자측의 거대한 자금조달능력을 필요로 하는 점과, ③ 부수적 이유로서 신용위험을 담보하기 위해서는 대규모의 해외신용조사기구를 정비해야 하는 데 이에는 거액의 자본투자가 필요하므로 사기업으로는 채산 상 곤란하다는 점 등이다. ④ 기능상으로는 국가의 무역관리제도의 일환으로서 금융적 측면에서의 수출 통제를 가능하게 하는 수단이 되는 제도이므로 국가적 견지에서의 운영이 필요한 점 등이다.

따라서 무역보험은 그 목적이 무역의 진흥이라고 하는 점과 민영보험회사

에서는 담보하기 곤란한 위험을 담보하는 것이므로 정부책임 하에 이를 운영하고 있는 것이다.

2) 제도의 유동성

무역보험제도는 원래 국가의 무역진흥을 궁극적인 목표로 하고 있으므로 국제무역환경의 변화에 따라 무역업자가 부담하게 될 위험을 담보해야 할 운명에 있다. 따라서 제도로서의 담보위험의 한계는 매우 유동적이며 말하자면 국가의 정책적 판단이 그 한계가 된다고도 할 수 있는 것이다.

3) 독립채산의 원칙

무역보험은 원칙적으로 보험사업의 수입으로 지출을 충당하는 방식을 채택하고 있다. 즉, 무역보험의 보험요율은 무역보험사업의 수입과 지출의 균형이 유지되도록 책정함을 원칙으로 한다. 그러나 무역보험은 그 제도 도입 후 일정기간이 경과되어 정착되기까지는 독립채산의 원칙을 유지하는 것이 사실상 곤란하므로 무역보험의 독립채산의 원칙은 보다 장기적인 차원에서 고려되어야 할 것이다.

3. 무역보험의 역할

무역보험에서는 수출입, 기타 대외거래에서 발생하고 통상의 보험으로는 구제하기 곤란한 위험을 담보하도록 하고 있으며, 이러한 담보위험은 비상위험, 신용위험, 기업위험 등의 세 가지로 구분할 수 있다. 이러한 관점에서 무역보험의 주요 역할을 정리하면 다음과 같다.

1) 국제상거래의 불안제거

무역보험제도의 일차적인 기능이며 수출입이나 기업의 국제 활동에 따른 신용위험이나 정치적 위험으로 인해 무역업자, 생산자, 해외진출기업 등이 입을 수 있는 위험을 보상함으로써 안심하고 기업을 경영할 수 있게 한다.

2) 간접 금융 공여

무역보험은 직접 금융적 기능을 갖고 있지는 않지만 담보적 기능을 갖고 있으므로 금융기관이 안심하고 수출지급 금융을 용이하게 취급할 수 있고, 보험사고의 발생 시 보상을 통하여 자금면의 유동성이 조속히 회복되기 때문에 결국 신용수단을 제고시키는 기능을 수행한다.

3) 수출지원정책

무역보험은 정부에 의해 운영되기 때문에 보험인수조건(위험담보의 범위, 보상율, 보험요율 등)의 조정에 따라 수출업자의 활동과 수출거래 형태를 질적으로 제한하고 촉진시킬 수 있어서, 무역관리제도로서의 기능을 하기도 한다. 또 세계 각국의 직접적 수출지원에 대한 강력한 규제에 대응하여 간접적 수출지원의 정책수단으로 이용할 수도 있다.

4) 해외시장정보제공

무역보험기관을 통한 제반정보도 이용가능한데, 무역보험 업무를 담당하는 기관은 효율적인 인수와 관리를 기하고 보험사고를 미연에 방지하기 위해 다각적인 조사활동을 하기 때문에 이를 통하여 국내외기업의 대외거래 정보를 알 수 있고 전문적·기술적 조언, 대외 수입업자의 신용상태와 수입국의 정치·경제사정에 대한 제반정보를 입수할 수 있다.

제2절

무역보험 운영방식 및 종목

1. 무역보험 운영방식

무역보험의 운영방식은 무역업자 또는 외국환은행 등 보험계약자의 선택에 따라 개개 수출입 건별로 보험계약을 체결하는 개별보험인수방식과 개별계약자와 보험자가 사전에 일정 기산(起算)을 정하여 특약을 체결하고 특약에 해당하는 물건의 전부에 대하여 보험계약자가 자동적으로 보험에 부보(付保)하고 보험자는 의무적으로 인수하는 포괄보험인수방식의 두 가지가 있다. 보험계약자는 모든 보험종목에 관하여 포괄보험으로 부보하든지 선택적으로 무역보험을 활용할 수도 있다.

2. 무역보험 운영종목

한국무역보험공사에서는 무역업자, 생산업자 및 금융기관을 지원하기 위한 무역보험 종목으로 단기성보험, 수출보증보험, 수입보험, 중장기성보험, 환변동보험, 기타보험 등과 같은 다양한 보험 상품을 개발하여 운영하고 있다. 특히 기존의 수출업자 위주의 무역보험종목에서 탈피하여 수입업자를 위한 보험종목을 2010년 7월 6일부터 확대하여 운영하고 있다.

❙ 표 10-1 ❙ 무역보험 운영종목

단기성보험	신용보증	수입보험	중장기성보험	환변동보험	기타보험
1. 단기수출보험(선적후) 2. 단기수출보험(포페이팅) 3. 단기수출보험(EFF) 4. 단기수출보험(농수산물패키지) 5. 중소중견 Plus+보험	1. 수출신용보증(선적전) 2. 수출신용보증(선적후) 3. 수출신용보증(NEGO) 4. 수출신용보증(문화콘텐츠)	1. 수입자용 2. 금융기관용	1. 중장기수출보험(선적전) 2. 중장기수출보험(공급자신용) 3. 중장기수출보험(구매자신용·표준/표준이상형) 4. 중장기수출보험(구매자신용·채권) 5. 해외사업금융보험 6. 해외투자보험(주식, 대출, 보증채무) 7. 해외투자보험(투자금융) 8. 해외공사보험 9. 서비스종합보험(일시결제방식) 10. 서비스종합보험(기성고·연불방식) 11. 수출보증보험 12. 이자율 변동보험 13. 수출기반보험 14. 해외자원개발펀드보험	환변동보험	1. 탄소종합보험 2. 녹색산업종합보험 3. 부품소재신뢰성보험

1) 단기성 보험

(1) 단기수출보험(선적 후)

수출자가 수출대금의 결제기간 2년 이하의 수출계약을 체결하고 물품을 수출한 후, 수입자(L/C거래의 경우 개설은행)로 부터 수출대금을 받을 수

없게 된 때에 입게 되는 손실을 보상하는 보험종목이다.

(2) 단기수출보험(포페이팅)

은행이 포페이팅 수출금융 취급 후 신용장 개설은행으로부터 만기에 수출대금을 회수하지 못하여 입게 되는 손실을 보상 하는 보험이다.

(3) 단기수출보험(EFF)

은행이 수출입자간 거래에서 발생한 수출채권을 비소구조건으로 매입한 후 매입대금을 회수할 수 없게 된 경우 입게 되는 손실을 보상하는 보험이다.

(4) 단기수출보험(농산물패키지)

단기수출보험(농수산물패키지)는 간편한 한 개의 보험으로 농수산물 수출시 발생하는 여러 가지위험(대금미회수위험, 수입국 검역위험, 클레임비용위험)을 한 번에 보장하는 농수산물 수출기업용 맞춤 보험종목이다.

(5) 중소중견Plus+보험

보험계약자인 수출기업은 연간 보상한도에 대한 보험료를 납부하며 수입자 위험, 신용장위험, 수입국 위험 등 보험계약자가 선택한 담보위험으로 손실이 발생할 때 보험금액의 범위 내에서 손실을 보상하는 보험종목이다. 현행 단기수출보험이 개별 수출거래 건별로 보험계약이 체결되는 반면, 동 제도는 수출기업의 전체 수출거래를 대상으로 위험별 책임금액을 설정하여 운영된다.

2) 신용보증보험

(1) 수출신용보증보험(선적 전)

수출신용보증(선적 전)·수출용원자재 수입신용보증 보험이란 수출기업이 수출계약에 따라 수출물품을 제조, 가공하거나 조달할 수 있도록 외국환은행 또는 수출유관기관들(이하 '은행')이 수출신용보증서를 담보로 대출 또는 지급보증(수출용원자재 수입신용장 개설㈜ 포함)을 실행함에 따라 기업이 은행에 대하여 부담하게 되는 상환 채무를 한국무역보험공사가 연대 보증하는 보험종목이다.

(2) 수출신용보증보험(선적 후)

수출기업이 수출계약에 따라 물품을 선적한 후 금융기관이 환어음 등의 선적서류를 근거로 수출채권을 매입(NEGO)하는 경우 한국무역보험공사가 연대 보증하는 보험종목이다. 수출자가 외상으로 수출한 후 환어음 등의 선적서류를 근거로 외국환은행으로부터 매입대전을 미리 지급받으면 수출과 동시에 수출대금을 회수하는 효과를 누릴 수 있다. 그러나 외국환 은행은 자기자금으로 매입대전을 지급하기 때문에 통상적으로 담보를 요구하게 되며, 한국무역보험공사의 수출신용보증서(선적 후)가 이런 담보역할을 하게 된다. 즉, 은행이 수출신용보증서(선적 후)를 담보로 선적서류를 매입하여 매입대전을 선지급 하였으나 만기일에 수입자로부터 수출대금이 결제되지 않으면 한국무역보험공사로부터 보상을 받을 수 있는 것이다.

(3) 수출신용보증보험(NEGO)

수출기업이 수출계약에 따라 물품을 선적한 후 금융기관이 환어음 등의 선적서류를 근거로 수출채권을 매입(NEGO)하는 경우 한국무역보험공사가 연대 보증하는 보험종목이다.

(4) 수출신용보증보험(문화콘텐츠)

수출신용보증(문화콘텐츠)는 수출 계약이 체결되었거나 외화획득이 예상되는 문화상품(영화, 드라마 등)의 제작사가 총제작비에 소요되는 자금 중 일부를 금융기관으로부터 대출사, 공사의 보증서를 담보로 대출을 받는 보험종목이다.

3) 수입보험

(1) 수입보험(수입자용)

수입보험(수입자용)은 국내수입기업이 선급금 지급조건 수입거래에서 비상위험 또는 신용위험으로 인해 선급금을 회수할 수 없게 된 경우에 발생하는 손실을 보상하는 보험종목이다.

(2) 수입보험(금융기관용)

수입보험(금융기관용)은 금융기관이 주요자원 등의 수입에 필요한 자금을 수입기업에 대출(지급보증)한 후 대출금을 회수할 수 없게 된 경우에 발생하는 손실을 보상하는 보험종목이다.

4) 중장기성 보험

(1) 중장기수출보험(선적 전)

수출거래에 수반되는 여러 가지 위험에 대비하는 보험제도로 수출자, 생산자 또는 수출자금을 대출해 준 금융기관이 입게 되는 불의의 손실을 보상함으로 수출 진행을 도모하기 위한 비영리 정책보험이다.

(2) 중장기수출보험(공급자신용)

수출대금 결제기간이 2년을 초과하는 중장기 수출계약에서 수출 또는 결제자금 인출불능으로 인한 수출기업의 손실을 담보하는 보험종목이다. 산업설비, 선박, 플랜트 등 자본재상품 수출의 경우 통상 계약금액이 거액이고 대금의 상환기간이 장기이며, 수입국이 대부분 정치·경제적으로 불안정한 개발도상국이라는 점에서 수출대금미회수 위험이 항상 존재하는데, 중장기수출보험(공급자신용)은 수출자가 결제기간 2년을 초과하는 중장기 연불조건으로 자본재상품 등을 수출하는 경우 수입국 비상위험 및 수입자 신용위험으로 인한 수출자의 대금미회수 위험을 담보하는 보험종목이다.

(3) 중장기수출보험(구매자신용 · 표준/표준이상형)

수출대금 결제기간이 2년을 초과하는 중장기 수출거래에서 금융기관의 대출원리금 회수불능 위험을 담보하는 보험종목이다. 특히 자본재상품 등 중장기수출과 관련하여 국내·외 금융기관이 수입자 또는 수입국 은행 앞 결제기간 2년을 초과하는 연불금융을 제공하는 구매자신용 방식에 대하여 대출 원리금 회수불능을 담보하는 보험종목이다. 1개의 국내·외 금융기관이 신용을 제공하는 Single Loan과 다수의 국내·외 금융기관들이 대주은행단을 구성하는 경우 전체 자금공여금액을 담보 대상으로 1개 은행을 보험계약자로 지정하는 Syndicated Loan로 구분 된다.

(4) 중장기수출보험(구매자신용 · 채권)

수출대금 결제기간이 2년을 초과하는 중장기 수출거래에서 수입자가 자금조달을 위해 발행하는 채권(Project Bond)에 대해 공사가 원리금 상환을 보장하는 보험종목이다.

(5) 해외사업금융보험

국내외 금융기관이 외국인에게 수출증진이나 외화획득의 효과가 있을 것으로 예상되는 해외사업에 필요한 자금을 상환기간 2년 초과 조건으로 공여하는 금융계약을 체결한 후 대출원리금을 상환 받을 수 없게 됨으로써 입게 되는 손실을 보상하는 보험종목이다. 범세계적으로 시장개방과 FTA 추진 등으로 해외사업의 시장규모가 지속적으로 확대 추세에 있고 해외사업의 추진방식도 과거와 같은 단순 발주형 방식이 아닌, 사업기획에서 금융까지 포함하는 투자개발형 방식으로 변화하고 있는 상황에서 해외사업금융보험은 특정 해외투자개발형 사업 전체 소요자금에 대한 금융계약을 지원할 수 있는 새로운 제도를 마련함으로써 금융비용을 경감시키고 우리기업과 금융기관의 해외사업 참여 가능성을 제고시키기 위해 도입된 제도이다.

(6) 해외투자보험(주식/대출금/ 보증채무)

대한민국 국민이 해외투자를 한 후 투자대상국에서의 수용, 전쟁, 송금위험 등으로 원리금, 배당금 등을 회수할 수 없게 되거나 보증채무이행 등으로 입게 되는 손실을 보상하는 보험종목이다. 해외투자는 국내투자와 달리 전쟁, 투자유치국의 수용문제 등과 같은 국가위험이 내재되어 있음에 따라 이와 같은 위험으로부터 우리기업의 해외투자를 보호함으로써 적극적인 해외투자를 촉진하기 위하여 도입된 보험이다.

(7) 해외투자보험(투자금융)

국내기업이 해외자원개발, 해외 M&A 등에 필요한 소요자금을 대출하는 경우, 비상위험 또는 신용위험으로 인한 금융기관의 대출금 미회수위험을 담보하는 보험종목이다.

(8) 해외공사보험

해외공사계약 상대방의 신용위험 발생, 해외공사 발주국 또는 지급국에서의 비상위험 발생에 따라 손실을 입게 된 경우에 그 손실을 보상하는 보험종목이다. 해외공사보험은 해외공사 발주자와 채무불이행, 파산 등 신용위험이 수반될 뿐만 아니라 발주국 또는 지급국에서의 전쟁, 내란, 정변이나 환거래 제한, 금지 등 해외공사계약 당사자 간에는 불가항력적인 비상위험이 발생할 가능성을 배제할 수 없으므로 이러한 위험으로부터 해외공사를 수주한 자를 보호하기 위한 보험 상품이다. 특히 해외공사보험은 건설, 엔지니어링 수출에 따라 발생할 수 있는 위험과 동 수출이행을 위해 반입된 관련 장비의 손실을 담보하는 역할을 수행하고 있다.

(9) 서비스종합보험(일시결제방식)

수출거래에 수반되는 여러 가지 위험에 대비하는 보험제도로 수출자, 생산자 또는 수출자금을 대출해준 금융기관이 입게 되는 불의의 손실을 보상함으로 수출 진행을 도모하기 위한 비영리 정책보험이다.

(10) 서비스종합보험(기성고 · 연불방식)

국내 수출업체가 시스템통합(SI), 기술서비스, 컨텐츠, 해외엔지니어링 등의 서비스 거래를 수출하고 이에 따른 지출비용 또는 확인대가를 회수하지 못함으로써 입게 되는 손실을 보상하는 보험종목이다.

(11) 수출보증보험

금융기관이 수출거래와 관련하여 수출보증서를 발행한 후 수입자(발주자)로부터 보증채무 이행청구를 받아 이을 이행함으로써 입게 되는 금융기관의 손실을 보상하는 보험이다. 국제거래 시 수입자는 자신의 대금결제에 대한 담보로써 신용장을 제공하고, 반대로 수입자는 수출자의 수출이행에 대한 담보로써 수출자로 하여금 금융기관의 수출보증서를 제출하도록 요구 하는데, 수출보증보험은 수출보증서를 발행한 금융기관이 보증수익자(수입자 또는 발주자)로부터 보증채무 이행청구(Bond-Calling)를 받아 대지급하는 경우에 입게 되는 손실을 보상함으로써 수출자가 수출보증서를 용이하게 발급받을 수 있게 하는 수출지원제도이다.

(12) 이자율변동보험

상환기간 2년 이상의 수출금융을 제공하고 한국무역보험공사의 중장기수출보험(구매자신용)에 부보한 금융기관이 이자율 변동에 따라 입게 되는 손실을 보상하고 이익을 환수하는 보험종목이다. 우리나라 기업이 석유화학설비, 발전설비 등 중장기연불수출거래에 대한 수주능력을 제고하기 위해서는 경쟁력 있는 수출상품 및 가격뿐만 아니라 보다 나은 대출조건의 금융기관을 거래에 참여시킬 필요가 있는데, 이자율변동보험은 이러한 금융계약당사자들의 이해차이를 해소하고 기업이 수출금융을 원활히 이용할 수 있도록 도입한 제도이다.

(13) 수출기반보험

수출기반보험은 금융기관이 국적외항선사 또는 국적외항선사의 해외현지

법인(SPC포함)에게 상환기간 2년 초과의 선박 구매자금을 대출하고 대출원리금을 회수할 수 없게 된 경우에 발생하는 손실을 보상하는 보험종목이다.

(14) 해외자원개발펀드보험

해외자원개발법상의 자원개발펀드가 해외자원개발사업에 투자하여 손실이 발생하는 경우 손실액의 일부를 보상하는 보험종목이다. 해외자원개발펀드보험은 해외자원개발 투자거래의 안정성을 제고함으로써 펀드에 대한 민간자금의 유입을 촉진하고 활성화하여 주요전략자원의 장기, 안정적인 확보를 통해 국민경제발전에 이바지하고자 도입한 제도 이다.

5) 환변동보험

계약 당시의 환율과 대금결제시의 환율이 상이함으로써 야기할 수 있는 환차손을 보전하기 위해 IMF 관리체제 이후 새롭게 도입된 보험종목이다.

6) 기타보험

(1) 탄소종합보험

교토의정서에서 정하고 있는 탄소배출권 획득사업을 위한 투자, 금융, 보증 과정에서 발생할 수 있는 손실을 종합적으로 담보하는 보험이다.

(2) 녹색산업종합보험

지원 가능한 특약항목을 『녹색산업종합보험』 형태로 운영하여, 녹색산업에 해당되는 경우 기존이용 보험약관에 수출기업이 선택한 특약을 추가하여 우대하는 보험종목이다.

(3) 부품·소재신뢰성 보험

수출거래에 수반되는 여러 가지 위험에 대비하는 보험제도로 수출자, 생산자 또는 수출자금을 대출해준 금융기관이 입게 되는 불의의 손실을 보상함으로 수출 진행을 도모하기 위한 비영리 정책보험이다. 부품·소재신뢰성보험은 부품·소재 신뢰성을 획득한 부품·소재 또는 부품·소재 전문기업이 생산한 부품·소재가 타인에게 양도된 후 부품·소재의 결함으로 인하여 발생된 사고에 대하여 보험계약자가 부담하는 손해배상책임을 담보하는 손해보험이다. 부품·소재신뢰성보험은 국산부품·소재의 시장진입을 지원하고 수입대체를 통한 외화절감 및 수출촉진을 지원하기 위하여 부품·소재만을 보험대상으로 하는 정책보험으로 부품·소재의 결함으로 인한 손해배상책임을 종합적으로 담보하는 보험종목이다.

Chapter 11

관세와 통관실무

제1절

관세의 개요

1. 관세의 의의와 성격

관세선을 통과하는 물품에 대하여 부과는 조세[38]를 관세(Customs, Duties, Tariffs)라 한다. 관세선(Customs Line)은 일종의 경제적인 영역으로서 정치적 영역의 경계선인 국경선과 일반적으로 일치하지 않는다. 예를 들면 EU와 같은 관세영역 내에는 여러 국가의 국경선이 있다.

조세는 국세와 지방세로 분류되며 국세는 내국세와 관세로 분류된다. 그리고 관세는 간접세에 해당되며 간접세를 소비세와 유통세로 분류할 때 소비세에 해당된다.

38) 조세란 국가 또는 지방공공단체가 재정수입을 목적으로 법률이 정하는 과세요건에 따라 일반국민들에게 균등하게 부과하는 세금이다.

관세는 조세이기 때문에 국가의 재정수입을 목적으로 부과하고 있으나 국가 간의 상품의 자유로운 이동을 제한하는 역할을 하고 있어 그 부과의 경중은 국가의 대외정책에 상당한 영향을 미치게 되므로 국제적인 정책을 고려하여 부과되어야 한다.

2. 관세의 종류

관세는 그 분류기준에 따라 다음과 같이 다양한 종류가 있다.

1) 과세기회에 따른 분류

과세기회를 기준으로 수입세, 수출세 및 통과세로 분류된다. 수입세는 수입물품에 부과는 관세로서 대부분의 국가에서 적용하고 있다. 특히 우리나라 관세법은 수입세를 부과징수하기 위한 내용으로 되어 있다. 수출세는 수출물품에 부과하는 관세로서 우리나라는 현재 수출세를 부과하는 상품은 없으나 러시아의 천연가스·원유 등 몇몇 국가에서는 수출세를 부과하고 있다. 통과세는 국가의 영역을 단순히 통과하는 상품에 부과하는 관세로서 교통이 발달하지 못했던 시절에 이웃 나라에서 상품판매를 방해할 정치·경제적 목적으로 적용하였으나, 현재는 GATT 제5조(통과의 자유[39])에 의거 부과하지 않고 있다.

39) GATT 제5조(통과의 자유) 3. 체약국은 자국의 영역을 경유하는 통과운송에 대하여 세관에서 소정의 수속을 취하도록 요구할 수 있으나, 관계 관세법규를 준수하지 아니하는 경우를 제외하고는 다른 체약국의 영역에서 오거나 영역으로 향하는 통과운송을 불필요하게 지연 또는 제한하여서는 아니 되며, 또한 동 통과운송에 대하여는 수송요금, 통과에 수반하는 행정적 경비 또는 제공된 용역비용에 상당하는 과징금을 제외하고는 관세, 통과세 또는 기타 통과에 관하여 부과되는 기타 과징금을 면제하여야 한다.

2) 과세방법에 따른 분류

과세방법을 기준으로 종가세(Ad Valorem Duty), 종량세(Specific Duty)와 혼합세(Combined Duty)가 있다. 종가세는 상품의 가격을 과세표준으로 하여 부과된다. 관세의 부담이 물품의 가격에 균등·공평하게 적용할 수 있어 시장가격의 등락에 상관없이 과세부담의 공평성과 균형을 유지할 수 있다는 장점이 있으나 적정한 가격결정이 곤란하다는 단점이 있다.

종량세는 물품의 수량을 과세표준으로 하여 부과하는 관세다. 과세가 간단명료하고 세액계산이 수출국에 관계없이 편리하게 부과할 수 있어 대부분의 선진국가들이 채택하고 있고 우리나라는 영화용 필름과 비디오테이프 수입에 적용하고 있다. 그러나 종량세는 가격변동에 공평하게 적용할 수 없고 물품의 중량산출이 곤란하다는 단점이 있다.

혼합세는 종가세와 종량세의 장점을 서로 결합시켜 관세의 효과를 최대화하기 위한 조세제도이다. 물품에 대하여 종가세율과 종량세율을 동시에 정해놓고 그 중에서 많은 세액 또는 적은 세액 쪽으로 선택해서 과세하는 관세를 선택세(Alternative Duty)라 한다. 그리고 종가세와 종량세를 결합하여 부과하는 관세를 복합관세(Compound Duty)라 하며, 과거 염화비닐수지에 대하여 우리나라가 적용한 바 있다.

3) 과세목적에 따른 분류

국가의 재정수입을 목적으로 부과하는 관세를 재정관세(Revenue Duty)라 하고, 유치산업을 보호하거나 성숙산업을 유지보호하기 위하여 부과하는 관세를 보호관세(Protective Duty)라 한다.

관세는 재정수입을 목표로 하거나 산업보호 또는 산업자원이라는 정책수단으로 활용된다. 재정수입과 산업정책 모두가 동시에 고려될 수도 있다. 개발도상국일수록 두 가지 기능 모두가 중시된다. 산업정책수단이 중시되는 것은 관세부과에 따라 보호수준이 높은 쪽으로 생산자원의 이동이 일어나기 때문이며, 자원이동이 없다 하더라도 관세의 부과는 무역을 계약하는 원인이 되기 때문이다. 이러한 기능을 활용해 덤핑방지관세나 상계관세, 긴급관세 등을 부과함으로써 공정한 무역질서 확립과 산업피해의 방지를 도모하기도 한다.

4) 과세근거에 의한 분류

국정관세(national duties)라 함은 일국이 관세주권에 의하여 자주적으로 관세율을 설정한 관세를 말하고, 이에 따른 세율을 국정세율(national tariff)이라고 한다. 우리나라 관세율표(Tariff Schedules of Korea)상에는 '기본(general)'이라고 표시하고 있다.

협정관세(conventional duties)란 일국이 타국과의 조약에 따라 특정상품에 대하여 관세율을 협정하여 당해 조약의 유효기간 중에는 당해 협정된 세율을 변경하지 아니할 의무를 지는 것을 협정세율(conventional tariff)이라고 한다. 현행 관세율표상에는 '협정'이라고 표시하고 있다.

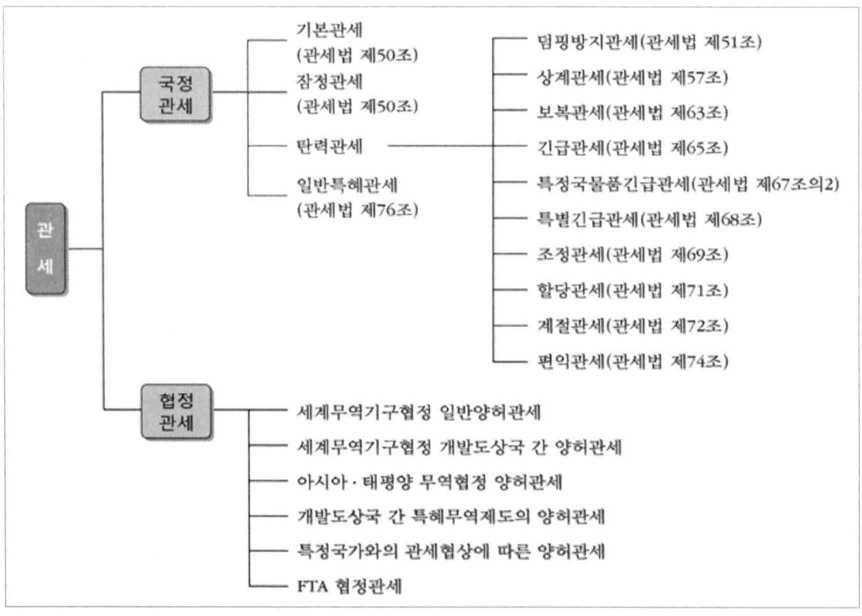

▌그림 11-1▌ 관세의 구조

우리나라에는 현재 국정관세로서 기본관세율(general tariff)과 잠정관세율(temporary tariff) 및 탄력관세율(flexible tariff) 등이 있고, 현재 우리나라에서 시행되고 있는 협정관세는 다자간 협상에 의한 WTO 양허관세, WTO 개도국 간 양허관세(TNDC), 아시아태평양무역협정에 의한 양허관세(APTA), UNCTAD 개발도상국간 양허관세(GSTP)가 있고, 특정국가와의 양자간 협상(FTA)에 의한 양허관세가 있다.

한편 편익관세란 가맹국이 아닌 나라 중 우리나라와 개별적인 통상우호조약을 체결하고 그 조약에 최혜국 약관이 있는 나라에서 수입되는 물품에 대하여 그 물품이 양허관세 해당 물품이라면 최혜국 약관에 의하여 양허관세의 편익을 주는 관세이다.

5) 탄력관세

조세법률주의에 의해 세율의 산정과 조정권은 입법기관인 국회만이 가질 수 있으나 그 권한의 일부를 행정부에 위임하여 수입되는 상품에 신축성 있게 그리고 탄력적으로 대처하여 부과할 수 있는 관세를 탄력관세라 한다. 탄력관세의 기능은 ① 수입물품의 낮은 가격에 따른 수입증대로부터 국내 산업을 보호하고, ② 수입증대로 인한 국제수지의 악화를 방지하며, ③ 국내수요급증 및 국제가격상승의 경우 수입을 증가시켜 국내물가를 안정시킨다. 우리나라의 관세법상 허용되는 탄력관세는 덤핑방지관세, 보복관세, 긴급관세, 조정관세, 상계관세, 편익관세, 계절관세, 할당관세 등이 있다.

(1) 덤핑방지관세

덤핑(dumping)이란 우리말로 투매 또는 부당염매라는 뜻으로 보통 생산비 이하의 저렴한 가격으로 팔아치우는 것을 말한다. 그런데 국제적으로 통용되는 것은 동일한 상품을 동일한 시기에 동일한 조건하에서 국내가격보다 저렴한 가격으로 외국시장에 판매하는 경우를 의미한다. 덤핑의 동기는 주로 국내에서 생산된 과잉상품의 처분, 국내조업 및 가격유지, 특정시장의 신규개척 및 확보, 경쟁대상의 제거, 경쟁업자의 시장탈취, 경쟁업자의 덤핑행위에 대한 보복, 시장의 독점적 지배 및 독점이윤확보 등이 있다. 덤핑의 형태는 ① 재고품처리를 목적으로 하는 산발적 덤핑(sporadic dumping), ② 시장의 침투와 경쟁대상의 추방을 목적으로 하는 단기성 약탈적 덤핑(predatory dumping), ③ 생산가격 이하로 장기적으로 판매하는 지속적 덤핑(persistent dumping) 등이 있다.

덤핑방지관세는 이와 같은 동기로 ① 외국물품이 정상가격 이하로 수입되어 ② 국내 관련 산업이 실질적인 피해를 입고 있어 ③ 국내 산업을 보호할 필요가 있다고 인정될 때, 즉 3가지 이유가 있을 경우에 상대국가의 덤핑효과를 없애기 위하여 부과하는 관세를 말한다. 정상가격은 수출국가의 국내기준으로 판단하여야 하며, 실질적인 피해는 국내 산업이 실질적인 피해를 받거나 피해를 받을 우려가 있어 사실상 국내관련 산업질서가 위태롭게 되는 경우를 의미하며 무역위원회의 결정으로 덤핑방지관세 조치가 발동된다.

(2) 상계관세

상계관세(Compensation Duty)란 수출국에서 제조·생산 또는 수출에 관하여 직·간접으로 보조금 또는 장려금을 받은 물품의 수입으로 국내 산업이 실질적으로 피해를 받거나, 받을 우려가 있거나 또는 국내산업의 확립이 실질적으로 저해되어 국내 관련 산업을 보호할 필요가 있다고 인정될 때에 수출국 또는 수출자를 지정하여 해당물품의 과세가격에 의한 관세 이외에 해당 보조금 또는 장려금을 추가하여 관세를 부과하는 것을 말한다. 이는 수출국의 보조금 또는 장려금의 지원효과를 상쇄시킬 목적으로 부과하는 관세이다.

(3) 보복관세

보복관세(Retaliatory Duties)는 수출국가의 물품, 선박, 또는 항공기에 대하여 불리한 취급을 하는 나라로부터 수입되는 물품에 대하여 수출국가에서 종전의 수입관세에 다시 수입물품가격 이하의 금액을 가산하여 관세를 부과하는 것을 의미한다. 우리나라는 보복관세를 부과할 수 있도록 1964년에 입법한 이후 한번도 보복관세를 부과한 사례는 없다.

구체적인 탄력관세의 발동요건을 살펴보면 다음 표와 같다.

▌표 11-1▐ 탄력관세의 발동요건

구 분	발 동 요 건	관세율 변경범위
Ⅰ. 덤핑방지 관세	• 정상가격 이하로 판매되는 물품이 수입되어 국내산업이 실질적 피해를 받거나 받을 우려가 있을 때	• 관세+(정상가격-덤핑가격)
Ⅱ. 보복관세	• 우리나라의 수출물품·선박 또는 항공기에 대하여 불리한 취급을 하는 나라로부터 수입되는 물품	• 우리나라의 무역이익이 침해 상당액의 범위 내
Ⅲ. 긴급관세	• 특정물품의 수입증가로 동종물품 또는 직접적인 경쟁관계에 있는 물품의 국내생산자에게 심각한 피해를 주거나 줄 우려가 있어 당해 피해를 방지하거나 구제할 필요가 있다고 인정하는 때	• 정상관세+피해치유범위 내에서 추가부과
Ⅳ. 조정관세	• 산업구조의 변동 등으로 물품간 세율이 현저히 불균형하여 이를 시정할 필요가 있을 경우 • 국민보건·환경보전·소비자보호 등을 위하여 필요한 경우 • 국산개발 물품의 보호 • 농산물 등 국제경쟁력 취약물품의 국내시장 및 산업기반 유지	• 기본관세율+인상세율 ≤100% • 농림축산물인 경우에는 국내외 가격차 상당률
Ⅴ. 특별긴급 관세(농림 축산물)	• 물량기준특별긴급관세 : 당해연도 수입물량이 급증하여 정해진 기준 발동 물량을 초과할 경우 • 가격기준특별긴급관세 : 수입가격(88~90년 평균수입가격)의 90%에 미달할 경우	• 관세상당치(Tariff Equivalent : TE)의 1/3범위 내에서 추가로 관세를 부과 • 수입가격과 기준발동가격의 가격차에 따라 구간별로 합산하여 누진적으로 부과

Ⅵ. 상계관세	• 보조금·장려금을 받은 물품이 수입되어 국내산업에 실질적 피해가 있을 때	• 관세+보조금(장려금) 이하 금액
Ⅶ. 편익관세	• 관세에 관한 조약에 의한 편익을 받지 아니하는 나라의 생산물로서 수입되는 것	• 기준가격-관세가격=관세
Ⅷ. 계절관세	• 계절에 따라 현저한 가격차이가 있는 물품으로 동종·유사·대체품수입으로 국제시장교란 및 생산기반붕괴우려	• 올릴 경우 : 국내외 가격차 상당률 • 내릴 경우 : 기본관세율-40%Point
Ⅸ. 할당관세(인하)	• 물자수급 원활 • 수입가격급 등 관련 품목의 국내가격 안정 • 세율불균형 시정	• 일정수량 범위내→기본관세율-40%포인트
할당관세(인상)	• 특정물품 수입억제	• 공산품 : 일정수량 초과분→기본관세율+40%포인트 • 농산품 : 농림축수산물의 경우에는 국내외 가격차에 상응하는 관세율 인상

6) 일반특혜관세제도

일반특혜관세제도란 개발도상국의 수출확대 및 공업화 촉진을 위하여 선진국이 개발도상국으로부터 수입하는 농수산품, 공산품의 완제품과 반제품 등에 대하여 아무런 조건 없이 일방적으로 기본세율보다 낮은 관세율 또는 무관세를 적용하는 관세 상의 특혜대우를 말한다.

개발도상국에 대한 특혜관세공여는 일반적으로 개도국의 수출상품을 증대시키고 그 파급효과가 노동의 이용을 촉진함으로써 전 산업의 생산 활동을 제고시키는 자극제가 될 수 있다는데 큰 의의가 있다. 선진국의 입장에서도 무역창출효과와 무역전환효과가 발생되고 개발도상국가로부터 외자수요가 증가될 수 있다.

▌표 11-2▐ 특혜관세 적용대상 최빈개발도상국

지 역	국 가
아시아(15)	아프가니스탄, 마얀마, 방글라데시, 네팔, 부탄, 캄보디아, 라오스, 몰디브, 키리바티, 사모아, 투발루, 바누야투, 통티모르, 예멘
아프리카(33)	앙골라, 베닌, 부르키나파소, 부룬디, 중앙아프리카공화국, 차드 코모로, 지부티, 적도기니, 에라트리아, 이디오피아, 감비아, 기니, 기네비사우, 레소토, 리베리아, 마다가스트로, 말라위, 말리, 모리타니아, 모잠비크, 니제르, 르완다, 우간다, 상토메프린시페, 시에라리온, 소말리아, 수단, 탄자니아, 토고, 잠비아, 세네갈, 콩고민주공화국
아메리카(1)	아이티

동 제도는 UNCTAD가 남북문제를 해결하기 위하여 창안한 제도로서 1971년부터 미국, EC국가, 일본 등 19개 국가들이 무차별적이며 비상호주의적인 특혜제도(GSP: Generalized System of Non-reciprocal and Discriminatory Preference)를 개발도상국가[40]들에게 베풀어 왔다. 1994년 마라케시협정에서 1947년의 GATT 무차별최혜국대우원칙을 계승하여 기존의 자유무역지역과 관세동맹 및 일반특혜(GSP)를 예외적으로 인정하는 결정을 하였다. 우리나라는 1996년 12월 12일 OECD(Organization for Economic Cooperation and Development)에 가입하는 등 국제무대에서 지위가 향상됨에 따라 이에 상응하는 역할을 선진국가로부터 요구받고 선진국으로서 개발도상국에 일반특혜관세를 베풀기 위하여 1996년 12월 30일 관세법을 개정하였다. 그 후 관련법령을 정비[41]하여 2000년 1월 1일부터 개발도상국 중 국제연합총회의 결의로 최빈개발도상국가로 분류된 48개 국

40) UNCTAD 총 가맹국 136개 국가들 중 우리나라를 포함하여 101개 국가가 스스로 개발도상국가라고 주장하고 19개 선진국가들로부터 일반특혜관세의 혜택을 받게 되었다.

41) 우리나라는 1996년 12월 30일 법률 제5194호로 제정·공포한 뒤 『최빈개발도상국에 대한 특혜관세공여규정』을 1999년 12월 31일 대통령령(제16653호)으로 제정·공포하였다.

가로부터 수입되는 원목, 원면, 커피원두 등 80개 품목에 대하여 무관세를 적용하고 있다. 그리고 개발도상국가를 원산지로 하는 물품이 우리나라에 수입될 때에는 기본관세율보다 낮은 세율의 관세를 일방적으로 부과할 수 있으며[42] 향후 수혜국가와 수혜품목의 폭은 확대될 것으로 예상된다.

3. 관세법의 해석과 적용

관세법의 의미내용을 분명하게 밝히는 것을 관세법의 해석이라 하고, 어떤 구체적인 사실을 관세법이 정하는 요건에 해당하는 것으로 맞추어 일정한 법률적 효과를 발생시키는 것을 관세법의 적용이라 한다.

우리나라 헌법에는 국민의 재산권을 보장하고(헌법 제23조 1항), 소급입법에 의하여 재산권을 박탈당하지 아니하고(헌법 제13조 2항), 조세의 종목과 세율은 법률로 정한다(헌법 제59조)고 규정하고 있어 국민의 재산권이 조세법의 부당한 해석이나 적용으로 침해되거나 소급과세 되지 못하도록 하고 있다. 그리고 관세법의 해석과 적용은 과세의 형평과 관세법조항의 합목적성에 비추어 납세자의 재산권이 부당하게 침해하여서는 아니 되며, 법의 해석 또는 관세관행이 일반적으로 납세자에게 받아들여진 후에는 그 해석 또는 관행에 의한 행위 또는 계산은 정당한 것으로 보고 새로운 해석 또는 관행에 의하여 소급하여 과세되어서는 안 된다고 관세법에서 명시하고 있다.

따라서 관세법의 해석에서 관세법 개개조항의 형식이나 그 표현에 구애받지 말고 조세법률주의에 의거 공평의 원칙과 공정의 원칙에 치중하여 관세조항의 목적에 맞도록 해석하여야 할 것이다. 관세법이 복잡하고 다양하게 변천하는 경제현상을 그 규제의 대상으로 하고 있기 때문에 관세법의 목적과 국민의 통념에 어긋나지 않도록 해석하여 적용해야 한다.[43]

우리나라의 관세행정은 관세행정을 기획·집행하는 일반 행정기관과 특정

42) 개발도상국 중 UN총회결의로 지정된 최빈개발도상국으로부터 수입되는 물품에 대하여 대통령령으로 정하여 혜택을 베풀 수 있다.

43) 고우복, 관세이론과 통관실무, 두남출판사, 2000.7, pp.69~70.

사항을 심의·의결하는 행정위원회가 있다. 관세행정기관으로서 기획재정부가 있고 기획재정부는 관세정책의 수립과 관세제도의 기획·입안을 하고 있다. 관세의 부과, 감면 및 징수와 수출입물품의 통관 및 밀수단속에 관한 사무를 관장하기 위하여 기획재정부 소속하에 관세청을 두고 있으며, 관세청의 관장사무를 분장하기 위하여 관세청 소속하에 세관을 두고 있다. 세관은 주로 수출입물량이 많은 개항과 내륙공업지역에 설치되어 관세의 부과징수, 감면, 추징업무를 담당하고 있다. 우체국에는 관세업무량을 고려하여 출장소 또는 감시소를 두고 있다.

기획재정부에는 관세정책에 관한 주요사항을 심의하기 위하여 관세심의위원회가 있으며, 관세청에는 관세부과나 관세행정에 대한 불만 또는 이의신청을 심사·결정하기 위하여 관세심사위원회와 과세전적부심사위원회가 있다. 그 외 품목분류(HS번호)에 대한 정확성을 기하기 위해 품목분류실무위원회 등이 관세청에 구성되어 있다.

4. 관세의 부과와 징수

1) 관세의 징수와 과세요건

기획재정부에는 관세를 부과, 감면 및 징수와 수출입물품의 통관 및 밀수출입단속에 관한 사무를 관장하는 관세청과 내국세의 부과, 감면 및 징수에 관한 사무를 관장하는 국세청이 있다. 관세청 사무를 실제 현업으로 집행하는 일선 행정기관이 세관이며 국세청 사무를 실제로 집행하는 행정기관이 세무서이다.

수입물품에 부과되는 내국세는 부가가치세, 개별소비세, 주세, 교육세, 교통세 및 농어촌특별세가 있는데, 세관은 이와 같은 내국세의 부과 징수와 그 부수 업무를 모두 집행한다.

관세를 부과하려면 과세대상이 되는 물품이 있어야 하고, 관세를 부담할 납세의무자가 확정되어야 하며, 과세가격의 기준을 무엇으로 삼아야 하는 과세표준이 있어야 하며, 과세표준에 대한 관세액의 비율이 사전에 결정되어 있어야 하는데 이를 과세요건이라 한다.

과세요건이 갖추어져 있을 때 세관은 관세법에서 정하고 있는 일정한 요건에 의거 관세채권을 발생·확정시켜 관세를 징수한다. 관세채권의 내용은 법률에 의한 획일적인 규제로서 납세의무자의 총재산에 대하여 법률에 특별한 규정이 없는 한 모든 공과와 기타의 채권에 우선하여 징수되는 것은 물론 관세대상 물품에 대해서도 다른 조세, 기타의 공과금 및 채권에 우선하여 징수한다. 그리고 납세의무자가 납세의무를 이행하지 않을 때에는 세관은 재판절차 없이 법률에 의거 직접 체납처분을 하여 관세채권을 실현시킬 수 있는 자력집행을 원칙으로 하고 있다.

2) 납세의무자

납세의무자란 국가에 대하여 관세를 납부하여야 할 법률상의 의무를 지는 자를 말하며, 관세채권 채무관계의 확정으로 결정된다. 정상통관절차로 수입되는 물품의 납세의무자는 그 물품을 수입한 화주가 되고, 대행수입인 경우에는 그 물품의 수입을 위탁한 자가 되며, 수입신고 수리 전에 보세구역 등에서 물품이 양도되었을 경우에는 그 물품의 양수인이 된다.

그러나 수입신고가 수리되어 인취한 물품 또는 신고수리 전 반출승인에 의하여 반출된 물품에 대해서 이미 납부하였거나 앞으로 납부할 관세액에 부족이 있을 때에 그 부족관세를 해당물품을 수입한 화주가 납부하지 아니한 상태에서 그 화주의 주소 및 거주가 불명확하거나 그 물품을 수입 신고한 신고인인 관세사가 그 화주를 명백하게 알지 못하는 등의 사유로 부족한 관세를 징수할 수 없을 때에는 그 신고인이 화주와 연대하여 납세의무자가 된다.

다양한 방법으로 수입되는 물품 또는 도난·분실품에 대한 납세의무자는 그 수입형태에 따라 다르고 그 상황에 따라 보세구역 운영인, 보관인, 하역회사 등으로 확장될 수 있으므로 관련당사자들은 특별히 주의할 필요가 있다. 수입물품을 수입신고 수리 전에 우리나라에서 도난 또는 분실되었다면

이는 수입으로 보고 화주는 해당관세를 납부해야 한다.

3) 과세물건

과세물건은 수입물품을 말한다. 수입물품에는 관세를 부과한다는 관세법 규정에 따라 수출물품이나 통과물품과는 달리 세관은 관세를 부과·징수한다. 수입물품은 시간의 흐름에 따라 변질 또는 손상되어 그 성질과 수량이 달라질 수 있으므로 과세물건의 확정시기는 관세액 결정에 영향을 미칠 수 있다.

과세물건의 확정시기는 그 물품을 수입하는 방법에 따라 다르나 정상통관 절차일 경우에는 수입신고를 한 때의 성질과 수량에 의하여 관세를 과세한다. 그러나 예외적으로 보세공장 또는 자유무역지역(Free Trade Zone)[44]에서 제조·가공한 물품을 일반 수출물품제조에 투입할 경우에는 역시 수입절차를 밟아 관세가 부과되어야 하지만 이미 제조·가공과정에서 부가가치가 존재하고 여기에 사용된 내국물품인 원재료가 있다면 그 원재료에 대해서도 과세를 하게 되어 너무 가혹하다는 결과가 되므로 이 경우에는 외국물품인 원재료에만 과세를 하여야 한다. 이렇게 외국물품의 원료에만 과세하는 것을 원료과세라 하고 원료과세 대상물품은 보세공장에 반입할 때의 성질과 수량에 의하여 과세하고, 미리 신청한 경우에는 외국물품인 원재료를 처음 반입할 때의 성질과 수량에 의하여 과세한다.

이와 같이 수입신고의 때를 과세물건의 과세확정시기로 하는 것은 수입자의 수입의사가 구체화되는 시점이 가장 합리적으로 납세의무자를 확정시키고 있기 때문이다. 따라서 수입신고 이전에 변질되거나 손상된 물품은 수입신고를 할 때에 이를 제외시켜야 할 것이며, 수입신고 이후부터 수입신고수리시점 사이에 변질 또는 손상된 경우에는 세관과 납세의무자 사이에 협의·조정하여 결정하는 것이 조세정의에 합당하다(관세법 제33조 1항).

---

44) 자유무역지역에 있는 물품은 자유무역지역설치법에 의해 면세상태에 있다. 현재 마산, 군산, 대불, 김제, 울산, 동해, 율촌 7개 지역이 자유무역지역으로 지정되어 있다.

한편, 수입하고자 하는 물품을 수입신고 이전에 운수기관, 관세통로 또는 관세법에 규정된 장치장소로부터 즉시 반출하고자 할 때에는 세관장에게 수입신고 전에 물품반출신고를 하고 즉시 반출할 수 있다. 이 경우에 반출신고일로부터 10일 이내에 수입신고를 하더라도 수입신고일을 기준으로 하는 것이 아니고 세관장에게 반출신고를 할 때의 해당물품의 성질과 수량에 의하여 과세한다.

4) 과세표준

(1) 의의

과세표준이란 세액결정의 표준이 되는 과세물건의 가격, 수량, 품질 등을 말한다. 우리나라는 관세의 과세표준을 수입물품의 가격 또는 수량으로 하고 있다. 수입물품의 가격을 표준으로 하여 세액이 결정되는 것을 종가세라 하며, 수입물품의 수량을 표준으로 하여 세액이 결정되는 것을 종량세라 하는데 수입물품의 가격을 과세가격이라 한다. 과세가격은 국내 산업을 보호할 목적으로 자의적이며 가공적인 가격을 과세가격에 포함시켜 수입자에게 부담을 가중하게 함으로써 국제무역에서 제2의 비관세장벽이라 한다.

(2) 과세가격의 결정방법

우리나라는 수입물품의 거래가격을 원칙으로 하여 구매자가 실제로 지급하였거나 지급하여야 할 가격에 일정한 가산금액을 가산하여 조정한 가격을 과세가격으로 하고 있다. 따라서 과세가격의 결정방법은 납세의무자가 신고한 가격이 과세가격에 합당할 때에는 신고가격을 과세가격으로 결정하나, 합당하지 않다고 판단될 경우에는 과세가격으로 인정받은 동종·동질물품의 거래가격을 과세가격으로 하는 등 과세가격에 합당한 거래가격에 가장 가까운 가격을 과세가격으로 인정한다. 합당한 과세가격을 인정할 때에는 임의성을 배제하고 공정성을 높이기 위하여 관세법에는 다음과 같은 방법으로 규정하고 있다.

① 신고가격을 기초로 하는 방법
② 동종·동질물품의 거래가격을 기초로 하는 방법
③ 유사물품의 거래가격을 기초로 하는 방법
④ 국내판매가격을 기초로 하는 방법
⑤ 산정가격을 기초로 하는 방법
⑥ 합리적 기준에 의하는 방법

위의 6가지 방법에서 ①의 방법으로 결정할 수 없을 때는 ②의 방법으로 결정하고, ①과 ②의 방법으로 결정할 수 없을 때에는 ③의 방법으로 결정하며, ①에서 ③의 방법으로 결정할 수 없을 때에는 ④의 방법으로 결정한다. 이하 동일한 방법으로 우선순위를 적용한다.

5) 관세율

관세율이란 과세표준에 대하여 납부하여야 할 관세액의 비율을 밀한다. 우리나라 관세율은 관세법 별표로 정하고 있는 국정세율과 외국 또는 국제기구와 합의한 조약 또는 협정에서 정하고 있는 협정세율이 있다. 국정세율과 협정세율이 경합될 경우에는 협정세율을 우선 적용하는 것이 원칙이다. 그리고 관세율에는 기본세율[45]과 잠정세율[46]이 있으며, 두 세율이 경합될 경우에는 잠정세율이 기본세율에 우선하여 적용된다(관세법 제7조 2항).

이러한 모든 세율은 조세법률주의 원칙에 의거 국회에서 결정되어야 하나 관세의 국제성과 특수성 때문에 그 세율의 적용은 탄력성과 신속성이 요구되므로 행정부에 세율결정권이 위임되어 있다. 행정부는 대통령령 또는 기획재정부령으로 필요시 관세율을 개정할 수 있다.

관세율표는 과세물건인 수입물품을 분류한 품목표와 그 품목표의 각 품목

45) 우리나라의 산업정책과 재정정책을 기초로 하여 어느 정도 장래를 예측하여 장기적으로 적용할 세율을 기본세율이라 한다.
46) 산업의 발전 또는 기타 경제의 변동 등 단기적 관점에서 일시적으로 기본세율을 수정할 필요가 있는 경우에 일정기간 기본세율을 대신해서 적용하기 위해 정한 세율을 잠정세율이라 한다.

마다의 관세율로 구성되어 있다. 수출입물품이 관세율표에 있는 품목표의 품목 중 어느 품목에 해당하느냐에 따라 수출 또는 수입 규제내용과 관세율이 달라지며 물품의 품목분류의 해석과 적용은 매우 중요하기 때문에 정확하여야 한다. 수입물품의 종류는 대단히 많을 뿐만 아니라 신제품도 점증하고 있는 상태에서 관세율표의 어느 품목에 속하느냐에 따라 관세액이 다르고, 분류에 잘못이 있어 부족한 세액이 있을 경우에는 그 부족액을 세관으로부터 추징당한다. 따라서 수출입하고자 하는 물품에 대한 정확한 세번을 결정할 수 없을 때에는 관세사를 통해 수출입신고 전에 관세청장에게 그 물품에 적용될 관세율표상의 품목분류에 관한 사전회시를 받는 절차를 취할 필요가 있다.

우리나라는 1987년 11월 29일 통일 상품명 및 부호체계에 관한 국제협약(HS 협약)에 가입하여 다음해 1월 1일부터 그 효력이 발생하여 현장에서 적용하고 있다.[47] 따라서, 수입자는 수입물품의 HS번호를 정확하게 확정한 후 분실, 도난, 변질, 손상 가능성을 고려하여 수입신고일자를 신중하게 선정하여 세관장에게 신고할 필요가 있다.

5. 관세 환급

1) 관세 환급의 의의

관세 환급이란 납세의무자가 관세, 가산금, 가산세 또는 체납처분비를 과오납한 과오납금 또는 이미 관세를 납부한 물품에 관세관계법률에서 정하는 일정사유가 발생하였을 때 이미 납부한 관세를 납세의무자에게 되돌려 주는 것을 말한다.

관세환급은 ① 납세의무자가 과오납한 관세를 환급해주는 과오납금의 환

47) 우리나라는 해방 후 관세법이 제정되었던 1945년~1949년 사이에는 미군 당국의 군정법령에 의해 모든 수입물품에 10%의 관세를 부과·징수하였다. 그 후 1949.11.23.부터 일본의 관세율표에 의해 관세를 적용하다가 1962년부터 1987년까지 CCCN분류 방법을 적용하였다.

급[48]과 ② 적법하게 관세를 납부한 물품에 대하여 일정한 법적 사유로 환급해주는 적법환급이 있다. 적법환급은 ① 계약위반 물품이 일정기간 이내에 수출되었을 때 이미 납부한 관세를 환급해주는 위약물품관세환급, ② 지정보세구역에 장치중인 물품이 멸실 되거나 변질 또는 손상되었을 때 이미 납부한 관세를 환급해주는 멸실물품관세환급, ③ 수출용원재료로 사용하여 제조가공한 물품을 일정한 기간 이내에 수출하였을 때 이미 납부한 관세를 환급해 주는 수출용원재료관세환급 등으로 구분된다. 적법환급에 대해서는 관세환급특례법에 별도로 규정하고 있고 나머지 과오납금 환급은 관세법에서 규정하고 있다.

우리나라는 1960년대 이후 정부의 강력한 수출진흥정책으로 수출이 크게 증가하였으나 국내부존자원과 기술부족으로 중요 기초원자재의 대부분을 해외수입에 의존하고 있었다. 외형적인 수출증가와 함께 수출에 투입되는 기자재의 수입증가로 발생하는 문제도 심각하여 정부는 수출을 지원하면서 수출용원자재의 국내생산을 장려하기 위한 정책이 필요했다. 이에 정부는 1975년부터 수출용 원자재에 대한 관세 등의 사전면세제도(간접세 면제)를 폐지하고 관세 환급제도(간접세 환급에 의한 수출지원)를 실시하게 되었다.[49] 관세환급제도는 수출행정절차의 간소화와 원재료의 국산화촉진으로 능률적인 수출지원과 균형 있는 국내산업의 발전을 기하고 외화가득률을 제고하여 국제수지를 개선하는 효과가 있다. 특히 관세환급특례법은 수출용원재료에 대한 관세, 임시수입부가세, 특별소비세, 주세, 교통세, 농어촌특별세 및 교육세의 환급을 적정하게 함으로 능률적인 수출지원과 균형 있는 산업발전에 이바지하기 위하여 관세법, 임시수입부가세법, 특별소비세법, 주세법, 교통세법, 농어촌특별세법 및 교육세법과 국세기본법 및 국세징수법에 대한 특례를 정함을 목적으로 한다.

---

48) 과오납금 환급이란 납세의무자가 법률상 관세, 가산금, 가산세 또는 체납처분비로 납부하여야 할 원인이 없는데도 이미 납부하였을 경우 국가는 일종의 부당이득이 되므로 당연히 환급할 채무가 발생하여 잘못 납부받은 관세를 되돌려 주는 것을 말한다.

49) 우리나라는 수출용 원재료에 대한 관세 등의 환급에 관한 특례법을 제정하여 1974년 12월 12일 법률 제2675호로 공포하고 1975년 7월 1일부터 실시하고 있다.

2) 관세환급요건

적법하게 납부된 관세는 원칙상 환급하지 않는 것이 원칙이다. 그러나 관세 등을 납부하고 수입한 물품이 계약내용과 상위하여 그 물품을 수출하거나 지정보세구역에 장치한 물품 중 관세 등을 납부한 이후에 반출하지 않은 상태에서 재해로 멸실하는 등 특수한 사유가 있거나 수출지원이라는 국가정책을 수행하여야 하는 등의 특별한 경우에는 이미 적법하게 납부한 관세 등이라도 환급되어야 한다. 관세환급특례법에서는 수출용원재료를 사용하여 생산한 수출물품을 환급용도에 제공한 때에는 이미 납부한 관세 등은 환급하는 것으로 규정하고 있는데, 그 관세 환급은 다음 4가지 요건을 갖추었을 때 가능하다.

① 수입할 때 관세 등을 납부하였거나 납부하여야 하는 수출용 원재료가 수출물품의 생산에 사용되어야 하며,
② 대통령령이 정하는 날로부터 소급하여 2년 이내(수입유효기간)에 수입된 수출용원재료이어야 하며(관세환급특례법 제9조 1항),
③ 그 수출물품을 환급용도에 제공하여야 하며,
④ 수출물품을 환급용도에 제공한 날로부터 2년 이내에 환급신청된 것이야 한다.

수입하는 수출용원재료에 대하여 관세, 내국소비세 등 간접세를 징수하고, 그 물품으로 생산한 물품을 수출하거나 국내에서 외화획득을 하는 판매 또는 공사 등에 제공한 때에는 이미 징수했던 간접세를 환급함으로써 수출을 지원하는 제도로서 정액환급을 할 때에는 그 구비서류 확인을 생략하고 개별 환급에 한하여 확인하고 있다.[50)]

수출용 원재료는 관세환급특례법 제3조 1항에 규정된 관세 환급을 받을

50) 관세환급요건 충족여부를 모두 확인하여야 하나 관세청장은 환급절차를 간소화하기 위하여 정액환급률표에 고시된 금액이 당해 물품을 생산하는데 소요되는 수출용원재료를 수입할 때에 납부한 관세로 보고 (1)과 (2)의 요건을 생략한다. 관환특법 제13조 2항.

수 있는 원재료로서 수입할 때 관세 등을 납부하였거나 일괄납부를 하는 재료를 말하며 그 구체적 사항은 다음과 같다.

① 수출물품을 생산한 경우에는 생산시의 물리적·화학적 변화과정에서 당해 수출물품에 물리적으로 결합되거나 화학적 반응 등으로 수출물품을 형성하는데 소요되는 원재료

② 수입한 상태 그대로 수출한 경우에는 수출물품

그러나 국내에서 생산된 원재료가 수입된 원재료와 동일한 질과 특성을 가지고 상호 대체사용이 가능하여 국내산과 수입산 여부를 구분할 수 없는 경우에는 원재료의 국산화 지원책의 일환으로 수출물품을 생산하는 과정에서 이를 구분하는 것은 오히려 실익이 없으므로 수출용원재료가 사용된 것으로 간주된다(관환특법 제3조 2항).

대통령령이 정하는 날은 ① 관세법 규정에 의하여 수출신고가 수리된 수출의 경우는 수출신고를 수리한 날, ② 기획재정부령이 정하는 규정에 따라 국내에서 외화를 받고 수출·판매·공사 또는 공급을 완료한 날을 말한다.

수출물품을 환급용도에 제공하여야 한다는 것은 관세환급특례법과 남북교류협력에 관한 법률에 규정하고 있는 ① 수출, ② 국내에서 외화획득을 하는 판매 또는 공사(주한미군 및 외국대사관)·보세구역·자유무역지역(FTZ) 입주업체에 대한 공급, ③ 북한으로의 물품반출,[51] ④ 외국 왕래 선박·항공기에 대한 선(기)용품과 원양어선용 물품, ⑤ 반입 신고한 내국물품의 관세자유지역 반입(관환특법 제4조 1의 제3항 및 관세자유지역법 제30조) 등을 의미한다.

3) 정액환급과 개별환급

관세 등의 환급방법은 크게 정액환급과 개별환급으로 구분할 수 있는데,

51) 남북교류협력에 관한 법률 규정에 따라 매매, 교환, 임대차, 사용대차, 증여 등을 원인으로 하는 남한과 북한 사이의 물품이동을 말한다. 관환특법 제2조, 남북교류협력법 제2조 3항 및 시행령 제50조 4항.

관세를 납부 또는 징수유예 받은 물품으로 제조·가공한 물품을 수출하였을 때에 수출물품을 기준으로 하여 일정액을 소정의 정액환급률표에 의하여 환급하는 방식을 정액환급이라 한다. 그리고 수출물품을 제조·가공하는 데 소요된 원자재의 수량을 확인하고 그 원자재를 수입할 때에 납부한 관세 등을 가감하지 않고 그대로 환급하는 방식을 개별환급이라 한다.

개별환급은 환급용도에 제공한 수출물품을 제조·가공하는데 소요된 소요량 증명서에 의하여 확인하고 수출용원자재의 개별품목마다 그 종류나 수량을 하나하나 확인하여 관세를 얼마나 납부하였는지 확인해야 하는 것이므로 환급절차가 상당히 번거롭다. 수출입업자가 수입 시 납부한 세액을 수출이행 후에 그대로 환급한다는 것은 합리적이라 할 수 있으나, 그 세액을 산출하고 확인하는 절차가 까다롭다. 개별환급은 원칙적으로 '납부액 = 환급액'이다. 그러나 관세청장이 고시하는 특정물품, 즉 국산이 가능한 품목에 대하여는 전액을 환급하지 않고 각 품목별로 정하여진 일정률에 따라 환급하도록 하고 있다.

또한 덤핑방지관세, 보복관세 및 상계관세가 부과된 수출용 원재료를 사용하여 제조·가공한 수출물품에 대하여 개별환급을 하는 경우에는 이러한 특별세율에 의하여 납부한 세액이 환급되지 않고 기본세율에 의한 금액만을 환급하도록 하고 있다.

개별환급의 대상은 수출물품 중 정액환급대상으로서 정액환급률표에 기재되지 아니한 물품이 개별환급의 대상이 된다. 그러나 정액환급인 경우에는 납부한 세금을 하나하나 확인하여 계산할 필요도 없을 뿐만 아니라, 납부한 세액을 그대로 환급하는 것이 아니고 물품에 따라 일정액을 환급하는 것이므로 오히려 국산원자재를 사용하였을 때에는 실제로 납부한 세금은 없는데도 환급을 받게 되는 경우가 있어 국산원자재의 사용을 촉진시킬 수 있는 것이다.

수출한 후 환급을 청구하고자 하는 수출업자[52]나 대행 수출업자는 모두

52) 기초원자재를 수입하여 중간원자재를 제조하여 수출물품 제조업자에게 공급할 경우에 환급청구권은 최종수출자에게 있으므로 내국신용장에 의한 원자재 공급시에 그 공급가격에 기초원지재를 수입할 때 납부한 세액을 포함시켜야 한다.

① 관세 등의 체납이 없는 경우에 한하고, ② 양자의 인감증명서가 첨부된 수출대행계약서를 제출하여야 한다. 기획재정부령으로 정하는 수출·외화판매 또는 공사의 경우에는 당해 용도에 공한 자의 명의로 환급 신청하여야 하며, 보세공장 또는 자유무역지역(FTZ) 입주기업체에 공급한 경우에는 공급자의 명의로 환급 신청하여야 한다.

제2절 통관의 개요

1. 통관의 의의와 기능

통관이란 관세법에 규정한 절차를 이행하여 물품을 수출, 수입 또는 반송하는 과정을 말한다. 누구나 수출, 수입 또는 반송하고자 하는 물품을 세관장에게 수출, 수입 또는 반송신고를 하여야 하고 서류상의 내용과 현물의 대조, 확인을 받아야 한다.

통관은 세관행정의 핵심을 이루고 있으며, 수출입물품에 대한 통관절차에 의하여 국가는 관세의 부과, 징수를 행하고 수출 또는 수입에 있어서의 제 법령에 의한 규제사항을 실물에 의하여 최종적으로 확인하게 된다. 이러한 통관은 수출통관, 수입통관, 반송통관으로 분류되고 통관절차는 정상통관절차와 간이통관절차로 분류되는데 그 통관기능은 다음 2가지가 있다.

첫째, 실물의 통관절차과정에서 우리나라의 산업·경제·사회·문화·교육·보건·환경 등의 입장을 적용하여 수출입의 가부를 결정함으로써 관세법 또는 기타 수출입관계 규제법의 효과를 확보해 주는 기능이 있다.

둘째, 통관현장에서 관세 및 내국세를 징수함으로써 국가의 재정수입을 확보하는 기능이 있다.

따라서 통관은 관세법과 관세행정의 핵심이라 할 수 있다.

2. 수출입통관 금지물품

수출입의 규제는 모두 관세법에서 규정하는 것이 입법적으로 타당하겠지만 물품의 수출입을 규제하는 목적·취지·내용·정도 등이 각각의 물품에 따라 다르기 때문에 관세법에서 모두 규정하는 것은 사실상 어려우므로 대부분 관세법 이외의 법령에서 규제하고 있다. 다만 타 법령이 수출입규제의 대상으로 하는 물품을 관세법에서는 집약적·최종적으로 확인하여 규제를 실효성 있게 확보하기 위하여 수출입절차의 최종단계인 관세법상의 수출입신고필증을 결부시켜 규제하고 있다. 따라서 타 법령에서 화물의 수출입에 관하여 주무관청의 승인 등을 받도록 규정하였을 때에는 당해 화물에 대하여 통관절차를 취할 때에 승인된 사실을 세관에 증명하여야 한다. 관세법에서는 공서양속 또는 기타 사회질서에 위배되는 성질의 물품에 대한 수출입을 절대적으로 금지하고 있는데 그 구체적인 내용은 다음과 같다.

① 국헌을 문란하게 하거나 공안 또는 풍속을 해할 서적·간행물·도화·영화·음반·조각물 기타 이에 준하는 물품(관세법 제146조 1항)
② 정부의 기밀을 누설하거나 첩보에 공하는 물품
③ 화폐·지폐·은행권·채권·기타 유가증권의 위조품·변조품 또는 모조품
④ 상표법에 의하여 등록된 상표권을 침해하는 물품

WTO협정은 무역관련 지적재산권[53]을 국제적으로 보호하도록 규정하고 동 재산권을 침해하는 물품의 수출입을 사실상 금지하도록 하고 있다. 따라서 상표권을 침해하고 있는 물품은 기본적으로 수출입할 수 없다. 다만 여행자 휴대품 또는 우편물 등 상업적 목적이 아닌 개인용도에 사용하기 위하여 소량으로 수출입 되는 물품은 수출입할 수 있다. 세관장은 상표권 또는 저작권을 침해하는 물품에 대하여 유치·보관할 수 있으나 상표권자 또는 저작권자의 동의를 받아 통관할 수 있다. 수출입신고자가 세관장에게 담보를 제공하고 통관을 요청하는 경우에도 세관장은 통관을 허용할 수 있다.

---

53) 지적재산권은 저작권, 저작 인접권, 상표, 지리적 표시, 의장, 특허, 집적회로배치설계, 미공개 정보 등에 관한 권리를 말한다.

우리나라 관세법에서는 상표권과 저작권만을 그 보호대상으로 규정하고 있으나 우리나라가 이미 WTO에 가입하고 있는 이상 국제조약을 이행할 의무가 있다고 보므로 사실상 모든 지적재산권을 침해하는 물품의 수출입은 사실상 금지되었다고 할 것이다.

3. 수출통관

1) 수출통관의 의의

물품을 외국에 수출하기 위해서는 국내의 각종 법령이 정하는 바에 따라 소정의 절차를 거쳐야 하는데, 이 절차 중에서 최종적으로 거쳐야 할 단계가 수출통관절차이다. 여기서 물품이라 함은 우리나라에 있는 물품으로서 외국물품이 아닌 관세법에서 정하고 있는 내국물품을 말한다. 내국물품을 수출하기 위하여 세관장에게 수출신고를 하고 그 신고를 수리하는 일련의 세관절차를 수출통관절차라 한다.

2) 수출통관의 대상

통관의 대상이 되는 것은 물품이며, 관세행정상 모든 물품을 외국물품과 내국물품으로 구분하고 있다. 관세법상 수출신고필증을 교부받은 물품과 수입신고필증이 교부되기 이전의 물품을 외국물품이라 한다. 그리고 이와 반대로 수출신고필증이 교부되기 이전의 물품 및 수입신고필증이 교부된 이후의 물품을 내국물품이라 한다. 즉, 내국물품이란 국내에 있는 것으로서 외국물품이 아닌 물품이다. 이러한 구분은 그 물품 자체의 속성에 따라 분류하는 것이 아니고 수출입의 대상이 되는 물품에 대하여 관세법상의 제 규제를 가할 필요에 따라서 편의상 분류하는 것에 불과하다.

관세법상 규제대상으로 하는 것은 원칙상 외국물품이다. 외국물품이란 ① 외국에서 우리나라에 도착된 물품으로 수입신고필증이 교부되지 않은 물품, ② 수출신고필증이 교부된 물품이다. 외국으로부터 우리나라에 도착된 물품에는 외국에서 생산된 물품, 우리나라 생산품으로서 일단 수출되었다가 재

수입된 물품, 외국의 선박에 의하여 공해에서 채포된 수산물 등이 있다.

수출신고필증이 교부된 물품은 사실상 우리나라 물품이지만 이를 외국물품이라 하는 이유는 이러한 물품은 수출신고가 취소되거나 재수입의 신고가 되지 않는 한 국내에서 인취하여 사용·소비할 수 없고, 최종적으로 외국에 수출됨으로써 관세법·대외무역법·외국환거래법 등에서 의도하는 수출에 관한 효과가 완전히 발생하게 되므로 이를 국내물품과 구별하여 세관의 특별한 감독 하에 둘 필요가 있기 때문이다. 따라서 내국물품을 제외한 우리나라의 모든 물품과 공해상에서 외국의 선박에 의하여 채포된 수산물을 외국물품이라 한다.

외국물품이라도 수입신고필증이 교부된 것은 내국물품이며, 관세법의 적용상 수입신고필증이 교부된 것으로 간주되는 우편물 등은 내국물품이다. 내국물품이 예외적으로 ① 수출의 대상이 되었을 때, ② 외국무역선에 의하여 내국운송이 될 때, ③ 외국물품과 혼합 사용되기 위하여 보세공장에 반입되었을 때에는 관세법상의 규제를 받는다.

3) 수출통관절차

수출통관절차라 함은 수출하고자 하는 물품을 수출자의 공장 또는 창고 등 수출검사를 받고자 하는 장소에 장치한 후 세관에 수출신고를 하고, 필요한 검사 및 심사를 거쳐 수출신고필증을 교부받아 수출하고자 하는 화물을 선박 또는 항공기에 적재하기까지의 일련의 절차를 말한다. 세관에서는 이러한 절차를 통해서 관세법은 물론 대외무역법, 외국환거래법 등 각종의 수출규제에 관한 법규의 이행사항을 최종적으로 확인하게 된다.

우리나라는 1996년 7월부터 수출입면허제가 폐지되고 수출입신고제로 변경하여 시행하고 있으며, 수출물품의 소재장소에 관계없이 수출 신고할 수 있다. 물품을 수출하려고 하는 자는 그 수출하려는 물품의 품명·규격·수량 및 가격 등에 관하여 소정의 양식에 의거 세관장에게 신고를 하고 세관의 심사 및 필요한 검사를 거쳐 수출신고필증을 교부받아야 한다.

수출신고는 화주, 관세사, 관세사법인 또는 통관취급법인의 명의로 하여

야 한다. 그러나 수출물품을 제조하여 화주에게 공급한 경우에는 그 공급자의 명의로 할 수 있다. 여기에서 화주라 함은 수입신고할 물품에 대하여는 그 물품을 수입한 화주와 수출 신고할 물품에 대하여는 수출승인서상의 수출자를 말하고, 무역업자가 대행 수입할 경우에 수입한 화주는 그 물품의 수입을 위탁한 자를 의미한다.

관세사라 함은 관세법의 규정에 따라 관세사의 자격을 얻어 기획재정부에 등록한 자로서 세관장에게 통관업의 신고를 하여 수출입의 신고인이 되는 자를 말한다. 관세사에는 타인의 수출입물품의 통관을 대리하는 관세사가 있고, 화주가 채용하여 당해 화주의 물품에 대한 통관만을 담당하는 관세사가 있다.

수출신고는 소정의 일정한 서류를 첨부하여 세관에 EDI 방식에 의하여 수출신고서를 제출함을 원칙으로 하며, 세관은 수출신고에 따라 실제로 수출되는 물품여부를 검사하여 밀수출, 위장수출, 허위신고 또는 부정수출 등 외화 및 재신의 헤외도피 여부를 세밀하게 검사한다. 수출신고서의 접수 시에 구비서류의 충족여부와 수출 승인된 품명, 규격, 수량 등 승인사항과 수출신고사항의 일치여부 등을 심사함으로써 수출신고필증을 발급할 것인가를 결정하게 되는데 위조상품수출 등 지적재산권을 침해할 우려가 있거나 관세 환급과 관련하여 위장수출의 우려가 있을 경우 또는 불법수출에 대한 우범성의 정보가 있는 경우에는 현품검사를 할 수도 있다. 시간과 노력 그리고 소요경비의 절감을 위해 현품검사를 생략하고 서면검사로 대신할 수도 있다.

서면검사대상물품의 경우에는 그 물품이 수출검사기관 등의 검사합격증이 제출된 물품일 때는 당해 검사합격증에 표시되어 있는 규격, 그 물품이 관세청장의 지정에 의하여 서류 검사하는 물품인 때에는 수출승인서상에 표시되어 있는 규격에 의하여 심사를 행한다.

심사의 결과 신고사항과 상이할 때에는 다음과 같이 처리된다.

① 수출승인서에 표시된 품명, 규격, 수량 등이 현품과 일치하나 수출승인서에 표시된 HS 번호가 일치하지 않을 때에는 현품에 의한 HS 번호에 따라 통관을 허용한다.

② 수출승인서에 표시된 물품의 중량(용적)보다 현저한 차이가 있을 때에는 관세법 위반혐의로 입건·조사하며 그 차이가 인정할 수 있는 범위 이내이면 현품에 의한 중량(용적)에 따라 통관을 허용한다.

③ 수출금지품 또는 위장수출 등의 혐의가 인정될 때에는 관세법 위반혐의로 입건·조사한다.

④ 수출승인서 및 기타 구비서류의 기재사항과 상이할 때는 통관을 허용하지 아니하고 당해 서류의 정정 등 보완을 요구한다.

⑤ 대외무역법의 규정에 의한 수출의 특례에 해당하는 물품일 때는 각 특별법 및 대외무역법의 규정에 의한 제한조건의 구비여부를 관계서류에 의하여 확인하여 구비되어 있지 않을 시에는 보완요구를 한다. 반면 수출승인서에 의하여 수출되는 물품의 경우에는 당해 승인서발급기관에서 특별법의 규정에 의한 조건의 구비여부를 확인한 것이므로 세관에서는 다시 확인하지 아니한다.

⑥ 그러나 각 특별법에 의한 제한조건이 수출물품 자체에 관한 제한조건인 경우에는 그 조건의 충족여부를 확인한다.

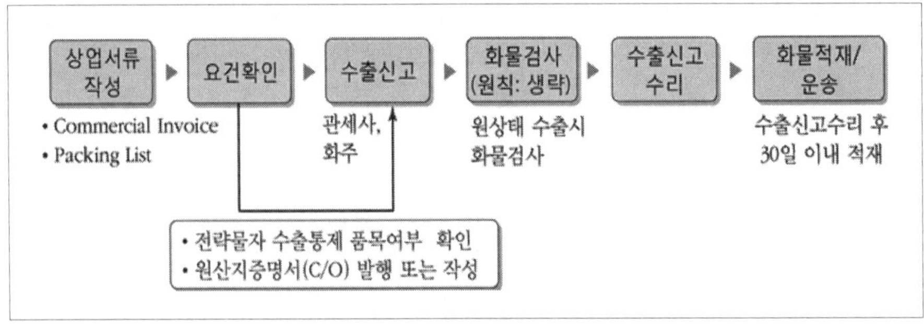

┃그림 11-2┃ 수출통관절차

4. 수입통관

1) 수입통관절차의 개요

수입통관절차는 우리나라에 도착된 물품과 수출신고가 수리된 물품을 세관장에게 수입신고를 하고 납부하여야 할 관세 및 내국세를 납부한 후 우리나라에 인취[54]하는 통관절차를 말한다. 일반적으로 수입이란 물품이 외국에서 국내에 도착하여 적법한 절차를 거쳐 최종적으로 국내에 인취 될 때까지의 연속적 행위라 하며, 대부분의 물품은 보세구역을 경유하여 수입하고 있다. 그러나 관세법에서는 최종단계인 국내에 인취하는 시점을 잡아 수입이라 하며 적법한 절차 없이 국내에 인취하는 경우에도 수입에 포함된다.

물품을 수입하고자 할 때에는 세관장에게 수입신고를 하여야 하고 세관장이 그 수입신고를 수리하여야 수입할 수 있다. 다만 고가품 등 신속한 통관이 필요한 경우에는 물품이 입항되기 전에 세관에 수입신고를 하고 수입신고필증을 교부받아 하역 즉시 수입물품을 빈출 받을 수 있어 선박이 입항 전 수입신고로 통관시간 단축효과를 극대화시킬 수 있다.

휴대품, 탁송품 또는 별송품, 우편물, 재수출물품 및 정부용품 등 관세가 면제되는 물품과 기본세율이 무세인 국제운송을 위한 컨테이너에 대해서는 그 물품의 특수성을 감안하여 수입신고를 생략하거나 관세청장이 정하는 간이한 방법으로 수입신고를 할 수 있다.

이처럼 외국물품이 선박 또는 항공기에 의하여 반입되면 그때부터 그 물품은 관세법의 기속을 받게 되고, 그 물품이 다시 관세법의 기속으로부터 해방되기 위해서는 일련의 수입통관절차를 필하여야 한다.

2) 수입과세확정

관세법은 통관의 신속·적정 및 기타 사정을 고려하여 화주, 관세사, 관세

54) 물품이 관세법에 의한 구속으로부터 벗어나 내국물품이 되거나 자유유통의 상태로 되는 것을 의미한다.

사법인 또는 통관취급법인의 명의로 수입신고를 할 수 있도록 제한하고 있다. 통관 업무는 상당한 기술업무일 뿐 아니라 통관의 신속을 기하기 위해서 통관 업무에 숙련된 전문인을 필요로 하므로 관세법에서는 원칙적으로 수입신고인을 수출신고인의 경우와 같이 동일하게 제한하고 있다.

과세물건 확정시기는 원칙적으로 수입신고를 한 때가 되며 수입신고할 때의 물품의 성질과 수량에 의하여 부과된다. 예컨대, 외국으로부터 물품이 선적되어 운송되어 오다가 도중에서 화물이 손상을 입었거나 보세구역에 양륙된 후 손상을 입어 수입신고를 하기 전에 과세물품의 성질 또는 수량에 변화가 발생하였을 때에는 그 변화된 상태에서 과세하게 된다.

수입신고는 적용법규, 통관여부, 면세적격여부의 확정 등 중요한 법률효과를 가져오므로 그 시기를 명백히 하여야 한다. 수입신고는 물품을 적재한 선박 또는 항공기가 입항 전이나 입항 후 언제든지 가능하다. 수입신고를 하게 되면 신고 시에 시행되는 법규의 적용을 받게 되며 신고일 이후 법규가 개정되어도 이의 적용을 받지 않는다.

수입신고는 일정한 요식행위에 해당한다. 따라서 수입신고 시에는 세관이 수입물품에 대하여 심사 및 검사를 하여 적정한 관세를 부과·징수할 수 있도록 기타 서류를 제출하여야 한다.

수입신고 시에 세관에 제출해야 할 중요한 서류는 다음과 같다.

① 수입신고서
② 수입승인서(필요시)
③ 상업송장 및 포장명세서
④ 납부서
⑤ 세액계산명세서
⑥ B/L 사본
⑦ 기타 법률에 의하여 세관장이 제출을 요구하는 서류(예를 들어 원산지 증명서 등)

3) 수입물품의 검사·감정

수입물품의 검사와 감정이란 수입신고 된 물품이 무엇인가를 확인하여 과세하는 절차이므로 수입신고 된 모든 물품은 수출검사 때보다 원칙적으로 엄격한 검사를 받아야 한다. 그러나 검사를 받지 아니하더라도 신고 된 물품이 무엇인가를 확인할 수 있을 때에는 검사를 생략하고 서류에 의해서만 감정을 한다. 수입서류검사는 수입신고할 때의 물품의 종류, 성질, 수량, 수입자의 성실성 등을 감안하여 물품검사를 생략하는 관세행정의 효율화를 위한 절차로서 세관장은 서류신고내용에 따라 관세를 부과할 수도 있다.

검사는 수입물품이 무엇인가를 확인하는 작업이기 때문에 검사절차에 의해서 수입물품이 무엇인가를 알게 됨으로써 먼저 그것이 수입금지품인가의 여부, 물품의 원산지·적출지·상표 등과 수량·용적·중량·단위 등을 확인한다. 그리고 최종적으로 관세 및 기타 특별소비세의 세율적용과 무역통계상 필요한 통계품목번호의 결정도 자동적으로 이루어지는 것이다.

수입물품에 대해 검사와 감정을 하는 목적은 ① 수입물품의 규격과 수량을 확인하여 수입승인사항과 현품을 대조하는 동시에 그 물품의 HS를 확인해서 세율을 결정하고, ② 물품의 손상·변질 등을 확인하며, ③ 과세가액을 결정하고, ④ 정상무역을 가장하여 밀수품이 수입되는 것을 막는 데 있다. 이 밖에 특히 단가표(unit price list)나 송장(invoice)과 대조하여 저가신고나 고가신고의 여부를 확인하고 물품손상에 대한 손상정도를 확정시킴으로써 합리적인 감면세조치가 가능하게 된다.

수입검사는 과세표준을 결정하기 위하여 행하여지며 수입물품에 대한 과세표준은 종량세물품의 경우 중량·길이·용적이 되고, 종가세물품의 경우에는 그 물품의 가격이 과세표준이 된다. 신고서 및 송장에 기재되어 있는 물품의 중량·길이·용적과 가격의 정당성 여부는 현물을 검사함으로써 확인하는 것이다.

수입물품의 검사에는 서류검사와 현품검사로 구분된다. 서류검사는 예외적으로 서류에 의해서, 즉 참고문헌, 카탈로그 등을 이용하여 물품의 실체를 파악할 수 있는 경우에 한하여 행하여지며 원칙적으로 현물검사를 행한다. 현품검사에도 다음과 같이 견본검사, 일부지정검사, 전부검사 등을 행한다. 견본검사는 수량사정이 필요하지 않은 물품에 대하여 그 일부를 견본으로 채취하고 그 견본에 의하여 관세율표 분류, 통계품목표분류, 가격감정, 타 법령의 확인, 기타의 검사·감정을 할 수 있을 때에 행한다. 일부지정검사는 성질 및 수량의 확인을 필요로 하는 물품 중 균질·등량으로 포장된 물품으로서 그 일부에 대하여 수량사정을 하여 물품 1개당의 실측수량의 평균치에 물품의 전개수를 곱하여 산출하는 방법에 의존할 수 있다고 인정되는 것에 한한다. 물품 및 각 포장의 내용 및 수량이 다르나 포장마다 내용 및 정미수량이 표시되어 있는 물품 또는 포장번호별 내용 및 수량이 기재된 포장명세서 등이 첨부된 물품으로서 그 일부에 대한 검사로써 검사된 물품 전체의 성질 및 수량에 대한 인정이 가능한 물품에 대하여 행하여진다. 전부검사는 견본검사 또는 일부지정검사에 의해서는 물품의 성질·수량 등 확인이 곤란한 물품에 대하여 행하여진다.

이와 같이 여러 가지 검사방법이 있지만 일반적으로 신고인으로부터 설명을 듣거나 카탈로그 등의 참고자료를 얻어 성실신고에 의존하고 있는 실정이며, 검사결과 물품이 신고서에 기재한 사항과 상이할 때에는 상이한 점을 체크하여 종합적인 재검사를 하게 된다.

세관은 다음에 해당하는 실질적인 통관심사사항을 확인한 후 통관가능여부를 결정하는데 통관심사 시에 세율, 과세표준, 납부세액은 원칙적으로 심사하지 않는다.

① 수입승인사항과 수입신고사항의 일치 여부
② 대외무역법령 및 기타 법령에 의한 조건의 구비 여부
③ 세 번의 정확 여부(세액세출은 면허 후 심사)
④ 분석의뢰 필요성 여부
⑤ 기타 수입물품통관을 위하여 필요한 사항

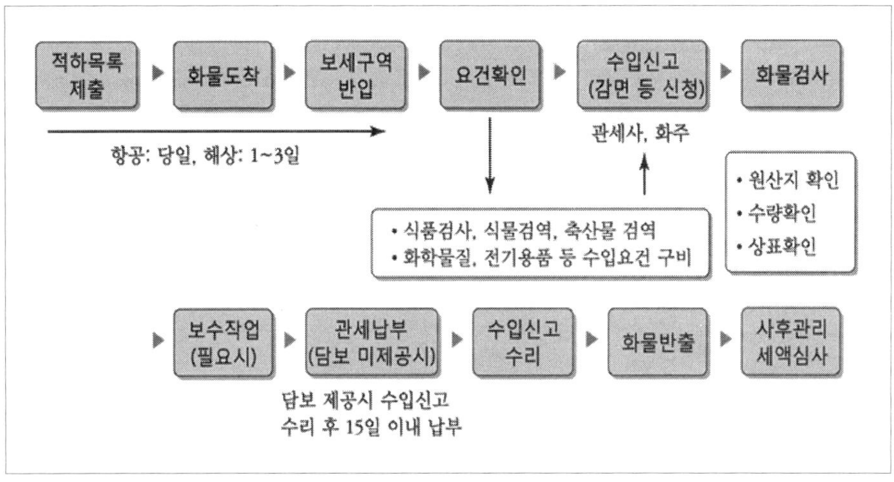

┃그림 11-3┃ 수입통관절차

5. 반송통관

1) 반송 대상물품

물품의 반송이라 함은 외국물품을 외국으로 반출하는 것으로 다음에 해당하는 물품을 대상으로 하고 있다.

① 보세공장에서 보세작업에 의하여 생성된 제품을 외국으로 반출하는 경우

② 외국에서 우리나라에 도착한 외국물품을 보세전시장에 전시한 후 그대로 다시 외국으로 반출하는 경우

③ 중계무역을 위하여 외국에서 우리나라에 도착한 외국물품을 보세창고에 반입한 후 다시 외국으로 반출하는 경우

④ 외국으로부터 우리나라에 도착한 외국물품이 계약내용과 상이하여 수입신고수리 전에 다시 외국으로 반출하는 경우

⑤ 외국으로부터 우리나라에 도착한 외국물품의 수입신고의 형식적 요건을 갖추지 못하여 그 신고가 수리되지 아니하여 그대로 다시 외국으로 반출하는 경우

2) 반송기간의 제한

물품을 반송하고자 할 때에는 세관장에게 반송신고를 하여야 한다. 세관공무원은 그 물품을 검사할 필요가 있다고 인정할 때에는 검사를 한다. 세관장은 반송신고의 형식적 요건을 심사하여 신고가 적법하고 정당하다고 판단되면 이를 수리하고 신고인에게 신고필증을 교부한다. 반송절차는 수출절차와 같은 점이 많으나 반송신고는 관세법에 규정한 장치장소에 물품을 장치하고 있는 경우에 한하여 할 수 있다. 관세법에 규정한 장치장소라 함은 보세구역, 보세구역이 아닌 장소로서 타소장치 허가를 받은 물품, 재해 기타 부득이한 사유로서 임시 장치하여야 하는 물품, 검역물품, 압수물품, 우편물을 각각 장치한 장소를 말한다.

반송신고자는 관세법에 규정한 장치장소에 그 반입일 또는 타소장치허가일로부터 30일 이내에 반송신고를 하지 않으면 가산세[55]가 부과된다. 이와 같이 반송신고기간을 제한하는 것은 신속히 물품을 통관하여 보세구역의 활용을 효율화하고 불법수입을 방지하는 데 그 목적이 있다.

3) 반송신고 수리 및 취하

반송신고서를 접수한 세관공무원은 신고서에 기재되어 있는 물품과 동일성을 확인하기 위하여 그 물품을 검사할 수도 있고 물품의 종류, 성질 및 화주의 성실성 등을 감안하여 생략할 수도 있다. 반송신고가 적법하고 정당하게 이루어진 경우에는 세관장은 그 신고를 지체 없이 수리하고 신고인에게 신고필증을 교부하여야 하나 형식적 신고요건을 갖추지 못한 경우에는 그 신고를 직권으로 각하한다. 반송신고는 정당한 이유(수입하게 된 경우)가 있는 경우에 한하여 세관장의 승인을 얻어 취하할 수 있다.

그러나 반송대상물품을 운수기관, 관세통로 또는 관세법에서 규정된 장치장소에서 반출한 후에는 취하할 수 없다.

---

55) 관세청장이 신속한 유통이 긴요하다고 인정하여 보세구역의 종류와 물품의 특성을 감안하여 가산세의 부과대상 물품을 정하고 있다.

6. 특수통관

1) 우편물 통관

우편물은 소액·소량의 물품으로서 국제사회에서 무상으로 기증되거나 상업용 상품의 견본이나 광고용 소액물품 등이 대부분을 차지하고 있다. 이러한 우편물은 수취인의 편의를 위해 정상통관절차 대신에 간이한 통관절차에 따르도록 하고 있다.

수입, 수출 또는 반송하고자 하는 우편물은 통관우체국[56]을 경유하여 관세청장이 정하는 바에 따라 검사를 받거나 또는 검사를 생략 받을 수 있으며 상품에 따라 관세를 납부하여야 한다.

따라서 우편으로 수출입하고자 하는 경우에는 통관우체국에서 통관절차를 밟아야 하나 외국에서 우편으로 도착된 물품 중에 수입 또는 반송할 수 없는 것으로 결정·통지받으면 그 우편물은 수취 또는 반송할 수 없다.

2) 선용품 또는 기내물품의 통관

내국물품을 외국무역선(기)의 선(기)용품으로 또는 외국무역선(기) 내에서 판매할 목적으로 물품을 이들 운수기관에 적재하면 수출이라 할 수 있고, 외국으로부터 우리나라에 도착된 외국물품을 외국무역선(기)의 선용품 또는 외국무역선(기)에서 판매할 물품으로 적재하면 반송이라 할 수 있다. 이러한 물품은 운항편의상 신속한 통관이 요구되므로 간이한 통관절차에 의하여 통관된다. 따라서 이들 물품의 수출 또는 반송의 신고와 그 신고절차를 생략하고 세관장의 허가만으로 외국무역선(기)에 적재할 수 있다.

3) 상호주의 또는 조약에 따른 통관절차

관세는 국가의 재정수입과 유치산업의 보호를 목적으로 하지만 국제성이

56) 체신관서 중에서 우편물의 간이 통관을 위해 관세청장에 의해서 지정된 우체국이다.

있기 때문에 국가 간의 합의 또는 상호주의에 의하여 관세를 양허하거나 통관절차를 간소화하여 국제협력에 기여하여야 한다.

우리나라는 국가 간의 무역협력을 촉진하기 위하여 우리나라 상품에 대하여 통관절차의 편익을 주는 나라에서 수입되는 물품에 대하여 상호조건에 따라 간이한 통관절차를 적용할 수 있도록 법제화하고 있다.

전시회, 박람회, 회의 기타 유사한 행사에서의 전시 또는 사용될 물품의 수입에 대한 편의를 위해 ATA협약[57]에 우리나라는 1978년 가입하고 있고, 1985년에는 1972년 컨테이너에 관한 관세협약에 가입하여 일시적으로 수입된 컨테이너는 수입 및 재수출시에 요구되는 통관서류의 제출이나 담보제공 없이 수입이 허용되고 있다. ATA협약에 관련된 업무는 대한상공회의소로부터 관련 서류를 발급받을 수 있으며 발급일로부터 1년간 유효하다.

그리고 1971년에 외교관계에 관한 비엔나협약에 가입함으로써 상업용 항공기의 기장에게 위탁한 외교행랑은 개봉되거나 유치할 수 없고, 공관직원이 직접 기장으로부터 외교행랑을 수령하도록 하고 있다.

---

57) 불어 『Admission Temporaire Carnet(Temporary Admission System)』의 약자로 전시회 출품 등으로 물품의 일시수입을 위한 일시 수입통관증서에 관한 관세를 말하며 우리나라는 조약 641호로 체결하여 1978년 7월 3일부터 발효되고 있다.

Chapter 12

원산지 관리 실무

제1절

원산지 관리 개요

1. 원산지 관리의 필요성

원산지란 상품이 생산 또는 제조된 국가나 지역을 말한다. 상품의 생산은 한 국가 또는 한 지역에서 완전히 생산될 수도 있지만, 대부분의 공산품은 여러 국가가 관련되면서 생산 또는 제조되는 것이 일반적이다. 생산에 여러 국가가 관련되는 상품의 원산지에 관하여는 1970년대부터 각국의 관심이 크게 증가하여 왔는데 그 이유는 크게 보아 다음과 같은 두 가지 이유 때문이다.

첫째는, 관세와 관련된 무역정책 효과의 확보문제 때문이다. 한나라가 관세와 비관세상의 특혜를 부여하거나 규제를 행할 때 무차별원칙을 적용하는 경우도 있지만, 수입상품의 원산지에 따라 차별적인 조치를 하는 경우도 많이 있다. 선진국이 개발도상국에 부여하는 일반특혜관세제도(GSP)나 WTO 개발도상국간 양허관세(TNDC), 아시아태평양무역협정(APTA, 종전 방콕협정) 양허관세, UNCTAD 특혜무역제도에 관한 협정의 양허관세(GSTP), 그리고 우리나라의 북한산 물품에 대한 무관세 적용 등은 모두 상품의 원산국에 따라 특혜 적용 여부가 결정된다. 또한 EU나 NAFTA와 같이 자유무역지대 혹은 관세동맹 등의 지역경제통합은 통합 역내국에서 생산된 상품에 대하여는 상호 무관세를 적용하나, 역외국에서 생산된 상품에 대하여는 관세를 부과하기 때문에 이 경우에도 수입상품에 대한 원산지의 판단은 중요한 의미를 갖는다. 특히 지역경제통합에 따라 역외국들이 관세상의 혜택을 목적으로 통합지역 내에 생산·조립공장의 설립 등 직접투자를 증대시키거나, 제3국을 통한 우회수출을 도모함에 따라 경제통합 가맹국들은 통합의 효과증대를 위해 원산지에 대한 판단을 더욱 까다롭게 하는 경향을 보여 왔다.

둘째는, 소비자에 대한 "원산지효과" 때문이다. 이는 오늘날의 세계화와 밀접한 관계가 있다. 소비자의 상품구매에 영향을 미치는 요소는 다양한데 그 중에는 상품이 생산된 원산지가 어디냐 하는 점도 중요한 요소이다. 같은 브랜드의 동일한 성능과 품질을 가진 상품이라 할지라도 생산국이 어디인가에 따라 소비자의 선호도는 달라진다. 이를 원산지효과라고 한다. 우리나라 국민들이 농·수산물의 거래에서 국산을 선호하는 현상도 일종의 원산지효과라고 할 수 있다. 이러한 원산지효과를 고려하여 소비자를 보호하고 상거래의 공정성을 제고하기 위해 원산지에 대한 관심이 높아지게 된 것이다.

원산지에 대한 관심이 높아짐에 따라 각국은 원산지의 결정기준, 상품에 대한 원산지의 표시와 관련한 각종 규정을 만들어 운용하여 왔다. 원산지 규정은 그 자체로서는 무역에 영향을 미칠 목적을 가진 조치는 아니라 할지라도 결과적으로 무역에 장애요인이 되는 경우가 많이 발생하였다. 각국의 원산지 규정이 서로 상이하여 분쟁의 원인이 되었고, 각국의 통관당국도 원산지 규정을 규제적인 무역정책의 목적을 달성하기 위한 방편으로 간주하여 차별적으로 원산지를 판정하는 사례가 늘어났기 때문이다. UR에서 "통일원산지 규정"(Harmonized Rules of Origin)의 제정을 위한 협상은 이러한 배경하에 이루어졌다. WTO협정에서 다자간 협정의 하나로 "원산지 규정에 관

한 협정"이 포함되어 있다는 것은 적정한 원산지의 관리가 국제무역의 발전에 그만큼 중요하게 되었다는 것을 시사하는 것이다.

2. 원산지 규정

자유무역 협정의 체결로 세계경제가 점차 블럭화되는 경향을 보이자 수출국들은 자유무역협정에 의한 관세혜택을 받기 위하여 현지공장설립 등 해외직접투자를 증대시키거나 제3국을 통한 우회수출을 도모하여 이에 대응해 왔다. 그 결과 이러한 생산공정의 세계화(internationalization of manufacturing processes)현상은 더욱 가속화되었다. 이에 따라 수입통관 시 관세결정, 쿼터적용, 반덤핑관세, 상계관세 부과 등에 있어서 2개국 이상에 걸쳐 생산된 물품의 원산지 결정이 필연적인 문제로 등장하게 되었다. 특히 원산지 규정은 수출국의 식별을 통하여 지역경제통합의 경제적 효과를 확인하고 역외국의 우회침투를 방지하는 주요수단으로 사용된다.

원산지 규정이란 국제무역상 거래되는 물품의 원산지를 결정하는데 적용되는 법률, 규정, 판례 그리고 행정결정 등을 의미한다. 이러한 원산지 규정은 실제적으로 상품의 원산지를 결정하기 위한 판정기준과 절차적으로 통관과정에서 세관공무원이 상품의 원산지를 결정 또는 확인하는 절차 및 과정 등 크게 2가지 부분으로 구성되어 있다.

현재 국제적으로 이용되고 있는 원산지 판정기준은 ① 세 번 변경기준, ② 부가가치 기준, ③ 주요 공정기준을 들 수 있으며 원산지의 확인절차로서 각종 원산지 관련 증명서의 제출을 의무화하거나 또는 수입국의 통관부처에서 관련서류에 대해 조회를 통해 원산지를 확인 가능하게 함으로써 원산지 규정의 실효성에 대한 확보를 기하는 것이 보통이다.

3. 원산지증명서

1) 원산지증명서의 의의

원산지증명서(Certificate of Origin : C/O)란 수입통관 또는 수출대금의 결제 시 구비서류의 하나로서 당해물품이 당해국에서 생산, 제조 또는 가공되었다는 사실을 증명하는 서류이다.

원산지증명서는 ① 특정국가나 지역으로부터 수입을 금지 또는 제한하기 위한 정책적 목적, ② 호혜통상협정이 체결된 국가 간의 수입물품에 대한 협정세율의 적용을 위한 관세의 감면혜택의 부여목적, ③ 선진국의 대개발도상국에 대한 특혜관세의 공여 목적, ④ 기타 국별 수입통계의 목적으로 발급되는 경우 등이 있다.

2) 원산지증명서의 기재사항

원산지증명서는 당해물품의 기호·번호·품명·수량·가격 및 생산지와 수출업자·수화인명 등 기타 필요한 참고사항이 기재된 것이어야 하며, 원산지증명서를 제출받은 세관장은 당해 원산지증명서가 표준양식에 준하여 작성된 것인지를 확인하여야 한다. 또한 원산지증명서는 한국어·영어 또는 불어로 표기한 것이라야 한다.

3) 원산지증명서의 발급

교역상대국의 관세양허를 받기 위하여 수출하는 물품의 원산지증명서를 발급받고자 하는 자는 산업통상자원부장관이 정하는 바에 따라 상공회의소 또는 세관에 원산지증명서의 발급을 신청하여야 한다.

제2절

원산지의 표시

1. 원산지표시 대상물품 지정 및 공고

산업통상자원부장관이 공정한 무역질서의 확립을 도모하기 위하여 원산지를 표시하여야 하는 대상으로 공고한 물품(이하 "원산지표시 대상물품"이라 한다)을 수출 또는 수입하고자 하는 자는 그 물품에 대하여 원산지의 표시를 하여야 한다.

이 경우 원산지의 표시방법·확인, 기타 표시에 관하여 필요한 사항은 대통령령으로 정한다. 그리고 산업통상자원부장관은 원산지표시를 하여야 할 물품을 공고하고자 하는 경우에는 당해물품을 관장하는 관계행정기관의 장과 미리 협의하여야 한다.

2. 수입물품 원산지표시방법

1) 원산지표시 대상물품 지정

수입물품의 원산지표시 대상물품은 대외무역관리규정 <별표 6-1>에 게기된 물품으로 하며, 그 물품을 수입할 때에는 원산지를 표시하여야 한다. 수입물품에 대한 원산지표시제는 수출물품에 대해서도 적용을 하고 있으나 원래는 수입물품에 대한 원산지를 관리하는데 주목적이 있다. 따라서 수입물품의 원산지표시 대상품목은 주로 일반소비자가 직접 구매·사용하는 물품으로서 HS 4단위 기준으로 678개 품목을 대상으로 하고 있고 원산지표시의 범위는 당해 수입물품 및 부장품까지 포함하고 있다.

2) 원산지표시방법의 일반원칙

원산지표시 대상물품을 수입하고자 하는 자는 다음의 각 방법에 따라 당해물품에 원산지를 표시하여야 한다. 다만, 원산지를 표시하는 것이 곤란하거나 또는 원산지를 표시할 필요가 없다고 인정하여 산업통상자원부장관이 정하여 고시하는 기준에 해당하는 경우에는 그에 따라 원산지를 표시하거나 원산지표시를 생략할 수 있다.

① 다음과 같은 방식으로 한글·한문 또는 영문으로 표시하여야 한다.
- "원산지 : 국명" 또는 "국명 산(産)"
- "Made in 국명" 또는 "Product of 국명"
- "물품 제조자의 회사명, 주소, 국명"
- 수입물품의 크기가 작아 1호 내지 3호의 방식으로 당해물품의 원산지를 표시할 수 없을 경우에는 국명만을 표시할 수 있음
- "Brewed in 국명" 또는 "Distilled in 국명" 등 기타 최종구매자가 원산지를 오인할 우려가 없는 방식

② 최종구매자가 당해물품의 원산지를 용이하게 판독할 수 있는 크기의 활자체로 표시하여야 한다.

③ 최종구매자가 식별하기 용이한 곳에 표시하여야 한다. 식별하기 용이한 곳이라 함은 최종구매자가 정상적인 물품구매과정에서 표시된 원산지를 용이하게 발견할 수 있는 곳을 의미한다.

④ 표시된 원산지는 쉽게 지워지지 않으며 물품(또는 포장·용기)에서 쉽게 떨어지지 않아야 한다. 고의적인 행위로 원산지표시를 제거하지 않는 한 물품의 정상적인 유통·보관과정에서 표시된 원산지가 손상되지 아니하고 최종구매자에게 전달될 수 있으면 쉽게 떨어지지 않는 상태로 본다.

⑤ 수입물품의 원산지는 제조단계에서 인쇄(printing), 등사(stenciling), 낙인(branding), 주조(molding), 식각(etching), 박음질(stitching) 또는 이와 유사한 방식으로 표시하는 것을 원칙으로 한다. 다만, 물품의 특성상 위와 같은 방식으로 표시하는 것이 부적합하거나 물품을 훼손할

우려가 있는 경우에는 날인(stamping), 라벨(label), 스티커(sticker), 꼬리표(tag)를 사용하여 표시할 수 있다.58)

⑥ 최종구매자가 수입물품의 원산지를 오인할 우려가 없는 경우에는 통상적으로 널리 사용되고 있는 국가명의 약어를 사용하여 원산지를 표시할 수 있다(예: United States of America를 "USA"로 표기).

위의 표시요령 이외에 수입물품의 원산지표시방법에 관하여 필요한 사항은 산업통상자원부장관이 정하여 고시한다. 다만, 수입물품을 관장하는 중앙행정기관의 장은 수입물품으로부터 소비자를 보호하기 위하여 필요한 경우에는 산업통상자원부장관과 협의하여 당해물품의 원산지표시에 관한 세부적인 사항을 따로 정하여 고시할 수 있다.

그리고 수입된 원산지표시 대상물품에 대하여 단순한 가공활동을 수행함으로써 당해물품의 원산지표시를 손상 또는 변형한 자는 그 단순 가공한 물품에 위 표시 요령의 규정에 따라 당초의 원산지표시를 하여야 한다.

수출물품에 대하여 원산지를 표시하는 경우에는 원산지표시방법에 따라 표시하되, 당해물품에 대한 수입국의 원산지규정이 이와 다르게 표시하도록 되어 있는 경우에는 동 규정에 의하여 원산지 표시를 할 수 있다. 다만, 수입한 물품에 대하여 국내에서 단순한 가공활동을 수행하여 이를 수출하는 경우에도 우리나라를 원산지로 표시하여서는 안 된다.

---

58) 종전(2000.7.1 시행이전)에는 인쇄, 라벨 등 폭넓은 원산지 표시방법을 인정하여 왔으나, 원산지 표시가 유통과정에서 손상·변경되는 것을 방지하기 위하여 영구적인 방법으로 원산지를 표기하는 것을 원칙으로 하고, 이와 같은 표시방법이 물품을 훼손할 우려가 있을 경우에만 예외적인 표시방법을 인정한다. 이는 세계적인 추세로 미·일등 대부분의 국가들이 소비자 보호를 위하여 제조단계에서 영구적인 방법으로 표시된 원산지표시만을 인정하는 추세이며, 이에 따라 유통과정에서 위·변·개조시킬 가능성을 원칙적으로 봉쇄하기 위하여 표시방법을 강화하기 위한 수단이다.

3) 원산지표시방법의 특례

(1) 원산지 오인가능 수입물품의 원산지표시

원산지 오인가능 표시물품은 원산지표시 대상물품이 다음 하나에 해당되는 물품을 말한다.

① 주문자 상표부착(OEM)방식에 의해 생산된 수입물품의 원산지와 주문자가 위치한 국명이 상이하여 최종구매자가 당해물품의 원산지를 오인할 우려가 있는 물품

② 물품 또는 포장·용기에 현저하게 표시되어 있는 상호·상표·지역·국가 또는 언어명이 수입물품의 원산지와 상이하여 최종구매자가 당해물품의 원산지를 오인할 우려가 있는 물품

그리고 원산지 오인가능 표시물품에 해당되는 수입물품은 당해물품 또는 포장·용기의 전면에 수입물품 원산지표시의 일반원칙에 따라 원산지를 표시하여야 한다. 다만, 다음 사항을 충족하는 경우에는 그러하지 아니할 수 있다.

① 한글로 "원산지 : 국명" 또는 "국명 산(産)"의 형태로 원산지를 표시

② 원산지표시에 사용된 활자체의 크기 및 색상이 주변 활자체와 명확히 구별되어 최종구매자가 정상적인 구매과정에서 당해물품의 원산지를 분명하게 식별할 수 있도록 원산지를 표시

③ 식별이 용이한 곳에 원산지표시를 표시하거나 표시원산지가 쉽게 지워지거나 떨어지지 않도록 하는 방식으로 원산지를 표시

한편 원산지 오인가능 수입물품을 판매하는 자는 판매 또는 진열시 소비자가 알아볼 수 있도록 상품에 표시된 원산지와는 별도로 스티커, 푯말 등을 이용하여 원산지를 표시하여야 한다.

(2) 단순가공물품의 원산지표시

단순가공물품이라 함은 외국산 원재료를 수입하여 국내에서 제조·가공된

물품이 실질적 변형을 겪지 않은 경우를 말하며, 단순가공물품은 다음 규정에 따라 수입물품의 원산지를 당해 가공물품에 표시하여야 한다.

① 원산지표시 대상물품이 수입된 후, 최종구매자가 구매하기 이전에 국내에서 단순 제조·가공처리 되어 수입물품의 원산지가 은폐·제거되거나 은폐·제거될 우려가 있는 물품의 경우에는 제조·가공업자(수입자가 제조업자인 경우를 포함한다)는 완성 가공품에 수입물품의 원산지가 분명하게 나타나도록 원산지를 표시하여야 한다.

② 원산지표시 대상물품이 대형 포장 형태로 수입된 후에 최종구매자가 구매하기 이전에 국내에서 소매단위로 재포장되어 판매되는 물품인 경우에는 재포장 판매업자(수입자가 판매업자인 경우를 포함한다)는 재포장 용기에 수입물품의 원산지가 분명하게 나타나도록 원산지를 표시하여야 한다. 재포장되지 않고 낱개 또는 산물로 거래되는 수입물품이 판매되는 경우에도 물품 또는 판매용기·판매장소에 스티커 부착, 푯말 부착 등의 방법으로 수입물품의 원산지를 표시하여야 한다.

③ 원산지표시 대상물품이 수입된 후에 최종구매자가 구매하기 이전에 다른 물품과 결합되어 판매되는 물품인 경우에는 제조·가공업자(수입자가 제조업자인 경우를 포함한다)는 수입된 당해물품의 원산지가 분명하게 나타나도록 "(당해 물품명)의 원산지 : 국명"의 형태로 원산지를 표시하여야 한다.

이와 같이 단순가공물품의 원산지표시에 해당하는 경우에는 세관장이 수입자에게 수입 통관 후 법령에 따른 원산지표시를 준수하도록 명할 수 있다. 그에 해당되는 물품을 수입하는 자가 동 물품을 제3자(중간 구매업자 또는 판매자 등)에게 양도(제3자가 재양도하는 경우 포함)하는 경우에는 양수인에게 서면으로 법령에 따른 원산지표시의무를 준수하여야 할 것을 통보하여야 한다.

또한 단순가공물품의 경우에도 이와 같은 원산지표시를 함과 동시에 원산지표시의 일반원칙, 원산지 오인가능 수입물품의 원산지표시, 수입세트물품의 원산지표시에 해당하는 원산지표시에 해당하는 사항에 대하여는 동 표시

요령에 따른 원산지표시를 하여야 한다.

(3) 수입세트물품의 원산지표시

수입세트물품의 경우 당해 세트물품을 구성하는 개별물품들의 원산지가 동일한 경우에는 개별물품 및 세트물품의 포장·용기에 원산지를 표시하여야 한다.

그리고 세트물품을 구성하는 개별물품들의 원산지가 2개국 이상인 경우에는 개별물품에 각각의 원산지를 표시하고, 세트물품의 포장·용기에는 개별물품의 원산지를 모두 나열·표시하여야 한다(예: Made in China, Taiwan).

(4) 수입용기의 원산지표시

관세율표에 따라 용기로 별도 분류되어 수입되는 물품의 경우에는 용기에 "(용기명)의 원산지 : (국명)"에 상응하는 표시를 하여야 한다(예: "Bottle made in 국명").

위 규정에도 불구하고 1회사용으로 폐기되는 용기의 경우에는 최소 판매단위의 포장에 용기의 원산지를 표시할 수 있으며, 실수요자가 이들 물품을 수입하는 경우에는 용기의 원산지를 표시하지 않아도 무방하다.

(5) 수입물품의 포장·용기 등의 원산지표시

원산지표시단위는 최소 포장단위로 당해 물품에 표시하는 것이 원칙이다. 즉 원산지를 표시해야 하는 물품이라 하더라도, 당해 물품에 원산지를 표시하는 것이 곤란하거나 원산지를 표시할 필요가 없다고 인정되는 다음의 하나에 해당되는 경우에는 당해물품에 원산지를 표시하지 않고 당해물품의 포장, 용기 등에 수입물품의 원산지표시를 할 수 있다.

① 당해물품에 원산지를 표시하는 것이 불가능한 경우

② 원산지표시로 인하여 당해물품이 크게 훼손되는 경우(예: 당구공, 콘택트렌즈, 집적회로 등)

③ 원산지표시로 인하여 당해물품의 가치가 실질적으로 저하되는 경우

④ 원산지표시의 비용이 당해물품의 수입을 막을 정도로 과도한 경우(예: 물품값보다 표시비용이 더 많이 드는 경우)
⑤ 상거래 관행상 최종구매자에게 포장, 용기에 봉인되어 판매되는 물품 또는 봉인되지는 않았으나 포장, 용기를 뜯지 않고 판매되는 물품(예: 비누, 칫솔, VIDEO TAPE 등)
⑥ 실질적 변형을 일으키는 제조공정에 투입되는 부품 및 원재료를 수입 후 실수요자에게 직접 공급하는 경우
⑦ 기타 관세청장이 산업통상자원부장관과 협의하여 정한 경우

(6) 원산지표시방법의 세부사항

관세청장은 산업통상자원부장관과 사전협의를 거쳐 원산지표시방법에 따라 물품의 특성을 감안한 세부적인 표시방법을 정할 수 있으며, 관세청장은 수입물품의 원산지표시방법에 관한 세부사항을 정할 경우 이를 고시하여야 한다.

4) 원산지표시의 면제

원산지표시 대상품목으로 지정된 물품이 다음 하나에 해당하는 경우에는 수입물품 원산지표시의무를 면제할 수 있다.

① 외화획득용 원료 및 시설기재로 수입되는 물품
② 개인에게 무상 송부된 탁송품·별송품 또는 여행자 휴대품
③ 수입 후 실질적 변형을 일으키는 제조공정에 투입되는 부품 및 원재료로서 실수요자가 직접 수입하는 경우(실수요자를 위하여 수입을 대행하는 경우를 포함)
④ 판매 또는 임대목적이 아닌 물품 제조에 사용할 목적으로 수입되는 제조용 시설 및 기자재(부분품 및 예비부품을 포함)로서 실수요자가 직접 수입하는 경우(실수요자를 위하여 수입을 대행하는 경우를 포함)
⑤ 연구개발용품으로서 실수요자가 수입하는 경우(실수요자를 위하여 수입을 대행하는 경우를 포함)

⑥ 견본품(진열 판매용이 아닌 것에 한함) 및 수입된 물품의 하자보수용 물품
⑦ 보세운송·환적 등에 의하여 우리나라를 단순히 경유하는 통과 화물
⑧ 재수출조건부 면세대상물품 등 일시 수입물품
⑨ 우리나라에서 수출된 후 재수입되는 물품
⑩ 외교관 면세대상물품
⑪ 기타 관세청장이 산업통상자원부장관과 협의하여 타당하다고 인정하는 물품

한편, 세관장은 외화획득용 원료 및 시설기재로 수입되는 원산지표시가 면제되는 물품에 대하여 외화획득 이행여부, 목적 외 사용 등을 사후 확인할 수 있다.

5) 원산지표시방법 사전확인 및 이의제기

원산지표시방법에 관한 확인업무는 산업통상자원부장관이 관세청장에게 위탁하고 있다. 따라서 원산지표시방법에 따라 원산지를 표시해야 하는 자는 그 물품이 수입되기 전에 문서로 당해물품의 적정한 원산지표시방법을 관세청장에게 요청할 수 있다.

관세청장은 적정한 원산지표시방법에 관한 확인을 요청받은 경우에는 신청을 접수한 날로부터 30일 이내에 수입물품의 원산지표시방법의 규정에 따라 당해물품의 적정한 표시방법을 확인하여 요청인에게 통보하여야 한다.

관세청장의 원산지표시방법의 확인에 관하여 이의가 있는 자는 확인결과를 통보받은 날부터 30일 이내에 서면으로 관세청장에게 이의를 제기할 수 있다.

따라서 적정한 원산지표시방법의 확인에 관한 통보내용에 대하여 이의제기를 접수한 관세청장은 접수한 날부터 30일 이내에 이의제기에 대하여 결정을 하고 이를 요청인에게 통보하여야 한다.

6) 원산지표시의 확인·검사

산업통상자원부장관은 원산지표시 대상물품의 원산지의 표시의무 및 규정준수의무를 위반하였는지의 여부를 확인하기 위하여 필요하다고 인정하는 때에는 수입물품을 검사할 수 있다.

원산지표시 대상물품을 수입하고자 하는 자는 당해물품의 통관시 원산지 표시여부에 대하여 세관장의 확인을 받아야 한다. 세관장은 수출입되는 물품이 규정에 위반되는 것으로 인정되는 경우에는 원산지의 표시·정정·말소 등 적절한 조치를 지시할 수 있다. 관계행정기관의 장, 서울특별시장, 광역시장 또는 도지사는 수입신고 후 통관된 물품이 규정에 위반되는 것으로 인정되는 경우에는 원산지의 표시·정정·말소 등 적절한 조치를 지시할 수 있다.

3. 원산지 판정제도

1) 수입물품의 원산지 사전판정절차

(1) 사전판정 요청

물품을 수입하기 전에 수입물품의 원산지에 관하여 판정을 받고자 하는 자는 대상물품의 관세·통계통합품목분류표(관세법시행령 제53조의5의 규정에 의한 관세·통계통합품목분류표를 말한다. 이하 같다.) 상의 품목번호, 품목명(모델명을 포함한다), 요청사유, 요청자가 주장하는 원산지 등을 기재한 요청서에 견본 1개 기타 원산지판정에 필요한 자료를 첨부하여 관세청장에게 제출하여야 한다.

다만, 물품의 성질상 견본을 제출하기 곤란하거나 견본이 없어도 그 물품의 원산지판정에 지장이 없다고 인정되는 경우에는 견본의 제출을 생략할 수 있다.

그리고 관세청장은 대외무역법시행령의 규정에 의하여 제출된 요청서 등이 미비하여 수입물품의 원산지를 판정하기 곤란한 경우에는 일정한 기간을 정하여 자료의 보정을 요구할 수 있으며 동 기간 내에 보정을 하지 아니할 때에는 이를 반려할 수 있다.

또한 관세청장은 원산지 사전판정 요청을 받은 경우에는 60일 이내에 원산지 사전판정을 하고 그 결과를 문서로 요청인에게 통보하여야 한다. 다만, 당해 판정과 관련된 자료수집 등을 위하여 필요한 기간은 이에 산입하지 아니한다.

그리고 원산지 사전판정결과가 요청인의 주장과 다른 경우에는 판정의 근거 등을 기재하여야 하며, 원산지 사전판정의 요청방법, 기타 사전판정에 관하여 필요한 사항은 관세청장이 정하여 고시한다.

(2) 이의제기

수입물품의 원산지판정을 통보를 받은 자가 원산지판정에 대하여 불복이 있는 경우에는 통보를 받은 날부터 30일 이내에 관세청장에게 이의를 제기할 수 있다. 이에 따라 원산지판정에 이의를 제기하고자 하는 자는 대상물품의 관세·통계통합품목분류표상의 품목번호, 품목명(모델명을 포함한다), 이의제기의 사유, 신청자가 주장하는 원산지 등을 기재한 이의신청서에 원산지판정에 필요한 자료를 첨부하여 관세청장에게 제출하여야 한다.

한편 관세청장은 제출된 신청서 등이 미비하여 이의제기에 대한 결정을 하기 곤란한 경우에는 기간을 정하여 자료의 보정을 요구할 수 있으며, 동 기간 내에 보정을 하지 아니할 때에는 이를 반려할 수 있다.

전술한 보정기간은 이의제기 결정기간에 산입하지 아니한다. 그리고 관세청장은 이의제기에 대한 결정을 하고자 하는 경우에는 원산지판정위원회의 심의를 거쳐야 한다.

한편 관세청장은 이의를 제기받은 경우에는 이의제기를 받은 날부터 150일 이내에 이의제기에 대한 결정을 통보하여야 한다. 그리고 원산지판정의 요청, 이의제기 등 원산지판정의 절차에 관하여 필요한 사항은 대통령령으로 정하고, 이에 따른 원산지판정에 대한 이의의 제기절차 등에 관하여 필요한 세부적인 사항은 관세청장이 정한다.

2) 원산지 판정기준

원산지 판정의 기준은 대통령령이 정하는 바에 따라 산업통상자원부장관이 정하여 공고한다. 이에 따라 대외무역법 시행령에서는 수입 또는 수출물품에 대한 원산지 판정기준을 다음과 같이 규정하고, 완전생산물품·실질적 변형 및 단순가공활동의 기준 등 원산지 판정기준에 관한 구체적인 사항은 관계행정기관의 장과 협의하여 산업통상자원부장관이 정하여 고시한다.

(1) 완전생산기준

완전생산기준이라 함은 수입물품에 대하여 당해물품의 전부를 생산한 국가를 원산지로 보는 기준을 말하며, 이는 천연생산품 또는 천연생산품으로 물품의 전부를 제조한 물품에 주로 적용되는 기준이다.

다음 각 호에 해당되는 물품을 완전생산물품으로 본다.

① 해당국 영역에서 생산한 광산물, 농산물 및 식물성 생산물

② 해당국 영역에서 번식, 사육한 산 동물과 이들로부터 채취한 물품

③ 해당국 영역에서 수렵, 어로로 채포한 물품

④ 해당국 선박에 의하여 채포한 어획물, 기타 물품

⑤ 해당국에서 제조, 가공공정 중에 발생한 잔여물

⑥ 해당국 또는 해당국의 선박에서 제1호 내지 제5호의 물품을 원재료로 하여 제조·가공한 물품

(2) 실질적 변형기준

"실질적 변형"이란 최종적으로 실질적 변형을 행하여 그 물품의 본질적 특성을 부여하는 활동으로서, 당해국에서의 제조·가공과정을 통하여 원재료의 세 번과 상이한 세 번(HS 6단위기준)의 제품을 생산하는 것을 말하는데, 수입물품의 생산·제조·가공과정에 2 이상의 국가가 관련된 경우에는 "실질적 변형"을 수행한 국가를 당해물품의 원산지로 한다.

즉 물품이 2개국 이상에 걸쳐 생산된 경우 당해물품이 실질적으로 변화되는 생산공정을 최종적으로 행한 국가를 원산지로 보는 기준이다. 따라서 해

외 위탁가공물품은 설령 원부자재를 모두 위탁국에서 공급하였다 하더라도 당해물품이 실질적 변형을 일으키는 가공공정을 실행한 가공국가가 원산지가 된다. 다만, 실질적인 변형에도 불구하고 산업통상자원부장관이 별도로 정한 품목에 대하여는 부가가치, 주요부품 또는 주요 공정 등에 의하여 당해물품의 원산지를 판정할 수 있다.

(3) 단순가공활동 기준

수입물품의 생산·제조·가공과정에서 2 이상의 국가가 관련된 경우 다음과 같은 단순가공활동을 수행하는 국가를 원산지로 하지 아니하는 것을 말한다.

① 운송 또는 보관 목적으로 물품을 양호한 상태로 보존하기 위해 행하는 가공활동
② 선적 또는 운송을 용이하게 하기 위한 가공활동
③ 판매목적으로 물품의 포장 등과 관련된 활동
④ 제조, 가공 결과 HS 6단위의 변경이 발생하지 않은 가공활동
⑤ 제조·가공 결과 HS 6단위가 변경되는 경우라도 다음 각목의 1에 해당되는 가공과 이들이 결합되는 가공은 최소가공의 범위에 포함된다.

- 통풍
- 건조 또는 단순가열(볶거나 굽는 것 포함)
- 냉동, 냉장
- 손상부위의 제거, 이물질 제거, 세척
- 기름칠, 녹방지 또는 보호를 위한 도색, 도장
- 거르기 또는 선별(sifting or screening)
- 정리(sorting), 분류 또는 등급선정(classifying, or grading)
- 시험 또는 측정
- 표시나 라벨의 수정 또는 선명화
- 가수, 희석, 흡습, 가염 또는 가당, 전리(ionizing)
- 각피(husking), 탈각(shelling or unshelling), 씨제거, 단순절단 및

단순혼합
- 별표 9에서 정한 HS 01류의 가축을 수입하여 국내에서 도축하는 경우 같은 별표에서 정한 품목별 사육기간 미만의 기간 동안 국내에서 사육한 가축의 도축(slaughtering)
- 펴기(spreading out), 압착(crushing)
- 위의 통풍으로부터 압착에 이르는 것에 준하는 가공으로서 산업통상자원부장관이 별도로 판정하는 단순한 가공활동

(4) 원산지 판정기준의 특례

기계·기구·장치 또는 차량에 사용되는 부속품·예비 부분품 및 공구로서 기계 등과 함께 수입되어 동시에 판매되고 그 종류 및 수량으로 보아 정상적인 부속품, 예비 부분품 및 공구라고 인정되는 물품의 원산지는 당해 기계·기구·장치 또는 차량의 원산지와 동일한 것으로 본다.

그리고 포장용품의 원산지는 당해 포장된 내용품의 원산지와 동일한 것으로 본다. 다만, 법령에 의하여 포장용품과 내용품을 각각 별개로 구분하여 수입신고하노록 규정된 경우에는 포장용품의 원산지는 내용품의 원산지와 구분하여 결정한다. 촬영된 영화용 필름에 대하여는 그 영화제작자가 속하는 나라를 원산지로 한다.

3) 원산지 판정위원회의 구성

원산지 판정위원회는 위원장 1인을 포함한 10인 이내의 위원으로 구성한다. 위원장은 산업통상자원부 무역업무를 담당하는 국장급 공무원이 되고, 위원은 관계 행정기관·단체 또는 관련기업의 임원·직원, 기타 원산지 판정에 관한 전문지식을 가진 자 중에서 산업통상자원부장관이 임명 또는 위촉하는 자가 되며, 위촉위원의 임기는 2년으로 하되, 연임할 수 있다.

한편, 원산지 판정위원회의 운영에 관하여 필요한 사항은 원산지 판정위원회의 의결을 거쳐 위원장이 정한다.

제3절 원산지표시 위반에 따른 제재

무역거래자 또는 물품의 판매업자는 그 물품의 원산지표시와 관련하여 다음 하나에 해당하는 행위를 하여서는 아니 된다.

① 원산지를 허위로 표시하거나 이를 오인하게 하는 표시를 하는 행위
② 원산지의 표시를 손상하거나 변경하는 행위
③ 원산지의 표시대상물품에 대하여 원산지 표시를 하지 아니하는 행위

산업통상자원부장관은 원산지표시방법을 위반하거나 상기의 행위가 있었는지 여부를 확인하기 위하여 필요하다고 인정하는 때에는 수입한 물품 등과 관련서류를 검사할 수 있다. 또한 당해 행위자에 대하여 원상복구 등 대통령령이 정하는 시정조치를 명하거나 3천만원이하의 과징금을 부과할 수 있다.

1. 벌칙

1) 징역 또는 3천만원 이하 벌금

원산지표시와 관련하여, 다음의 하나에 해당하는 자는 3년 이하의 징역 또는 3천만원 이하의 벌금에 처한다.

① 원산지표시 대상물품에 대하여 원산지의 표시를 하지 아니하고 물품을 수출 또는 수입한 자.
② 원산지의 허위·오인표시금지 및 원산지표시의 손상·변경행위금지규정에 위반하여 원산지를 허위로 표시하거나 원산지를 오인하도록 표시한 자 또는 원산지의 표시를 손상하거나 변경한 자.

③ 원산지허위표시물품 또는 원산지표시의 손상·변경물품의 수출입행위금지규정에 의한 원산지를 허위로 표시한 물품 또는 원산지의 표시를 손상하거나 변경한 물품을 수출 또는 수입한 자.

2) 2천만원 이하 벌금

원산지표시와 관련하여 다음 하나에 해당하는 자는 2천만원 이하의 벌금에 처한다.

① 중대한 과실로 원산지표시 대상물품에 대하여 원산지의 표시를 하지 아니하고 물품을 수출 또는 수입한 자.

② 중대한 과실로 원산지의 허위·오인표시금지 및 원산지표시의 손상·변경행위금지규정에 위반하여 원산지를 오인하도록 원산지를 표시한 자 또는 원산지의 표시를 손상하거나 변경한 자.

③ 중대한 과실로 원산지허위표시물품 또는 원산지표시의 손상·변경물품의 수출입행위금지규정에 위반하여 원산지를 허위로 표시한 물품 또는 원산지의 표시를 손상하거나 변경힌 물품을 수출 또는 수입한 자.

2. 시정조치 및 과징금

1) 시정조치 명령

시정조치의 내용은 다음과 같다.

① 원산지표시의 원상복구·정정·말소 또는 원산지 표시명령

② 위반물품의 거래 또는 판매행위 중지

상기의 시정조치명령은 다음의 사항을 명시한 서면으로 하여야 한다.

① 당해 위반행위의 내용

② 시정조치명령의 사유 및 내용

③ 시정기한

2) 과징금 부과

산업통상자원부장관은 과징금을 부과하고자 할 때는 그 위반행위의 종별과 과징금의 금액을 명시하여 이를 납부할 것을 서면으로 통지하여야 한다. 과징금의 납부를 통지받은 자는 납부통지일로부터 20일 이내에 과징금을 산업통상자원부장관이 정하는 수납기관에 납부하여야 한다. 다만, 천재·지변 기타 부득이한 사유로 인하여 그 기간 내에 과징금을 납부할 수 없는 때에는 그 사유가 없어진 날부터 7일 이내에 납부하여야 한다. 과징금은 이를 분할하여 납부할 수 없다.

산업통상자원부장관은 과징금을 부과 받은 자가 납부기한 내에 납부하지 아니한 때에는 국세체납처분의 예에 의하여 이를 징수할 수 있다. 과징금을 부과할 위반행위의 종별과 과징금의 금액은 표와 같다. 산업통상자원부장관은 당해 무역거래자 등의 수출입의 규모, 위반행위의 정도 및 위반횟수 등을 참작하여 제1항의 규정에 의한 과징금 금액의 2분의 1의 범위 안에서 이를 가중 또는 경감할 수 있다. 다만, 가중하는 경우에도 과징금의 총액은 3천만원을 초과할 수 없다.

▌표 12-1▐ 위반행위의 종별 및 과징금의 금액

(단위 : 만원)

위 반 행 위	해당조항	과징금금액
1. 원산지 표시대상물품을 수출입하는 자가 법 제33조 제2항의 규정에 의한 원산지의 표시방법을 위반한 때	법제33조 제1항	2,000
2. 무역거래자 또는 물품 등의 판매업자가 원산지를 허위로 표시하거나 이를 오인하게 하는 표시한 때	법제33조 제3항 제1호	3,000
3. 무역거래자 또는 물품 등의 판매업자가 원산지 표시를 손상하거나 변경한 때	법제33조 제3항 제2호	3,000
4. 무역거래자가 원산지표시대상물품에 대하여 원산지 표시를 하지 아니한 때	법제33조 제3항 제3호	2,000

Chapter 13

무역클레임과 중재실무

제1절 무역클레임의 개요

1. 무역클레임의 의의

1) 손해화물에 대한 클레임(Claim on Damaged or Loss Cargo)

운송중의 사고에 의하여 화물에 손해가 생겼을 때 피해자가 선박회사 또는 보험회사에 대하여 손해배상을 청구하는 것을 의미한다.

2) 무역거래상의 클레임(Business Claim)

매매당사자의 일방이 매매계약의 내용을 이행하지 않았을 때 그로 인하여 손해를 입은 당사자가 상대방에 대하여 손해배상을 청구하는 것으로 이것을 상사분쟁의 구상(Claim for Trade Disputes)이라고 한다.

일반적으로 클레임이라고 하는 경우는 후자를 말하며 양자를 구별하기 위하여 이것을 무역클레임이라 한다.

2. 매도인 클레임과 매수인 클레임

1) 매도인 클레임(Seller's Claim)

매도인이 매수인에게 제기하는 클레임이다. 매도인은 매수인에게 상품을 제공할 의무가 있으며, 매수인은 매도인에게 대금지급의무가 있다. 따라서 매도인의 클레임은 매수인이 대금을 지급하지 않는 경우 즉 환어음을 부도(Non-Payment of Draft)내는 경우이거나, 신용장을 개설하지 않는(Non-Opening of L/C) 경우에 발생한다.

2) 매수인 클레임(Buyer's Claim)

매수인이 매도인에게 제기하는 클레임이다. 즉 도착상품이 품질, 상표 등과 다른 경우 예를 들면, 품질미달(Shortage in Quality), 인도상품부족(Shortage), 파손(Breakage), 변질(Change in Quality), 선적지연(Delay in Shipment) 등의 경우에 주로 발생한다.

한편 매수인 클레임 중의 하나인 마켓 클레임(Market Claim)은 매수인이 계약 당시에 비하여 당해 상품의 국제가격이 폭락하여 상품을 팔 수 없을 때 여러 가지 이유를 들어 계약상품의 인수를 거부하는 행위로 악질 수입업자들이 제일 많이 이용하는 악덕 클레임 중의 하나이다.

제2절 무역클레임의 예방과 해결방법

1. 무역클레임의 예방

1) 신용조사

분쟁해결의 첫걸음으로 거래처를 잘 선택해야 한다. 즉, 일반적으로 신용조사의 항목으로 4C's인 Character(성격), Capital(자본), Capacity(영업능력), Conditions(시장상황)를 조사할 필요가 있다.

2) 계약서의 작성

우리나라 사람들은 계약서작성과 계약문언을 일일이 검토하는 것을 번거롭게 생각하는 경향이 있다. 그러나 분쟁을 미연에 방지하고 분쟁이 발생되었을 때 합리적인 해결방안을 마련하기 위해서는 계약서의 작성이 필수적이다. 따라서 계약 조문 하나 하나를 면밀히 검토하여 불완전하거나 불명확한 조항은 사전에 고쳐서 분쟁의 소지를 없애야 한다.

2. 무역클레임의 해결방법

1) 당사자 간의 해결방법

이 방법은 제3자를 개입시키지 않고 클레임 양당사자간의 직접적인 교섭만으로 클레임을 해결하는 방법이다.

(1) 청구권의 포기(Waiver of Claim)

클레임의 양당사자인 피해자(Claimant)가 가해자(Claimee)의 요청에 따라 스스로 클레임을 포기하는 방법이다.

(2) 화해(Amicable Settlement)

피해자와 가해자가 자주적인 교섭에 의하여 서로 수락할 만한 해결방안을 마련하여 클레임을 원만하게 해결하는 방법이다.

2) 제3자에 의한 해결방법

(1) 알선(Intermediation)

국내외 상거래에서 발생하는 분쟁을 공정한 제3자가 분쟁당사자의 의뢰에 의하여 개입, 원활하게 해결해 주는 제도이다.

(2) 조정(Conciliation, mediation)

분쟁당사자가 선정한 조정인(Conciliator)이 증거와 쟁론에 의해 판단하고, 해결책인 조정안을 당사자에게 권고하는 것으로 당사자들은 이를 수락할 의무가 없다. 따라서 당사자 가운데 일방 또는 쌍방이 수락을 거절하면 조정은 실패로 돌아간다. 그러나 일단 수락하면 중재판정과 동일한 효력을 갖는다.

(3) 중재(Arbitration)

당사자들이 처분할 수 있는 사법상의 분쟁을 합의에 의하여 법관이 아닌 제3자에게 그 해결을 위탁하고 그의 중재판정(Arbitral Award)에 복종함으로써 분쟁을 최종적으로 해결하는 법적절차이다. 이와 같이 중재의 경우에는 양당사자는 중재인의 중재판정을 거부할 수 없을 뿐만 아니라 그 중재판정에 구속을 받게 된다. 이 점에서 중재는 소송과 유사한 강행적인 면을 지니고 있으므로 중재재판이라 불린다.

(4) 소송(Litigation)

소송이란 국가기관인 법원의 판결에 의하여 클레임을 강제적으로 해결하는 방법을 말한다. 국제간의 무역거래에 있어서는 거래상대방이 법역을 달리하는 외국에 있는 것이 보통이므로 우리나라의 재판권은 상대국에 미치지 않는다는 치명적인 장해가 있고, 나아가 강제집행도 할 수가 없다.

제3절 무역클레임과 중재제도

1. 중재의 효용

1) 단심제

중재는 단 1회의 중재판정에 의하여 클레임이 모두 해결되고 상소의 길이 없다. 따라서 3심제를 운영하고 있는 법원에 비하여 매우 짧은 단계를 거쳐서 최종 판정에 도달하게 된다.

2) 신속성

중재법 제11조 5항에 중재판정은 중재계약에서 약정된 기간 내 또는 중재가 개시된 날로부터 3월 이내에 하여야 한다고 규정되어 있다.

3) 경제성

중재는 신속성 때문에 비용이 저렴하며 특히 청구금액이 클수록 비용이 적어진다.

4) 전문성

중재는 당사자의 합의에 의하여 분쟁을 법관 이외의 사인인 제3자의 판단에 맡겨서 자주적·최종적으로 해결하는 방법이기 때문에 법에 의한 판단이라기보다는 분쟁내용에 전문적인 지식을 가진 사인(사계의 전문가, 학자, 기업인, 변호사 등)의 경험과 식견에 의한 판단으로서 사건의 진실관계를 보다 실정에 맞게 규명할 수 있다.

5) 분쟁당사자의 중재인 선임권

당사자가 직접 중재인을 선정하기 때문에 신뢰성과 공정성을 기할 수 있다.

6) 비공개

중재는 기업의 비밀을 유지·보장하고 신용상의 위험이나 사생활의 노출을 방지하기 위해 분쟁당사자의 허락 없이 그 절차 및 판정효과를 공개하지 아니함을 원칙으로 한다.

7) 국제적 효력인정

외국중재판정의 승인 및 집행에 관한 UN협약(일명 New York협약)에 의거 국경을 초월하여 외국에서도 중재판정의 승인과 강제집행이 보장된다.

2. 중재계약(중재합의)

1) 의의

사법상의 법률관계에 관하여 당사자 간에 발생하고 있거나 장래에 발생할

분쟁의 전부 또는 일부를 중재에 의하여 해결하도록 합의하는 것을 말한다(중재법 제2-1항). 이 "중재계약이 있어야 중재신청이 가능하다"고 규정하고 있다.

2) 중재계약의 요식성

중재법 제2조 제2항에는 「중재계약은 당사자가 중재를 합의한 서면에 기명·날인한 것이거나, 계약 중에 중재조항이 기재되어 있거나 교환된 서신 또는 전보에 중재조항이 기재된 것이어야 한다.」는 내용으로 규정되어 있다.

3) 사전중재합의와 사후중재합의

사전중재합의(Arbitration Clause)란 중재의 대상이 되는 분쟁이 발생하기 전에 당사자가 미리 합의해 두는 것이며, 사후중재합의(Submission to Arbitration)란 이미 발생되어 있는 분쟁을 중재로 해결하기 위하여 합의하는 것을 말한다.

4) 중재계약의 효력

(1) 직소금지의 효력

중재법 제3조에서는 "중재계약의 당사자는 중재판정에 따라야 한다. 다만, 중재계약이 무효이거나 효력을 상실하였거나 이행이 불능인 때에 한하여 법원에 소송을 제기할 수 있다"라고 규정되어 있다.

(2) 최종해결의 효력

중재법 제12조에서는 "중재판정은 당사자 간에 있어서는 법원의 확정판결과 동일한 효력이 있다"라고 규정하고 있다.

(3) 국제적 효력

중재판정은 New York협약에 의해 국제적으로 효력을 인정받고 있다. 이 협약에 따라 우리나라에서 내려진 중재판정이 외국에서도 승인되고 집행되며 반대로 외국에서 내려진 중재판정 역시 우리나라에서 승인되고 집행된다.

5) 중재계약 조항의 예시

각국의 상사중재기관에서는 중재의 효율성을 높이고 신속한 중재절차의 진행을 위하여 당사자들이 중재계약을 체결할 때 쉽게 이용할 수 있도록 표준중재조항을 마련해 놓고 있다. 대한상사중재원에서 권고하는 표준중재조항은 다음과 같다.

(1) 국내 거래 시 중재조항의 예

"이 계약으로부터 발생되는 모든 분쟁은 대한상사중재원의 중재에 의해 최종적으로 해결한다."

(2) 국제 거래 시 중재조항의 예

All disputes, controversies, or differences which may arise between the parties out of or in connection with this contract, or for the breach thereof, shall be finally settled by arbitration in Seoul, Korea in accordance with the Commercial Arbitration Rules of the Korean Commercial Arbitration Board and under the laws of Korea. The award rendered by the arbitration shall and binding upon parties concerned.

제4절 중재절차

1. 의의 및 절차

중재절차는 중재사건이 접수되어 판정이 내려질 때까지의 진행과정을 의미하며, 당사자가 중재계약으로 정할 수 있으나 당사자들이 합의하지 못한 경우에는 상사중재규칙에 따라 다음과 같이 중재절차가 진행된다.

중재신청서 접수 → 중재비용 예납 → 중재신청의 접수통지 → 중재인 선정절차 진행 → 질문서 발송 → 답변서 접수 → 중재인 취임수락 요청 및 접수 → 중재판정부 구성(1인 또는 3인) → 제1차 심문기일 통지 -- 심문개최 -- 중재신청서 변경 및 반대신청서 접수 → 심문종결 → 중재판정 → 중재판정문 정본(당사자) 및 원본(법원) 송달 → 사건종결

2. 신속절차

1) 의의

신속절차는 중재제도의 강점을 최대로 살려 국내외 상사분쟁을 보다 더 신속·저렴하게 해결함으로써 중재 이용자들에게 편익을 제공하는 제도이다.

2) 적용범위

당사자 간에 신속절차에 따르기로 하는 별도의 합의가 있는 중재사건 또는 신청금액이 2천만 원 이하인 국내중재의 경우 신속절차를 적용한다.

찾아보기

ㄹ

ㅁ

ㅂ

ㅅ

Ⓑ

Ⓒ

H

I

J

L

M

N

O

P

Q

R

S

T

U

V

W

저 자 약 력

■ 김 희 수

대전대학교 물류유통학과 교수
서울대학교(이학사)
국민대학교 대학원(경제학박사)
대전광역시 정책자문단(교통물류분과) 자문위원
대전광역시 운수사업기금 심의위원장
대전광역시 물류정책위원
대전광역시 SSM 사전조정협의회 위원
대전세관 관세심사위원
제12회 물류관리사 물류관련법규 출제검토위원
제13회, 16회, 18회 물류관리사 물류관련법규 출제위원
소상공시장진흥공단 상인대학원 책임교수

〈주요저서 및 논문〉
물류관련법규, 도서출판 두남(2013)

■ 유 창 권

대전대학교 물류유통학과 조교수
서강대학교 대학원 무역학과(상학석사)
서강대학교 대학원 무역학과(경영학박사 수료)
제15회 물류관리사 출제위원
대전광역시 유통업 상생발전협의회 위원 역임
대전광역시 동구청 유통업 상생발전협의회 위원
소상공시장진흥공단 상인대학원 주임교수

〈주요저서 및 논문〉
화물운송론, 형설출판사(2008)
보관하역론, 형설출판사(2008)
기업경영과 물류유통, 형설출판사(2010)
물류관리론, 형설출판사(2011)
허브물류, 형설출판사(2012)
중국의 물류장벽에 관한 실증연구(2010)
중국 진출 한국기업의 물류아웃소싱 성과에 관한 실증연구(2011)
한국과 중국의 물류장벽에 관한 실증연구(2012)
유통업체의 정보물류시스템 아웃소싱 성과에 관한 실증연구(2014) 외 다수

■ 김 기 평

대전대학교 물류유통학과 조교수
대전대학교 경영학박사(경영지도사 창업지도사 기술평가사 경영진단사)
대전광역시 물류센터 심의위원회 위원
소상공인시장진흥공단 자문위원
법무부 보호관찰소 상담위원
대전여민회 자금지원 심의위원
KBS 6시 내고향 검증단 심의교수
소상공시장진흥공단 상인대학원 주임교수

〈주요저서 및 논문〉
유통마케팅, 비즈프레스(2013)
리더십이해, 도서출판 두남(2012)
리더십이야기, 비즈프레스(2011)
공동쿠폰 성공스토리, 비즈프레스(2010)
창업컨설팅, 신협연수원(2009)
전통시장 핸드북, 시장경영지원센터(2008)
유통경리매뉴얼, 백화점세이(2004)
공동브랜드의 마케팅믹스전략이 고객만족에 미치는 영향. 유통과학연구(2011)
외 다수

■ 김 만 길

한남대학교 무역학과 강의교수(경영학박사)
청주대학교 경제통상학부 무역학전공 전임강사
충남대학교 경영경제연구소 전임연구원
고려대학교, 대전대학교 출강
충북 진천군 정책자문위원 역임
2013년도 경찰간부후보생채용시험 출제위원
관세청 위탁사업 평가위원

〈주요저서 및 논문〉
WTO 통상법(대왕사, 2006)
최신 관세법(우용출판사, 2007)
대외무역법(도서출판 두남, 2008)
세계화와 무역(도서출판 두남, 2009)
FTA에 따른 우회덤핑과 원산지(2014)
한국과 미국, EU의 FTA협정상 원산지검증에 대한 비교연구(2013)
우리나라 원산지증명제도의 문제점 분석 및 개선방안(2011)
한국기업의 웹기반 글로벌 선적서류통합관리시스템 구축사례에 관한 연구(2010) 외 다수

성공 창업과 수출입 실무 가이드

초 판 1쇄 발행 —— 2015년 1월 26일
초 판 2쇄 인쇄 —— 2017년 2월 20일
지은이 —— 김 희 수·유 창 권·김 기 평·김 만 길
펴낸이 —— 전 두 표
펴낸곳 —— 도서출판 두남
서울시 강동구 성내로6길 34-16 두남빌딩
신 고 : 제25100-1988-9호
TEL : 02) 478-2065, 2066, 2067, 2311
FAX : 02) 478-2068
E-mail : dunam1@unitel.co.kr
http://www.dunam.co.kr

정가 22,000원

ISBN 978-89-6414-575-3 93320

본 교재는 2014학년도 대전대학교 LINC사업단 산업체 수요 반영 교재개발 지원금으로 제작되었습니다.